国家社会科学基金一般项目（19BTY062）、湖北省
高等学校教学研究项目（2021143）资助

高校户外运动风险管理

刘华荣　著

本书数字资源

北　京
冶　金　工　业　出　版　社
2023

内容提要

本书紧密结合高校户外运动发展实践，在充分分析、论证高校户外运动风险的本质、类别、特征等的基础上，从基本内涵、目标、特性、原则、过程等方面构建了我国高校户外运动风险管理的基本理论体系。在广泛调研、深入研究的基础上，对高校户外运动的风险事故类型、风险源、风险因素、发生概率、风险策略等管理问题作了重点阐述。针对高校户外运动风险管理实情，构建了较为实用、易于操作的高校户外运动风险防控体系及运行方法。

本书可供高校户外运动专业授课教师、学生、社团负责人，以及户外运动企业相关责任人、户外运动领队与管理者阅读，也可供户外运动保险公司、其他户外运动组织及户外运动爱好者参考。

图书在版编目(CIP)数据

高校户外运动风险管理/刘华荣著．—北京：冶金工业出版社，2023.6
ISBN 978-7-5024-9588-6

Ⅰ.①高… Ⅱ.①刘… Ⅲ.①体育锻炼—风险管理—研究—高等学校
Ⅳ.①G806

中国国家版本馆 CIP 数据核字(2023)第 140193 号

高校户外运动风险管理

出版发行 冶金工业出版社　　**电　话** (010)64027926
地　址 北京市东城区嵩祝院北巷 39 号　　**邮　编** 100009
网　址 www.mip1953.com　　**电子信箱** service@mip1953.com

责任编辑 张佳丽　美术编辑 吕欣童　版式设计 郑小利
责任校对 李欣雨　责任印制 窦　唯
北京建宏印刷有限公司印刷
2023 年 6 月第 1 版，2023 年 6 月第 1 次印刷
710mm×1000mm 1/16；14 印张；270 千字；213 页
定价 78.00 元

投稿电话 (010)64027932　投稿信箱 tougao@cnmip.com.cn
营销中心电话 (010)64044283
冶金工业出版社天猫旗舰店 yjgycbs.tmall.com
(本书如有印装质量问题，本社营销中心负责退换)

前言

21世纪以来，户外运动以其独特的功能、多元的价值与兼具体验、探险的乐趣等多重元素，日益发展成为人们重要的生活方式之一。受相关政策驱动，高校户外运动也呈现出井喷式发展态势，学校课程、社团活动及各类社会培训、体验活动共同营造了高校良好、繁荣的户外运动氛围。高校户外运动课程和活动等的广泛普及，助力户外运动成为高校大学生喜闻乐见、参与度较高的运动方式。但户外运动与生俱来的风险性和不确定性对高校加强户外运动风险管理提出了新要求，参与者数量的增加也加大了户外运动安全事故发生的概率，关注户外运动的潜在风险、如何避免风险、如何进行风险转移是确保高校户外运动有序开展的主要议题。鉴于此，本书旨在深入分析高校户外运动的风险事故类别、风险源、风险因素及发生概率、风险策略等问题，为高校有效制定风险防范预案，精准实施风险管理对策，降低户外运动事故发生概率。

本书以构建高校户外运动风险管理的基本理论为基准，与《全国普通高等学校体育课程教学指导纲要》《学校体育工作条例》等文件要求高度适配。本书内容主要分为6章，具备较高的实用性、系统性与科学性：第1章深刻论述了加强高校户外运动风险管理的现实背景与实践依据；第2章对高校户外运动相关核心概念与风险管理相关理论体系进行系统性阐述，为高校户外运动风险的识别、评估及应对提供理论基础；第3章对高校户外运动风险的识别进行科学阐述，呈现户外运动风险识别的基本方法，分析风险事故类型，对风险源和风险因素进行全面梳理，编制了高校户外运动风险检查表，涉及户外运动风险识别的理论、方法与工具；第4章对高校户外运动风险的评估进行全面介绍，利用多种分析方法对高校户外运动风险进行评估；第5章提出了高校户外运动风险回避、风险承担、风险转移与风险减缓 4 类风险应对方法；第 6 章针对性构建了由“风险识别评估、风险事前预防、风险现场监控、风险事后减损、风险责任转移”等 5 个子系统构成的高校户外运动风险防控体系，对风险防控体系的基本框架、结构功能及基本运行作了详细介绍。

在体育产业成长为我国支柱产业的征程中，户外运动产业也逐渐发展成我国体育产业的重要组成部分。高校户外运动发展，不仅可以为社会培养专门人才，也为未来社会经济发展贡献了潜在户外运动消费群体。高质量推动高校户外运动健康可持续发展，要不断加强宣传和普及知识，提高参与者的安全意识与理念。本书紧密结合高校户外运动发展实践，探索高校户外运动风险内涵、目标、特征、原则、过程等基本问题，对高校户外运动风险因素引发事故的概率进行精确计算与排序，构建的风险检查表、风险因素评估表等，既有助于充实我国高校户外运动风险管理领域理论的深度和广度，也有助于为高校户外运动管理者实施风险管理提供直接参考与指导。

本书参阅借鉴和吸收引用了许多国内外相关专家和学者的文献、观点及研究成果，在此向有关作者表示诚挚的感谢！由于作者水平所限，本书不妥之处，敬请广大读者批评指正。

刘华荣

2023 年 6 月

目　录

1 概　述

户外运动新颖时尚、价值多元、功能独特，兼具环保、体验、探险等多种要素，日益成为人民群众的一种生活方式。截至 2021 年，全国户外运动参与人数已超过 4 亿人[1]，有 6000 万人参与登山、攀岩、山地自行车等相对专业的户外运动活动[2]。《全民健身条例》（下文简称《条例》)[3] 与《全民健身计划（2011—2015 年)》（下文简称《计划》)[4] 合力助推，纳入远足、野营、群众登山等作为创新全民健身体系的重要内容，加之经济水平提高、交通条件改善、小长假制度实施等有利条件促进了户外运动的快速发展。近年来，关于体育与户外运动产业的政策文件密集出台。2014 年 10 月，国务院办公厅印发的《关于加快发展体育产业促进体育消费的若干意见》将“体育产业与全民健身”上升为国家战略；2015 年，多达 11 个省市将“大力促进户外休闲及相关产业发展”纳入发展规划；2016 年 10 月国务院办公厅印发的《加快发展健身休闲产业的指导意见》将“户外运动”列入完善健身休闲服务体系的重点发展方向；2016 年 11 月国家体育总局等八部委联合印发《山地户外运动发展规划》；2022 年 11 月，国家体育总局等八部委相继联合印发《户外运动产业发展规划（2022—2025 年)》，对山地户外运动产业化发展作出了明确规划。受一系列文件政策驱动，我国户外运动产业逐渐呈现井喷式发展。

与此同时，高校户外运动的发展也不容小觑。高校户外运动在 20 世纪 50 年代发源于中国地质大学（原北京地质学院）。1990 年，《学校体育工作条例》提出“学校可根据条件有计划地组织学生远足、野营和举办夏（冬）令营等多种形式的体育活动”[5]。1997 年，中国地质大学（武汉）开设“野外生存生活训练课”，标志着户外运动进入大学课堂。随着 2002 年《全国普通高等学校体育教学指导纲要》（下文简称《指导纲要》)提出“高校要充分利用空气、阳光、水、江、河、湖、海、沙滩、田野、森林、山地、草原、雪原、荒原等条件，开展野外生存、生活方面的教学与训练”[6]。随后 10 多年，我国高校户外运动保持了快速发展态势，目前已有 200 余所高校开设户外运动类课程[7]。学校课程和社团活动及各种形式的社会培训、体验活动，共同营造了高校繁荣的户外运动氛围，户外运动已成为高校大学生喜闻乐见、广泛认同和追求、参与度较高的时尚运动方式。保守估计，我国每年仅参与户外运动课程的大学生就达 10 万人次左右。随着我国逐渐步入休闲时代，户外运动必将持续高速发展，高校户外运动也将为我国户外运动市场的发展壮大培育和发展数量庞大的消费者群体。

高校户外运动的普及虽在一定程度上缓解了场地设施不足等困境，并充实了课程资源，但随着参与人数陡增，安全事故发生概率也大大增加。根据中国登山协会的数据统计，2017—2021 年五年间，全国范围内登山户外运动事故平均每年发生 303 余起，涉事总人数近 5700 人，平均死亡人数近 50 余人/年[8-12]。大学生户外参与者人口基数大，且具有追求刺激冒险、有欠成熟稳重、标榜特立独行等个性特征，缺乏系统专业训练，安全意识薄弱，加之户外社团管理失范、课程安全防范引导不足等因素，都加大了高校户外运动安全事故发生的可能性。教育教人“成为人”，是满足人的生命需要的最基本形式[13]，为社会培养合格人才更是高等教育的基本职能之一。《中华人民共和国教育法》规定“教育、体育、学校等机构要保护学生的身心健康”[14]，《学校体育工作条例》也对学校体育作出了“增进学生的身心健康”的规定[15]，可见保全学生生命安全是高校体育工作开展的基本要求。“适度冒险历练大学生的意志”本是户外运动特殊教育功能的体现，但其基本前提是保障人身安全。对社会而言，大学生是国家培养的未来人才，是促进社会发展的重要人力资源；对家庭而言，大学生是连接家庭的纽带，他们的健康成长与家庭幸福直接相关；作为“自然人”而言，保障肉体生命安全是大学生最基本的诉求。近年来，大学生运动猝死事件频发，造成了不良影响，引发社会高度关注。2015 年教育部印发的《学校体育运动风险防控暂行办法》[16]也对高校加强户外运动风险管理提出了要求。户外运动与生俱来就带有高风险性，尽管有关管理者、组织者、教师及社团负责人等十分注重安全引导和防范工作，但其风险的不确定性无法仅靠经验进行精确预测，相关风险伤害事故还是时有发生。根据海因里希安全法则（300：29：1 法则），当一个企业有 300 个隐患或违章，必然要发生 29 起轻伤或故障，在这 29 起事故中有 1 起重伤、死亡或重大事故。尽管高校户外运动的重大安全事故比例较低，但其背后其实暗藏着大量的轻微或严重程度较低的伤害事故，这些都对学生的身心健康产生了不同程度的影响。

高校户外运动究竟存在哪些潜在风险，风险轻重、主次程度如何，哪些风险需要承受，哪些风险又必须避免，哪些风险必须通过一定方式加以转移，关键风险点和风险认识盲点在哪里，安全风险事故发生的影响因素有哪些……这些问题都亟待科学论证和研究。既保证高校户外运动教育功能的高效发挥，又确保高校户外运动有序发展，需要有针对性地制定和实施有效的风险应对策略，这也亟需科学的理论指导，这正是本书研究的出发点。

组织开展各类户外活动为高校体育工作增添了一抹亮色，开设户外运动类课程的高校数量不断增加说明了户外运动在高校具有广阔前景。但是，光环之下暗流涌动，必须正视和承认户外运动的魅力与风险并存。随着户外运动在高校深入普及，高校户外运动发生了一系列令人震惊的、不同种类原因导致的伤害、伤亡事件，比如这几起典型案例：

【案例1】华中某校户外社团攀登某山峰未获辖地批准，在未重新报备学校、未经指导老师同意的情况下，私自改登另一山峰。在下撤过程中，因保护员离场、未按照既定线路下撤、无保护行走在高危线路等多种因素，1名大学生滑坠死亡。

【案例2】湖北某校野外生存实践课，在无教师监管的情况下，1名同学盲目自信，误食桐树果实（以为是栗子），产生头晕、呕吐、腹泻等严重食物中毒反应。

【案例3】西南某校户外社团组织户外徒步穿越活动，因思想麻痹疏忽大意，发生一起学生失足坠落山崖事故，导致1人死亡。

【案例4】天津某校7名同学自发赴太白山探险，因天气变化导致迷途，1名同学在独自探路过程中因无保护横切陡峭岩壁发生高坠导致死亡。

【案例5】贵州某校户外社团组织徒步露营，因负责人路况不熟加之天气起雾，整个团队在茫茫森林迷失长达一晚，给学校、家庭和学生个人造成极大恐慌。

【案例6】广东某校攀岩队员盲目自信不按教练训练要求尝试新线路，在实施膝关节扭转动作时发生坠落，导致右膝半月板严重撕裂。

【案例7】在华中某校攀冰实践课课间教师离场时，学生不遵守课堂要求，穿戴冰爪嬉戏打闹导致1名同学左腿胫骨部位被冰爪严重抓伤。

惨痛事故已然发生，血泪的教训却映射出高校户外运动组织管理的疏漏，如何运用科学有效的手段，从源头预防和控制风险，引导校园户外运动健康发展，已成为不容回避的紧迫问题，加强高校户外运动风险管理研究迫在眉睫。

高校户外运动开展形式多种多样，因而每一种组织形式的风险关键点各不相同，继而导致事故发生的直接因素和间接因素也有所不同。加之，高校户外运动参与人数多，事故频发，如何有效制定和实施风险管理对策，降低户外运动事故发生概率，成为摆在行政管理部门和高校面前的一道难题。

尽管在实践层面，管理部门和高校自身也进行了一些诸如全国户外安全宣讲会、户外安全指导等教育培训，出台了户外运动课程的安全管理办法、户外运动社团管理条例等规章制度。基于经验的类似做法，存在对户外运动风险认识不深、分类不全；对户外运动风险发生的概率、频率判断不准；对户外运动风险防范的措施不当等问题，真正可供借鉴的、能发挥管理良效的实践做法不多。在理论研究领域，针对高校户外运动特殊性而展开的风险管理研究还不多见。高校户外运动具有一定的特殊性，就实施主体和客体而言，组织者为教师、参与群体为大学生，这不同于商业机构开展的社会人群户外运动；就项目特征而言，户外运动不同于传统体育活动，一定程度上决定了高校户外运动风险成因、概率和防范策略也有所不同。针对“高校户外运动”这一特殊形式和“大学生”这一特殊参与群体，深入分析高校户外运动的风险事故类别、风险源、风险因素、发生概率、风险策略等管理问题显得十分必要和迫切，高校迫切呼唤专门针对高校和大学生的户外运动风险管理的理论研究。

经过前期文献检索和专家访谈，笔者了解到从户外运动进入我国高校以来，因户外运动导致的高校师生重大人身伤害死亡事故确实不多，因此高校户外运动管理者、教师、社团负责人甚至学生都抱有“户外运动事故极少，多是偶发产生”的偏见态度，为此造成了“户外运动不会出事”的预设性前提。悄然之间，在高校户外运动界较为普遍出现了一种“出事不多—管理很好—很安全不会出什么事”的错误逻辑和不良舆论，这一断语揭示了现时代我国高校户外运动不容乐观的风险管理现状。重大事故不多得益于有关高校对户外运动风险管理工作的重视，但各种各样的其他风险事故、潜在风险因素仍客观存在且有引发重大事故的可能，由此更显出加强高校户外运动风险管理的重要性和必要性，显然这种基于侥幸心理产生的麻痹思想亟待摒除。

现实中，诸多高校户外教师以及教学和管理机构（如社团联合会、体育部系等）对户外运动抱侥幸心理，学校管理部门则持一票否决态度，类似做法无法评价对错，无论是教师还是学校，趋利避害的出发点势必会影响甚至决定户外运动在高校的长远健康发展。如何使相关责任人摒弃偏见，提升对高校户外运动安全的认识，使高校户外运动安全脱离侥幸走向确信，坚定学校对户外运动良性发展的信心，以相关理论为基础，运用风险管理专业技术、工具和方法系统分析高校户外运动风险问题，通过全面、直观、生动地呈现并描述各类高校户外运动风险事故、风险因素及风险后果，将有利于扭转高校户外运动领域对高校户外运动风险的错误认识。

户外运动课程自诞生至今，其体系不断丰富和完善，影响力也不断扩大。有些高校还建成了国家级、省级精品课程，如中国地质大学（武汉）的《户外运动》（该学科领域唯一的国家级精品课程）和《大学体育——特色项目》（省级精品课程）、沈阳体育学院的《冬季户外运动》（国家级精品视频课程）。但稍显不足的是，这些精品课程几乎无一例外地均未纳入户外安全、户外风险判断与识别、户外风险防范等内容，学生户外安全风险意识薄弱、知识欠缺、保护技能不足，成为大多数高校户外运动事故发生的直接诱因。因相关知识和内容的缺失，户外运动课程有心“培养学生综合能力”，却无心成了伤害事故发生的“温床”。事实上，中国登山协会将“风险管理知识和技能”内容纳入了户外运动指导员培训课程、中国地质大学（武汉）将“户外运动风险管理”列入了户外运动专门人才培养计划等做法十分值得效仿。户外运动风险事关户外运动指导员和教师的人身安全，更与大学生户外运动参与者的生命安全休戚相关。大学生是高校户外运动的参与主体和较为常见的事故受害者，更应该得到相关知识、技术的传授和训练，风险防范意识和自保自救能力更是有待提高。

因此，要改变这种“初衷在于培养人，现实却无法保障人身安全”的尴尬状况，高校户外运动课程、专业人才培养等方面都应增加和完善户外运动风险及其管理方面的知识与理论，通过教育教学提升提高大学生户外运动参与群体的风险意识、风险知识与风险技能，确保降低高校户外运动风险事故发生的概率和频率。除此，相关高校应有针对性开展户外运动风险及风险识别、风险评估、风险应对等管理问题的科学研究，从课程建设、人才培养、科学研究等几个方面共同促进户外运动学科发展。

2 高校户外运动风险管理的基本理论

2.1 高校户外运动风险管理的理论基础

本章以高校户外运动及其风险管理问题作为研究对象，主要参考户外运动、高校户外运动、风险及风险管理的基本理论、基本观点作为全文展开和立足的基础。在研究推进至具象和微观问题研究时，还需要参考一些风险、风险管理及安全管理的经典理论，这些理论能为本研究系统、深入、科学地分析高校户外运动风险及其识别、评估和应对等问题提供基本理论依据、逻辑思路及宏观指导，一定程度上还能从一般角度为特殊的高校户外运动风险管理提供具体方法借鉴。

2.1.1 高校户外运动理论

2.1.1.1 户外运动

伴随国民经济发展，人民群众生活水平提高，城市生活生存环境日趋拥挤，人际竞争不断加剧，人们迫切要求亲近自然，放松紧张心情，登山、攀岩、定向越野、野营、探险等户外运动经典项目被逐步引入国内，户外运动在中国落地生根并得到迅速普及，很快进入了公司白领、行政职员、高校学生等具有较高文化程度的社会群体的日常生活。户外运动市场的繁荣促生了户外休闲、户外旅游、户外教育、户外探险、野外生存等细分市场的诞生，业界普遍将这些概念与“户外运动”混同使用，或以偏概全用某一个或几个户外运动项目代替“户外运动（群）”。这种现象也蔓延到学界，王立平等[17]的调查结果显示，在我国相关研究中，户外运动与自助旅游、体育旅游、极限运动、探险运动等均产生很高程度的概念混淆，甚至还有学者将“户外运动”归为“体育旅游”的一个组成部分，如李相如等（2011）[18]。由此可见，国内学界和业界都还没有形成对“户外运动”较为准确而统一的定义。

通过文献梳理发现，“户外运动”概念的广义和狭义之争自其在引入中国以来就一直存在，从广义理解，它包括所有在室外进行的运动；从狭义理解，它则专指以大自然为场地的运动项目。论争存在的根源，在于国内外户外运动（活动）起源差异导致的概念存异。国外学界没有“outdoor sports”一词，一切在户外开展的体育运动项目的相关内容均被纳入 outdoor recreation（户外游憩）、

outdoor education（户外教育）、outdoor adventure（户外探险）等领域中，户外运动（活动）的外延十分宽泛，在我国情况则完全相反。在管理部门的主导下，我国登山户外运动自上而下逐渐普及和发展，登山、攀岩、定向、露营、徒步、探险等均被纳入了“运动（登山户外运动）”的范畴，因此在我国语境下学界所指的“户外运动”通常是指具有较强专业性的、狭义的“户外运动”。近些年有不少学者从不同学科视角和逻辑起点尝试对“户外运动”进行了界定，其中具有代表性的观点主要有如下几种。

张志坚[19]和李舒平[20]均从体育角度对“户外运动”进行了界定。前者认为“户外运动是指在自然场地（非专用场地）开展的户外运动活动。”后者则认为“户外运动是一组以自然环境为场地（非专用场地）的带有探险性质或体验探险的体育运动项目群。”二者在“开展场地”上观点一致，均认为户外运动是在“自然环境（非专用场地）”进行。前者后来做出补充说明：自然场地包括大自然场地和人工非运动目的的建筑物，它们相对于户外运动是一种自然（存在）的状态[21]。户外运动与足球等在室外专门场地举行的各种体育项目被区别开来。同时，他还明确了户外运动的“体育属性”，将其与旅游、生产等活动区别开来。这两点对区分户外运动与其他体育运动具有重要的意义。

李红艳[22]认为户外运动是一种独特的、与自然环境密切联系的休闲或游憩体验活动，是人们在闲暇为满足身体放松和休息、人际交往及刺激和冒险等需要，采用体育运动方式在特定自然环境进行的户外体验活动。

马欣祥等[23]认为“户外运动”具有三个核心要素：其一，在未经人类改造的自然环境（荒野、沙漠、海洋、山川等）、经过一定人工改造但仍保持自然环境性质的环境（森林公园、乡村、滑雪场）、人工建造但发源于自然环境而进入室内或模拟自然环境的环境、或用来开展户外运动项目的人工场地（人工岩壁、城市、高楼、道路等）等环境开展；其二，参与者与自然环境的相互作用体现在对自然环境的影响、认识、保护，具体涵盖户外探险、户外休闲、户外教育、探险教育等范畴；其三，参与者运用人力或自然力直接参与和体验自然环境资源（如徒步、攀爬、涉水、登高、滑翔伞、帆船等），区别于自动化、动物作为动力的活动。这体现了户外运动的根本属性，隐含着不消耗自然资源的绿色环保理念。由此将“户外运动”界定为“以人力或自然力，在基于自然的环境中开展的体育活动”。

综合上述各类定义，“户外运动”的概念应包含如下基本要素：

（1）在自然，或经过一定人工改造但仍保持自然环境性质的，或人工建造但发源于自然环境而进入室内，或模拟自然环境的专门用于开展户外运动的人工场地等环境开展；

（2）参与者与环境相互作用；

（3）在适度风险下进行探险或挑战；

（4）具有环保理念。

这为我们认识和理解“户外运动”内涵提供了一定基础。但是，鉴于学界概念论争的存在、国内外语境差异、起源的异质性等原因，要对户外运动下一个相对准确且面面俱到的定义难度颇大。

基于上述分析，本书尝试将“户外运动”界定为：以健身健心、增进交往、休闲娱乐、体验感悟、提高竞技水平为目的，以人力或自然力为动力，以基于自然的环境为场地，具有探险或体验探险性质的体育运动项目群。

此概念包含3层意思：

（1）户外运动的基本特点是以基于自然的环境为运动场地，这是区别其他体育项目的显著特点；

（2）户外运动的基本属性（本质）是体育运动，这是区别于旅游、户外玩耍、生产的本质特征；

（3）野外环境的不确定性和不可控性，需要参与者具备较强的适应能力和探索精神。户外运动的目的是探险或体验探险，这有别于户外进行的勘察、测量等科考活动。

2.1.1.2 高校户外运动

户外运动与高校（教育、教学、学生发展）的结合，丰富了户外运动的内涵，拓展了户外运动教育教学的领域，尤其是进一步凸显了户外运动的教育功能与价值。结合上文对“户外运动”的界定，本研究中的“高校户外运动”主要是指在我国高等院校，由学校相关部门开设、组织的户外运动课程或户外运动活动，学生社团组织的户外运动活动，以及在校大学生自发组织的户外运动活动。该定义包含几个要点：

（1）高校户外运动的组织者有学校、社团和大学生等几个主体；

（2）大学生是高校户外运动的参与者；

（3）高校户外运动的形式包括正式课程（学校正是开设的课程）、课外活动和其他活动（如学生自发组织的活动、学校组织的非课程类的竞赛和实践活动等）。

考虑到目前我国高校还开展了一些利用人工场地或半人工场地进行的户外拓展、攀岩等项目，这些项目在社会业界和高校也大多被默认为“户外运动”的范畴，有些学者（如马欣祥等）也将类似项目归入了户外运动范畴，因此本书也将这些项目列入了研究范围。

当前我国开设户外运动类体育必修课、选修课的高校已经多达几百所，成立了户外运动各类社团的高校也有100多所，据了解在许多高校还有不计其数的学生在“五一”“十一”等节假日自发组织户外运动活动。因户外运动被初次引入某一所高校多是依托课程形式，因此有关“高校户外运动”的文献大都将“高校户外运动课程”作为研究对象，对高校户外运动类社团和学生自发组织的户外运动活动的关注和研究则较少。诚然，也有少数高校教师经常自发组织户外徒步、野营等户外运动活动，考虑到这部分人群基数不大且思想相对成熟，风险发生概率低，因此本书不将其列入研究对象。

高校户外运动因其组织者、参与者身份的特殊性，以及高校户外运动多以课程、学生社团活动形式为主，发生风险损失的代价极大，对学校声誉易产生较大负面影响，因此呈现出有别于从业机构、培训部门、专业协会等社会机构组织的一般性户外运动的特征：

（1）凸显教育功能，淡化休闲娱乐；

（2）创设教育场景，体验适度冒险；

（3）参与者年轻化，管理难度大；

（4）对管理的严密性较高；

（5）参与规模较大；

（6）活动趋向于程式化；

（7）风险后果更加严重；

（8）学生自发活动监督管理难；

（9）社团活动偏执于挑战，事故多且后果重。

正是因为高校户外运动的特殊性，针对高校户外运动的风险管理不能完全照搬和套用学校体育风险管理理论、安全生产风险管理、项目风险管理的理论和实践做法，这在一定程度上为开展高校户外运动的风险管理研究提供了实践需要的依据。

2.1.2 风险及风险管理相关理论

2.1.2.1　风险

A　风险的定义

风险无处不在，只要存在未知的事物便有风险的存在，显然风险是与人类社会的生产生活实践相生相伴的。德国杰出社会学家、思想家尼克拉斯·卢曼（Niklas Luhmann）曾说，我们生活在一个“除了冒险别无选择的社会”[24]。事实上，风险已然成为我们生活的组成部分，自然、制度、决策、选择、执行等所有包含未知的事物都蕴藏着风险。那么究竟什么是风险呢？在远古时期，渔民深刻体会到“风带给他们无法预测以及无法确定的危险”，即“风”意味着“险”，此为“风险”一词的由来。也有多位学者经过论证后提出“风险是一个舶来词”，但具体源自阿拉伯语、西班牙语、拉丁语法语和意大利语的何种语言，无从考究。较权威的说法是来源于意大利语“RISQUE”，早期多被理解为“客观的危险”，具体指自然灾害、航海触礁遭遇风暴等事件。17 世纪中期被引申为英文的“风险（RISK）”的含义，主要使用于保险交易方面。“风险”一词经过两个多世纪的演绎逐渐被概念化，随着人类活动的复杂性和深刻性而逐步深化，不同学科的学者和研究机构基于哲学、经济学、教育学、管理学、社会学、统计学甚至文化艺术等不同研究视角，赋予了“风险”更为确切的定义和更深层次的内涵。如今，“风险”成为人们生活中出现频率很高的词汇，其释义也已经大大超越了“遇到危险”（狭义）。鉴于“风险”一词使用范围的宽泛性，时至今日学界仍未形成一个适用于各领域的、较为一致的概念。理解认识程度差异，学科角度不同，共同导致了“风险”概念的多种解释，主要有如下代表性观点。

a 风险是事件未来可能结果发生的不确定性

A. H. Mowbray、March&Shapira、C. A. Williams、威廉姆斯和汉斯均认为：“风险是事物可能结果的不确定性、变动或差异”[25]。尽管风险对任何人而言都是一种客观存在，但不确定性则是风险分析者基于主观因素的估计，不同的人选择不同的分析方法，也就存在不同的主观判断。阎春宁[26]认为，风险是指在特定环境、时期内，某一事件预期结果与实际结果之间变动的概率分布。风险大小随客观环境、时空、人们的期望的变动可能发生变化，由此显示“不确定性”[27]。马丁·鲁斯摩尔、约翰·拉夫特瑞等[28]认为，风险与那些未来可能发生的不可预测的事件有关，这些事件发生的确切概率和结果都无法确定，但他们能够以某种方式（一般是不利的）对管理人员的利益（目标）造成潜在影响。该定义强调了风险的不确定性、风险事件、未来、利益和目标。美国风险管理研究所（IRM，Institute of Risk Management）提出，风险就是某个时间段发生事件的可能性及其结果，其发生时间、发生后果都不确定[29]。这种定义的适用范围非常广泛。英国财政部橙皮书将“风险”定义为“结果的不确定性”，包括影响及潜在事项的发生可能性的组合所引发的各种结果。国际内部审计师协会（IIA，Institute of Internal Auditors）将“风险”定义为可能对目标的实现产生某种影响的事件所带有的不确定性，还指出风险的衡量指标主要包括风险所带来的结果及其可能性。

b 风险是损失发生的不确定性

这种观点比第一种观点对风险的认识相对窄一点，即只强调“损失的不确定性”，J. S. Rosenb、F. G. Crane 均持此种观点。Ruefli 等认为“风险是不利事件或事件集发生的机会”，意思大致相似。学者们对这种观点的理解和认识产生了主、客观两种学说。前者认为不确定性是个体对客观事物的主观认识，无法用客观尺度度量。其中，风险是否发生、发生时间、发生结果等多方面均存在不确定性。后者则认为“风险是一种客观存在”，可以被观察和统计，能使用客观尺度衡量。20 世纪 20 年代初期，美国经济学家奈特提出“风险作为一种客观存在，具有一定的统计规律，可以被科学测量，其测量结果可用概率表示”，这种观点为现代保险学的研究奠定了理论基础。

c 风险是指可能发生损失的损害程度的大小

段开龄[30]从保险学角度提出“风险是预期损失的不利偏差”，若实际损失率超出预期损失率，这种正向偏差对保险公司来说就是不利偏差，即风险。Guide 73 早期的某个版本也指出风险带来的影响既可以是正向的，也可以是负向的，还可能与预期的结果之间存在价位显著的差异。正向的推动作用、负向的消极影响及与预期之间的反差分别对应风险的三种特征：机会、风险及不确定性。

d 风险是指损失的大小和发生的可能性

1928 年，法国学者莱曼在《普通经营经济学》中将“风险”定义为“损失发生的可能性”[31]。朱淑珍认为“风险是指在一定条件下和一定时期内，由于结果不确定性而导致行为主体受损的大小以及损失发生可能性的大小”[32]。从风险导致的损失考虑，该观点提出可以从大小（严重性）、概率（可能性）两方面对风险进行度量。

e 风险是由构成要素相互作用的结果

这种观点认为，因素、事件、后果三个要素共同作用导致了风险的产生。郭晓亭、蒲勇健等[33]认为，在一定时间内，风险发生需要三个条件：风险因素、风险结果是必要条件，风险事件是充分条件。叶青、易丹辉[34]认为，风险即由风险因素、风险事故和风险结果递进联系而呈现的可能性。

f 以不确定性的随机性特征作为依据定义风险

风险具有模糊性与随机性特征，这共同决定了风险的不确定性。其模糊属性可用模糊数学方法进行刻画；而随机属性由外部多因导致，可用概率统计方法进行研究。根据不确定性的随机性特征，为了衡量某一风险单位的相对风险程度，胡宜达、沈厚才等提出“风险是在特定的客观条件下、特定的时间内，实际损失与预测损失之间的均方误差与预测损失的数学期望之比”。[35]

上述观点侧重于从某一特征界定风险概念，但实际上风险内涵具有综合性特征而非局限于某一具体方面。美国学者威特雷提出“风险是关于不愿意发生的事件发生的不确定的客观体现”，表达了几点含义：（1）风险是客观存在的；（2）风险具有不确定性；（3）风险事件是人们主观不愿发生的。20 世纪 80 年代初，日本学者武井勋在吸收前人研究结果的基础上，也提出了风险与不确定性有差异、风险是客观存在的、风险可以被测量等三种观点，他强调风险是在特定环境和特定期间内自然存在的导致经济损失的变化。Yates、Stone[36]通过风险结构的三因素模型透彻分析了风险的内涵，即风险是由潜在损失、损失大小、潜在损失发生的不确定性。这种“风险三因素模型”从本质上反映了风险的基本内涵，为现代风险理论提供了基本概念框架。

由于存在学科视角差异，试图给风险下一个能被所有学科公认的定义是不现实的。尽管学者们对风险的认知众说纷纭，但基本达成了几点共识。

（1）风险是事件未来发生的不确定性；

（2）风险是事件发生结果的不确定性；

（3）风险是由风险构成要素相互作用的结果；

（4）风险是指某一特定情况发生的可能性和后果的组合；

（5）风险是未来结果与预期的偏离。

综合上述共识，风险是由于未来行为和客观条件的不确定性而可能引起的后果与预期目标发生偏离的综合，这种偏离可依据两类参数指标衡量：（1）用概率衡量风险的不确定性（发生偏离的可能性）；（2）用风险度（风险后果）衡量风险的各种结果差异给风险承担主体带来的损失或盈利以及严重程度（发生偏离的方向和大小）。这种定义综合强调不确定性和不确定性带来的损害，较为人们所接受，所以也是我国风险管理学界主流的风险定义。

鉴于“风险”定义种类繁多，出于对组织发展的考虑，选择最适合组织实际情况及管理目标的定义有着非同寻常的重要性。风险的定义可以专注于某个点，也可以具备一定的综合性，具体可根据组织发展规划决定。以本书研究的“高校户外运动风险”为例，如果综合考虑学校办学目标和课程目标、学生心理发展、学生身心健康等方面，对风险的理解就应该趋向于事故发生的不确定性、损失大小等。由此，本书较倾向于认同该定义：风险是指在特定的时间、空间及其他相关条件下，某一事件导致的最终损失的不确定性[37]，并以此作为界定“高校户外运动风险”的理论依据。

B 风险的构成要素及相互关系

综合前面学者们对风险概念的界定，风险要素包括风险因素、风险事件和风险后果。

（1）风险因素是引发风险的基本条件与间接因素，结合具体情况而言，风险因素就是促使风险事故发生，或增加其发生的可能性，或扩大后果损失程度的原因。例如，气象条件就是露天体育赛事的风险因素，作息习惯、饮食偏好等则是人身体健康的风险因素。

（2）风险事件是导致人身伤害或财产损失的偶发随机事件，是造成损失的直接原因，是联结风险因素与风险后果的媒介。如果没有发生风险事件，则一定不会产生损失。

(3) 风险后果即风险损失，是风险结果的表现形态。在安全生产、项目等风险管理研究或运用中，损失通常指风险管理者主观非故意的、非预期的且不愿发生的经济价值减少和人身伤害伤亡等。

综上所述，风险是风险因素、风险事件和风险后果三者相统一构成的有机整体，风险因素增加风险事件发生的概率，风险事件的发生则可能造成后果损失。三者关系可通过风险的作用链条表示，如图 2-1 所示。剖析风险发生的作用链条和内在机理，能为有针对性选择风险应对策略、减少风险损失提供便利。

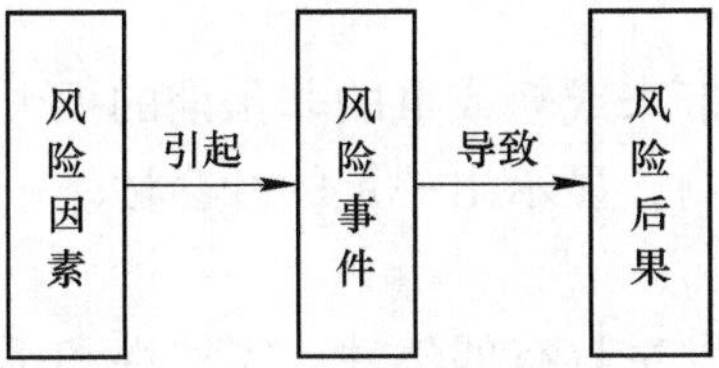

图 2-1 风险因素、风险事件和风险后果三者关系图

C 风险的特征

针对风险的特征，通过查阅文献发现，已有众多学者从金融、生产、投资、安全、工程等领域对其分别作出了详细阐述和系统梳理，本书综合佟瑞鹏[38]、刘钧[39]、范道津[40]等学者的观点，将风险的特征归纳为七个方面。

a 客观性

风险是一种独立于意识之外的客观存在，它不以人的意志为转移。只要存在风险因素，风险就必然会或早或迟的出现。要想规避和降低风险，首先是预先发现并及时消除可能导致损失发生的各种潜在风险因素，做到防患于未然。但是风险因素的构成多种多样，有主观有客观，而且有些因素本来就是不确定的，所以完全避免风险是不可能的，除非放弃事件本身。

b 突发性

风险的产生往往给人一种突发的感觉，从表面上看风险突发貌似随机偶然，但实际却隐含着某种“必然”。当决定风险产生的因素达到一定量（某一临界值)，一旦产生某些诱发因素，一场风险事故就会不可避免地产生。因此要通过建立风险预警系统，完善风险防范机制，加强对风险的预防。

c 多变性

在各因素共同作用与影响下，风险的性质、后果程度等时刻呈现出多变性特征，难有稳定形态。因此，在防范风险时应制定多种应对方案，以便风险发生时能有针对性选择方案处理不同类型风险事件。

d　无形性

与一般物质实体不同，风险无法被确切描绘和刻画。虽然风险的无形性增加了人们对其认识和把握的难度，但只要认真查清了风险产生的内外因素，恰当运用方法、手段识别和测定风险仍然是可能的。

e　不确定性

既然是客观存在的现象，风险必然会发生，但具体何时何地发生、会导致何种后果却不确定。如死亡风险是人生必然会发生的现象，但具体到某一个人何时死亡，无法在其健康时加以确定。

f　社会性

风险后果常常给人们带来或轻或重的非预期的损失，对社会生产生活、人的财产生命具有较大社会影响，显示出一定的社会性。

g　可测性

尽管某一具体风险的发生具有偶然性、突然性和不确定性。但风险仍然是有迹可循的，根据以往相似风险发生的可能性可以度量、评估某一具体风险发生的可能性和后果严重性等。

D　风险的分类

对风险进行分类可以为风险识别、风险应对提供不同的思路和界面[40]。众多中外学者基于理论上便于研究、实践中便于采取针对性应对策略的考量，根据不同标准，对风险进行了多种形式的分类，许谨良[41]对其进行了系统梳理。

(1) 以“风险是否能带来经济损失”为标准，可分为经济风险和非经济风险。

(2) 以“风险发生环境”为标准，可分为静态风险和动态风险。静态风险是指在社会经济正常情况下，由自然力的不规则变化或人们的过失行为所致损失或损害的风险。如雷电、地震等导致损失或损害；火灾、爆炸、意外伤害等引起损失或损害。静态风险具有一定的规律性，是可以预测的。动态风险是指由于经济、政治、技术及组织等发生变动所致损失或损害的风险。如政局动乱、人口减少、科技进步、消费者偏好变化等。

(3) 以“风险损失的起因和后果”为标准，可分为重大风险和特定风险。前者的损失在起因和后果方面都是非个人和单独的，多由自然灾害、经济、社会和政治原因引起的，影响面极广，如失业、战争、地震、洪水等。后者损失在起因和后果方面则是个人或组织的，如住宅火灾、银行失窃等。

(4) 以“风险是否存在盈利可能”为标准，可分为纯粹风险和投机风险。前者是一种只有损失可能性的风险。后者则是一种既有损失可能性也有盈利可能性的风险。纯粹风险还可分为人身、财产、责任和违约 4 种风险。人身风险是指由于死亡、伤残或丧失工作能力而造成收入损失可能性的风险，其原因有死亡、伤害、疾病、失业等。财产风险可能导致财产的直接损失和间接损失两类截然不同的损失。直接损失就是财产本身的损失；间接损失是因无法使用财产而引起的收入损失和额外费用。责任风险是指因侵权行为而产生的法律责任使侵权行为人的现有或将来收入遭受损失的可能。按照法律规定，当一个人因疏忽或过失造成他人人身或财产损失时，过失人负有损害赔偿责任。违约风险是指一方不履行合同规定的义务而造成另一方经济损失，在项目风险管理中较常见。

(5) 以“发生原因”为标准，可分为主观风险和客观风险。前者多由精神和心理状态产生，一般难以正确测定，后者能以概率较精确推算损害。

(6) 以“损失产生的原因”为标准，可分为自然风险和人为风险。其中人为风险又可分为行为风险、经济风险、政治风险和技术风险。

2.1.2.2 风险管理

自从人类产生，便有了风险，风险管理（risk management）却是社会生产力和科学技术发展到一定阶段的产物，是人类为了降低损失、保全生命安全而进行的社会实践活动。早在中国古代，皮筏商人就懂得将每人的货物分装在几条皮筏上，出现了“损失分担”的风险管理雏形思想[42]。18 世纪工业革命的发生，社会生产力等到了空前发展，新技术、新工艺的普遍运用使生产规模、市场空间、和国际贸易规模空前扩大，新的风险损害也不断增加。风险意识的形成和增强、高度发达的物质文明、动荡的世界局势和尖锐的社会矛盾分别为风险管理孕育发展提供了思想、物质和社会基础。

在 20 世纪 50 年代以前，各经济单位判断风险还仅凭直觉和经验，风险管理也局限于以定性分析为基础。到了 20 世纪 60 年代，概率论与数理统计方法被学者们引入风险管理研究并得到广泛运用。随着科学管理思想的日渐成熟，风险管理研究逐步趋向系统化、专门化，风险管理开始从经验走向科学，逐渐发展成为独立学科。

作为一门管理学的新兴子学科，风险管理在其诞生、发展和壮大的过程中，学者们基于对出发点、目标和运用范围等不同侧重，纷纷提出了对“风险管理”各不相同的见解。比如，美国学者威廉姆斯和汉斯[43]认为风险管理是一种管理方法，其目的是通过识别、衡量和控制风险，以最小成本支出使风险损失达到最低程度。威斯凯柏在《国际风险与保险》则认为“风险管理是一种管理活动”，基本内涵是“依据对风险的识别、估测、评价和处理，以最小成本获得最大安全保障”。还有学者综合考虑研究对象、管理范围、管理工具、管理目标等方面提出“风险管理是以风险发生规律和控制技术为研究对象的新兴管理学科，各经济单位通过风险识别、风险衡量及风险评价，优化使用风险管理工具技术实施有效的风险控制，妥善处理风险后果，期望达到以最小成本获得最大安全保障的目标”。类似定义相对全面、详细，既突出了风险管理手段（观察、分析损失资料）、风险管理工具（概率论和数理统计），也强调了风险管理的对象和内容（风险发生规律和应对策略），还阐明了风险管理的基本程序（识别、衡量、评价等），为本书研究高校户外运动风险管理问题提供了较全面的思路借鉴。

通过梳理分析各种风险管理的定义，学者们有以下几点认识基本相似：

(1) 风险管理的根本目的是最大化降低损失，因此其对象是只存在损失不存在盈利可能的“纯粹风险”；

(2) 降低损失要通过预防、降低甚至消除风险实现，因此风险管理的根本出发点是尽量降低风险发生的不确定性；

(3) 管理讲求效率和效益，风险管理涉及效率、效益问题，因此需要考虑成本是否在组织承受范围之内；

(4) 风险管理是一种管理活动，因此包括风险识别、衡量、控制等多个程序。

综合学者们的共识，本书较认同“风险管理是以最小的代价降低纯粹风险的一系列程序”[43]的观点。

2.1.2.3 风险管理与安全管理的相关理论

高校户外运动的纯粹风险即人身安全风险，是本书关注的重点，现代安全风险管理领域有许多成熟的且运用较为广泛的基本理论，如事故因果连锁理论、能量意外转移理论、人-环境匹配理论、轨迹交叉论、系统安全理论等，都能为本书研究高校户外运动安全风险事故提供理论基础。其中，海因里希因果连锁论和哈顿能量意外转移理论较有代表性，二者在“事故发生的主要原因”的认同上观点截然相反，前者强调“人的不安全行为或人失误”，后者则认为是“外在能量的转移”。鉴于高校户外运动安全风险事故的发生原因存在复杂性、多样性特征，本书借鉴这两种理论，互为补充，以便更加全面、客观地分析查找高校户外运动的风险源、风险因素。另外，还能对高校户外运动风险的预防和减缓产生启迪，为本书提出具体风险应对方法、构建风险防控体系提供理论基础。除此，本书还借鉴系统安全理论，为构建贯穿高校户外运动活动始终的风险防控体系提供理论依据和宏观指导。

A 海因里希因果连锁论

1920 年，美国著名安全工程师海因里希（Herbert William Heinrich）通过研究美国工业安全生产事故发现，个人的不安全行为导致了 80%的意外事故，仅有

20%是机械故障、设备缺陷等客观因素导致的。海因里希因此把意外事故的发生原因通过图示的形式归结为一系列的连续作用，提出了风险管理学界著名的“海因里希因果连锁理论”。海因里希因果连锁理论，又称人为因素管理理论或多米诺骨牌理论，其核心思想是：伤亡事故并非孤立事件，伤害虽表现为在某一瞬间突发，却是一系列原因事件相继影响导致的结果。该理论认为，在各要素存在联系的整体系统中，一个极小的初始能量就可能导致一连串的连锁反应，直至发生风险事故，如图 2-2 所示。这种观点其实也反映了“量变引起质变”的哲学思想。

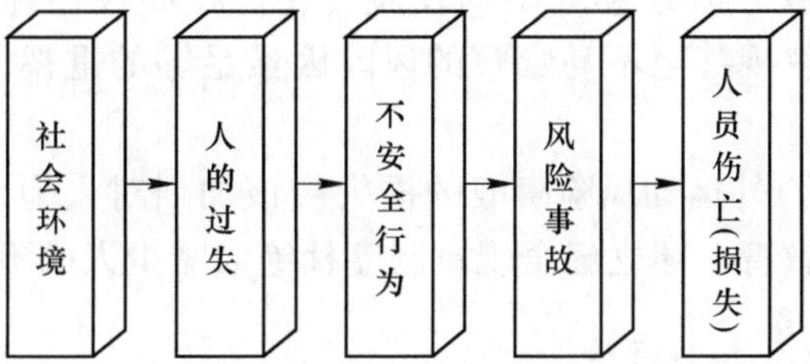

图 2-2 海因里希因果连锁理论示意图

如图 2-2 所示，5 张骨牌分别表示风险事故依次发生的 5 个阶段。

（1）社会环境：环境能对人（身心、性格、态度、精神、行为等）的成长与发展产生极为重要的影响。

（2）人的过失：主要指个体受限于知识水平、技术能力、工作态度等而造成的直接或间接后果。

（3）不安全行为：是指因人的过失产生的不当或错误行为。

（4）风险事故：由人的不安全行为直接导致的主观上不愿发生的事故。

（5）人员伤亡（损失）：风险后果损失只有而且一定是由风险事故所导致的。

图 2-2 所示包括两层含义：其一，第一张牌的倒塌势必会引发后面骨牌的坍塌，直到事故发生和损失形成；其二，如果将其中一张或几张拿走（加以预防和控制），风险事故就极可能不会发生，损失也不会产生。

海因里希认为，抛开成本和客观条件的限制因素，最容易控制的就是第三张骨牌，即人的不安全行为。在高校户外运动活动中，一些风险因素的产生是随机、偶然的，如野外徒步时突然下雨或刮暴风，就具体某一高校或某一位同学而言，发生滑倒、落水、风寒等风险事故的概率总体是偏小的，但如果不引起相关管理者重视，这些小概率事件可能会急速和高频增长，如果连续发生多起滑倒事故就难免会有滑坠落崖等后果更严重的风险事故发生。当量变发展到一定程度可能会引起质变，这种现象的产生和发展过程正好与多米诺骨牌理论相吻合。

在高校户外运动的风险管理中，海因里希因果连锁理论给我们的启示有以下3点。

（1）高校风险管理者要具有预警和忧患意识。要加强对户外运动教学、户外运动活动、户外运动赛事的监控和管理，当一些轻微事件不断发生时，尤其要高度警觉，要深入剖析事件发生的深层原因，并对可能发生的事故进行预测并做好充分的预防准备。

（2）要高度重视户外运动风险的发展变化。在高校户外运动活动中，要给予各种尤其是极易忽视甚至不易觉察的风险因素足够的重视，在源头控制风险，以防事态恶化扩大。

（3）减缓高校户外运动风险事故的损失应该加强对人为因素的重视和管理，比如通过加强安全教育、建立健全规章制度杜绝或减少人的不安全行为。

B 哈顿能量意外转移理论

能量意外转移理论又称为能量破坏性释放理论，由美国著名学者哈顿（W. Haddon）于1970年提出，与海因里希因果连锁论强调“人的不安全行为”相反，该理论认为人员或财产损失大都是能量的意外转移或释放导致的负面后果，如地震、泥石流、飓风、车祸、火灾、器械故障等。因此，防范控制风险应从加强对机械或物力因素的管理，采取举措确保物质环境安全无危险。为预防减少风险事故损失，哈顿从防止能量聚集、防止能量释放、减慢能量释放速度、隔离可能受损对象、加强可能受损对象的防护等方面有针对性地提出了10种控制能量意外释放的具体策略。[44]

尽管哈顿的控制能量意外释放的具体措施都是基于物理角度提出，但对高校户外运动风险管理同样具有极大的指导和借鉴价值，具体表现在3个方面：

（1）有利于风险管理者预先确认高校户外运动系统内的所有能量源（一定条件下可以转化为风险源），为识别风险因素和潜在风险事件提供参考；

（2）有利于评估可能受到伤害的对象及可能的后果程度，引起高校户外运动有关人员的高度警觉；

（3）有利于选择和确定高校户外运动风险异常能量转移控制的方法。

C 系统安全理论

为了解决“管理疏忽和失误导致系统发生事故”的问题，约翰逊（W. C. Johnson）等人创立了系统安全管理的理论和方法体系MORT（Management Over sight and Risk Tree），该理论是为了解决复杂系统的安全问题而摸索总结形成的安全理论与方法体系，是系统工程与安全工程的完美结合。其基本理念在于，通过综合运用系统安全工程和系统安全管理方法，全面辨识系统潜在隐患，并采取有效的控制措施使系统面临的潜在危险降至最小，使系统安全程度在性能、时间和成本等方面达到最佳。与传统的事后分析并积累事故经验的思路截然不同，系统安全理论对安全管理实践工作启发价值体现在，它认为组建一个新系统首要考虑的就是安全性问题，保障系统安全的管理活动及措施应该贯穿系统整个生命周期，直到系统报废（即实现构建系统的既定目标）。

结合本书的研究，系统安全理论的基本观点不仅为高校户外运动风险防控体系构建提供了基本理论依据，从人员的多维度、时间的多环节等方面为高校户外运动风险防控体系构建提供了基本思路与宏观指导，还能从标准化操作、职业安全分析等方面为高校户外运动风险防控提供行之有效的具体方法借鉴。

2.2 高校户外运动风险管理的基本内涵

2.2.1 高校户外运动风险的定义

结合前面对“高校户外运动”的界定和“风险”内涵的认识，综合专家访谈的意见和建议，可以对“高校户外运动风险”作如下定义：在高校开展户外运动的过程中，由于人、物、环境等要素及要素相互作用的不确定性而导致的实际结果与预期目标之间的偏离。如果将高校户外运动视为一种纯粹风险，简言之就是“高校户外运动发生事故及其不利后果严重程度的不确定性。”高校户外运动风险要素种类很多，既包括组织者（知识、技术、组织管理能力、责任感、经验等）、参与者（身体条件、心理素质、学习准备、性格特征等）等内部因素，也包括器材装备、场地设施、自然（地形条件、气象条件等）、社会（交通事故、刑事案件等）等外部环境因素。“偏离”则有偏离方向和偏离程度两层内涵。通常偏离程度关系到人们对目标达成的期望值，在给定正负偏离区间，期望值高的意味着正向偏离程度会较小，负向偏离则可能较大。结合高校户外运动，大学生对户外运动兴趣浓厚，心怀通过户外感悟自然、亲历探险、体验生活、磨砺身心的较高期望，这意味着高校户外运动的组织和实施存在较大的下行风险和较小的上行风险。就衡量角度来看，对高校办学而言，高校组织实施户外运动显示度相对较小且较难衡量，在较高目标期望的前提下，冒着上行风险通过户外运动追求更大的社会效益不值得尝试，也不是高校户外运动的主要课题。相反，高校组织实施户外运动可能存在的预期损害则是首先要高度关注和防范的问题，即可能对学生造成的人身伤害才是高校户外运动组织者和管理者应该重视的问题。因此，定义中的“偏离”在本书的研究中是指下行风险，即高校户外运动学生参与者受到人身损害的可能性及损害程度。

既然，风险带来的影响有正向与负向之分，同样在高校开展的户外运动既能够对学生产生教育价值（正向影响），也有可能发生身体伤害伤亡和心理创伤（负向影响），还可能出现高校户外运动没有达到预期的教育目标的偏差（教学风险）和没有践行环保理念反而破坏环境的偏差（环保风险）。人才培养是高校的主要职责之一，也是高校最重要的工作。户外运动在高校的诞生是积极响应国家素质教育改革、高校体育教学改革的产物，是高校体育工作创新结出的甜蜜果实，它的诞生为高校培养综合素质全面发展的人才提供了创新渠道和手段。户外运动对当代大学生最明显的功能在于锻造强健体魄和塑造坚韧心理，如因风险管理问题不仅影响高校户外运动价值实现，反致大学生身心受害，则违背了户外运动在高校推广普及、开花结果的初衷。还需要强调的是，哪怕因户外运动导致学生身体受轻伤，但因此影响学习和心理，这仍要引起重视。因此，本书所研究的“高校户外运动风险”主要是指高校户外运动发生人身伤害事故和不利后果严重程度的不确定性（即人身安全风险），即人身安全风险发生的因素、内在规律、各种人身安全风险事故发生的概率和频次及后果等。关于高校户外运动的教学风险、环保风险等仅在理论构建部分作统一论述，而对后续的风险识别、风险评估及风险应对等问题不进行深入研究。

2.2.2 高校户外运动风险的构成要素及相互关系

根据对风险的基本要素的分析，高校户外运动风险同样由风险因素、风险事件和风险后果构成，三者关系如图 2-3 所示。

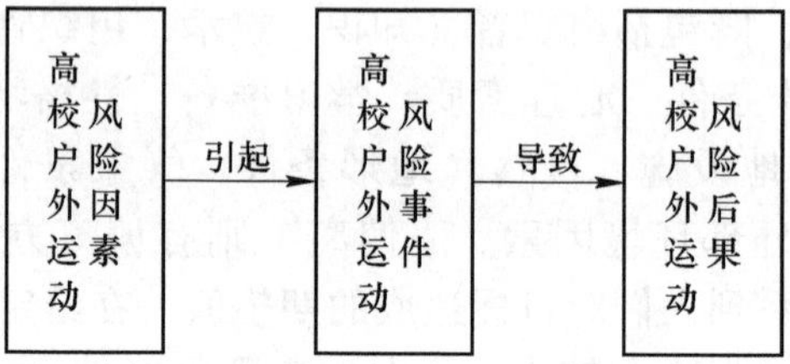

图 2-3 高校户外运动风险因素、风险事件和风险后果三者关系图

（1）高校户外运动风险因素是引发高校户外运动风险的潜在原因，发挥间接作用，包括与高校户外运动密切相关的人员、物质、环境及其他等 4 类，就某起具体户外运动风险事故，上述风险因素能够增加其发生的可能性，或加重其损失程度。

（2）高校户外运动风险事件则是在高校户外运动中，造成人身伤害或财产损失的突发或偶发的外在随机事件，对损失产生起直接影响作用。户外风险事件是高校户外风险因素和高校户外风险后果的中间环节，将二者联结起来。举例来说，天降暴雪出现极寒天气，学生因未穿戴专业手套导致手指冻伤，没有穿戴专业装备是风险因素，是造成冻伤的间接原因和条件，天降暴雪气温骤降是风险事故，是造成学生冻伤的直接原因。“气候剧变”的风险事故将“学生装备穿着不到位”潜在风险与“学生手指冻伤”风险后果损失紧密联系起来。

（3）高校户外运动风险后果，又称高校户外运动风险损失，是高校户外运动风险构成的最终要素，是风险结果的表现形态。在高校户外运动活动中，风险损失通常主要是指非故意的、非预期的、非计划的人身伤害伤亡、心理伤害及经济受损和社会声誉受损。从较轻的擦伤、扭伤、挫伤，到较严重的骨折、器官破损，再到极其严重的伤残、死亡，都是高校户外运动风险后果的表现形态。或因户外事故导致学生心理受到创伤，进而影响学习生活，或因户外事故引起法律纠纷和学校秩序受到干扰，都是高校户外运动风险可能带来的损失。

综上所述，潜在风险因素、偶发的风险事件和可能的风险后果三者共同构成了高校户外运动风险。各种潜在风险因素或增加了高校户外运动风险事故的发生概率，或加重了风险事故后果的严重程度，三者递进相联，相互作用。通过深入地剖析、认识高校户外运动风险发生的作用链条和内在机理，能为高校户外运动风险应对策略研究提供理论基础。

2.2.3 高校户外运动风险的特征

在前文中，笔者通过文献资料法将一般风险的特征归纳为“客观性、突发性、多变性、无形性、不确定性、社会性、可测性”等7个方面。虽然上述特征是基于金融、投资、生产等学科视角提出的，但就风险的不确定性本质来说，高校户外运动风险的特征也表现出一定的相似性。在一般风险特征的基础上，笔者结合多年高校户外运动教学、组织、管理的经历，在认识高校户外运动实践的特殊性的基础上，结合专家访谈意见，将高校户外运动风险的特征归纳为客观性、社会性、不确定性、潜在性、行为相关性、可预测性和多因性等方面。

2.2.3.1 高校户外运动风险的客观性

高校户外运动是一种在存在诸多未知的在大自然中进行的社会实践活动，存在风险也是一种必然。一方面，山地、湖泊、海洋、沙漠等野外环境是户外运动开展的“场地”，这些野外自然环境时常出现较难科学预测的局部“小气候”，地震、雷电、暴风雨等偶发自然现象可能引发灾害导致户外运动人群生命财产受损，形成高校户外运动风险；另一方面，参加人群年轻化，社会适应能力差，易盲目冒险，团队协作意识差，缺乏户外安全知识，身体素质差异明显，参与者之间彼此不够熟识等因素，也共同决定了高校户外运动风险的客观存在。

2.2.3.2 高校户外运动风险的社会性

作为国家承认的独立办学机构，高校对学校户外运动课程、学校审批开展的户外运动活动及学生人身安全均负有责任。对国家和社会来说，大学生是宝贵的人力资源，承载着社会发展进步的重任。对一个家庭而言，大学生是家庭的核心，背负着父母的殷切希望。毋庸置疑，高校户外运动风险事件的发生必定会影响学校声誉和经济，影响到广大学生背后的家庭幸福，甚至是社会发展所需要的合格人才的培养问题，这种种不良后果都具有很大的社会性。

2.2.3.3 高校户外运动风险的不确定性

在高等院校，学校领导、教学管理者、教师、学生都不会否认户外运动风险的客观存在，但却无人能精准预测它何时发生及带来何种损害。

(1) 高校户外运动风险事故发生与否存在不确定性。在全国或者全世界范围，大学户外运动发生学生意外伤亡事故具有极高风险性和巨大损失性，但它又无法确定能够消除，但如果要具体说哪一所高校，哪一位学生确定会发生此种风险事故，又难有定论。

(2) 高校户外运动风险事故何时发生存在不确定性。野外环境复杂，可能发生无法凭经验判断和预测的突发事件（如野生动物伤人、天气骤变等），但时间无法预知。

(3) 高校户外运动风险事故的损失存在不确定性。高校户外运动极易发生风险事故，笔者担任多年的高校户外运动教师，几乎每一次野外实践都会发生学生擦伤、崴脚等事故，这些轻微伤害的损失可以忽略不计，但出现重大户外运动事故时，其损失程度将难以预计。

2.2.3.4 高校户外运动风险的潜在性

风险一般都是目前尚未发生，但有可能发生的损害。当风险事件尚未发生时，损害只具有可能性，是潜在的而不是现实的。通过定性分析、经验判断，组织者都知晓高校户外运动具有潜在风险，而且风险存在的客观性也证明了这一点。在高校组织实施户外运动时，只有当各种潜在风险因素的作用时间、方向、强度及各种因素作用的顺序达到某种条件时，才可能促成损害发生，即高校户外运动风险的实质发生。

2.2.3.5 高校户外运动风险的行为相关性

“事物之间相互联系”是马克思主义哲学的基本观点。在人类社会，联系是一种客观、普遍的存在。组织和实施高校户外运动，任何风险事故的发生都与客观存在的风险因素有关，也必然会产生一定程度的后果损失。比如，大学生的安全意识和教师的风险防范意识能直接影响风险事件的发生概率，高校户外运动风险事故又可能会造成人身安全、财务、声誉等方面的损失和不良后果。另外，在高校户外运动中发生风险事故，可能会导致高校被起诉赔偿，招致学生及家长的质疑、批评、不满，教育管理部门由此会加倍重视加强管理，教学单位会因此主动提高风险管理意识并加强教学管理，其他高校会引以为戒等行为的发生，由此一定程度减少下一轮高校户外运动活动实施的风险因素。

2.2.3.6 高校户外运动风险的可预测性

在现实中，虽然某一具体高校户外运动风险的发生具有偶然性和不确定性，但只要基于对以往多年的历史事实和风险案例进行定性分析，经验丰富的户外运动教师都能大概预测出极容易发生风险事故的时机、项目等。比如在天黑或能见度不高、学生出现极度疲劳、学生产生心理恐惧等时间点，如果继续在野外进行徒步、攀爬、登山等强度较大的户外运动，就极易发生事故。还有，当学生攀岩成功、高海拔攀登登顶后，因过度兴奋极易产生麻痹大意情况，这时也是发生风险事故的时候。可见，高校户外运动风险可以通过经验作出初步预测和判断。而且风险研究学者认为风险发生存在一定内在规律和逻辑，通过结合以往相似风险发生的可能性，运用概率和数理统计方法可以对某一具体风险发生的概率进行度量。

2.2.3.7 高校户外运动风险的多因性

在大多数情况下，户外运动伤害事故的发生通常是由自然环境客观存在的危险因素和参与者准备不足、处理不当等主观失误同时存在而引起[45]。与高校户外运动密切相关的要素非常多，既包括人员、物质，还包括环境，因此引发高校户外运动风险事故的原因也来自多个方面。例如，同样的人员或团队在不同的环境实施户外运动，或者不同的人员或团队在相同的环境实施户外运动，可能会出现不同的风险事故结果。也就是说，在高校户外运动中，一起风险事故的发生一般是多种因素综合导致的结果，由此体现了高校户外运动风险的多因性。

2.2.4 高校户外运动风险管理的涵义

根据风险管理相关理论，结合上述对“高校户外运动风险”的界定与专家访谈意见，高校户外运动风险管理就是针对“高校户外运动风险”的管理活动，具体是指针对高校户外运动发生人身损害和不利后果严重程度的不确定性，依据相关理论和方法分析风险成因、识别评价风险因素，对风险进行防范、监控、预警及处理，以最小成本最大限度降低风险发生概率和减少风险损失的动态过程。

与任何管理实践活动相似，高校户外运动风险管理的内涵十分丰富，它也是由多个步骤构成的动态变化的过程，而不是静止的某一个工作环节。一方面，动态性表现在高校户外运动风险的管理资源（如人、财、物、信息等）呈现动态变化的特征；另一方面，高校户外运动风险管理由多个步骤程序组成。其中主要的环节有：（1）通过科学方法预测高校户外运动组织实施过程中可能存在的风险（风险源、风险因素等）；（2）通过风险分析和评价预测风险事故发生后的后果程度；（3）通过适当的应对策略将风险后果的不利影响降至最低。

2.3 高校户外运动风险管理的目标

2.3.1 一般风险管理的目标

风险管理是组织管理活动的内容之一，风险管理的目标也必然是某一组织的管理目标的分解部分。通常认为，组织目标是一个组织未来一段时间要实现的目的，是组织决策、评价考核的基本依据。风险管理也是服务于组织总目标的实现，因此必定是有目的的管理活动。通常认为，风险管理目标是指风险管理活动所要达到的预期效果。对一个组织而言，目标具有指明行动方向、激励凝聚人心、作为决策标准和考核依据等作用。风险管理的目标必须设定管理纯粹风险所要达到的目的，为针对纯粹风险的有关管理决策提供了框架。因此，只有实现设定明确的目标，为风险管理者指明行动方向，确定工作任务，风险管理者才能积极主动地实施风险管理计划，客观评价风险管理效率和效益。否则，风险管理就会无从开展、无法评价，因此也不具实际意义。

早期风险管理倡导者詹姆斯·奎斯提指出，风险管理指企业或组织控制偶然损失的风险，以保全盈利的能力。近代风险管理学者赫利克斯·克莱蒙认为，风险管理的目的是保存组织前进的能力，保全组织的人力与效力，保护企业的盈利能力[40]。虽然这些观点主要是从企业角度考察风险管理目标，但对一般组织而言仍不失为可供参考和借鉴的理论框架。当前，国内外风险管理理论的运用集中在保险、安全生产等领域，因此“风险管理目标”概念的核心思想主要是“实现通过最小的成本确保经济效益最大化”。然而，面对不同的经济和社会环境，在不同理念和观念的指导下，不同的组织（或单位）确定的风险管理目标也有所不同。何文炯[46]从企业盈利视角提出“风险管理的总目标是以最小费用支出获取最大的安全保障”，陈秉正[47]从纯粹风险角度将“风险管理目标”定义为“使企业价值最大化”。王晓群[48]、王周伟等[49]均认为，风险管理目标必须与组织总目标一致，应确保以较小的机会成本为组织处于足够安全的状态提供保障。

综合上述观点不难看出，学者们一致认同风险管理目标的核心宗旨是“以最小成本获取安全和价值最大化”，也就是说，风险管理主体以最小的成本对各类风险因素进行处理和控制，预防和减少损失，以达到保障社会生产和各项活动的顺利进行的目的，其实质是以最经济、最合理的方式消除风险导致的灾难后果。由此可见，学者们认同的“风险管理目标”具备成本最优化、方式最恰当、效益最大化3层含义。

2.3.2 确定风险管理目标的基本要求

目标对一个组织具有指明方向、激励人心、作为评价和标准等重要意义，它的制定应遵循一定的原则和要求，制定风险管理目标也同样如此。鉴于组织目标具有主观性、方向性、现实性、社会性、实践性等特征，风险管理目标它又包括“成本最优化、方式最恰当、效益最大化”等丰富内涵，确定风险管理目标一般要满足以下基本要求。

2.3.2.1 与组织总目标的一致性

风险管理目标是组织总目标的组成部分，一定程度上是组织实现整体目标的基础和保障。风险管理目标的制定要综合考量是否能确保组织人财安全、利润增长、持续经营、生存发展等因素。

2.3.2.2 现实可行

在风险管理实践中，脱离组织实情追求最优目标既不明智也不现实，应力求制定的目标现实可行、经过一定努力可以达到和实现。目标的现实性的意思是指，拟确定的目标要具备可实现的客观可能性和可操作性。客观可能性就是拟制定的目标能否可能实现，这首先取决于目标在时间与空间上的允许程度与边界条件。时间上要注意在不同任务阶段和时期目标的可实现程度，区别制定短期、中期和长期目标。空间上要充分研判内部环境和外部环境资源条件的允许程度。内部环境主要指组织内部人、财、物等管理资源的承受能力，以及人们对风险的认识和判断能力。外部环境主要指组织外部的社会环境、政治环境等。客观的组织现有资源和外部环境对风险管理主体的目标决策形成了制约，通常会迫使风险决策者放弃对最优目标的考虑。另外，基于风险识别和风险评估制定风险应对策略，也要综合考虑策略实施手段和措施的可操作性。所以说，确定风险管理目标不求尽善尽美，但求尽量降低损失，由此可见风险管理目标制定完成后的可行性分析十分必要。

2.3.2.3 指向明确

目标需要为组织发展指明方向、制定任务，因此风险管理目标应是具体明确且不带歧义的，同时也是可以量化考核的。一方面，不仅目标任务要尽可能明确，而且对实现的时间、地点、标准要进行细化。目标任务的表述不能模棱两可或含含糊糊，要保证不同的人对目标任务具有相同理解。否则，该风险目标就不够确切也没有存在的意义。比如，“确保人员没有任何受伤”就比“基本确保人员没有任何受伤”表述明确。制定明确细化的风险管理目标也是风险应对策略选择和风险管理效果评价工作的需要，否则，风险管理主体会感到困难重重，无所适从。另一方面，风险管理目标要具有可考核性和可评价性，否则目标的指向作用就无从谈起。尽管目标有定性和定量之分，但风险管理主体若要提升风险管理效果，将能够指标化的风险管理目标加以量化以便考核才不失为一种重要途径。

2.3.2.4 层次清晰

风险管理目标应有主次和大小之分。一方面，根据管理资源，目标分主次。对任何组织来说，风险管理资源都是有限的，要实现的目标任务也应区别轻、重、缓、急。因此，确定风险管理目标，要根据组织总目标，依据风险管理各子目标的重要紧急程度，区分主次，有利于节约风险管理成本提高综合效果。[50]主要目标属高层次目标，是必须达到的目标，次要目标是低层次的目标，是希望达到的目标。另一方面，根据风险管理单位的地位和分工，目标分大小。总目标是风险管理主体整个组织体系的目标，子目标是适应组织体系内部分工要求而建立的部门风险管理目标。

2.3.3 高校户外运动风险管理的目标

高校户外运动风险后果可能涉及学生人身伤害伤亡、学生心理受到负面影响、环境受到破坏和污染、教学质量下降、学校财务损失、学校声誉受损等一个或几个方面。根据风险管理目标的定义，高校户外运动风险管理的目标，是指高校或高校体育部门通过对户外运动活动的风险管理力争要达到的客观效果，其中包括确保学生生命安全、心理得到历练、环境意识提升和环境得到保护、维护学校声誉等方面。简单而言就是，通过最小成本获得最大的风险管理效果，也强调避免和减少学校的经济损失、无形的社会声誉和形象。

本书参考风险管理目标的制定要求，结合高校户外运动的具体特点，在征求部分高校体育工作负责人、高校户外运动教师及高等教育管理学者等意见的基础上，认为高校户外运动风险管理的目标体系应包括如下内容。

（1）确保高校教学环境和秩序，保障高校体育工作（教学、竞赛、训练、社团等）顺利进行，促进高校户外运动价值功能更好发挥，是高校户外运动风险管理的最终目标也是基本目标。

（2）细化分解基本目标，根据高校户外运动风险管理程序分别制定阶段性目标。1）排查确定可能与高校户外运动有关的风险因素；2）尽量避免因人、物、环境等因素发生高校户外运动风险事故，预防不可抗力的潜在风险；3）在事本着“成本最优”原则有针对性地采取应对措施，减缓高校户外运动风险损失。

（3）查找漏洞和不足，形成高校户外运动风险管理总结报告。总结报告要对高校户外运动风险管理效果进行评价，以对下一轮风险管理目标的制定和实施提供指导和参考。报告可以采取“一事故一总结”或“一活动一总结”的形式，内容可不局限于事故的教训反思，也可以是经验总结。

（4）在确保“无事故、无损失”的前提下，力争提高教学和活动质量，充分发挥高校户外运动的育人功能，扩大影响力，提升学校声誉。

上述提出的是“高校户外运动风险管理目标”的基本内容，具体到某一所高校或某一次高校户外运动活动时，还要充分考虑并遵循制定风险管理目标的基本要求，具体问题具体分析，结合实际情况制定具体风险管理目标。

2.4 高校户外运动风险管理的基本特性

通过梳理文献资料发现，有少量学者从一般与特殊的角度对一般项目风险管理和某一学科领域风险管理的特性进行了归纳和阐述，如学者刘钧[39]将一般项目风险管理的特性归纳为“对象具有特殊性、范围具有广泛性、具有较强的应用性、具有全面性”等几点；学者肖拥军[51]认为一般工程项目风险管理具有面临多元风险、贯穿整个项目生命周期、必须坚持系统观、有规律可循等特征，在此基础上提出了旅游地开放项目风险管理具有“管理目标和管理过程更为复杂、需更多关注相关者利益、市场风险的特殊性、环境风险的独特性、技术风险的特殊性”等较为独特的性质。“高校户外运动风险管理”是针对“高校户外运动风险”的管理活动，高校户外运动的主客体、目标及项目本身等方面都具有一定的特殊性，由此高校户外运动风险也表现出与其他风险较为特殊的特征，笔者结合多年的高校户外运动教学及活动组织的实践经验，以一般风险管理特性为参照，充分参考专家反馈意见，对高校户外运动风险管理的特性进行了归纳和总结，通过专家访谈，得到了较为一致的认可。

（1）力求规避人身安全风险。学生安全问题事关千家万户的幸福和社会稳定，历来受到党和国家的高度重视，各级政府、教育行政机构及学校始终都将师生安全作为我国教育事业发展的基本的工作要求。学校体育是学校教育的重要内容，是国家体育事业的重要组成部分，对于全民族综合素质有着极其特殊的重要意义。学校开展一切体育活动的根本目的在于促进学生的身心健康发展。在体育活动过程中，首先要高度重视学生的生命安全，要切实树立“健康第一”的指导思想[52]。高校开展户外运动体现了高校体育工作的特色，但仍要坚持学生安全第一、健康第一的工作要求。

(2) 管理目标多元化。高等学校泛指对公民进行高等教育的学校，是指综合性地提供教学和研究条件和授权颁发学位的高等教育机构，是为国家培养高层次专业人才的场所。大学具有人才培养、科学研究、社会服务、文化传承等4种职能，高校户外运动、体育运动教育教学也要肩负起相关职责，其目标包括多方面，如为学生传授户外运动知识技能、传播践行户外环保理念、培养学生户外休闲意识，以及通过户外运动特色教育教学提升学校影响力等，呈现出多元化特性。

(3) 管理客体多维度。相比项目风险管理、安全生产管理、学校体育风险管理，高校户外运动风险管理的管理客体更加复杂多样，体现了多维度特征。即便是一次具体的高校户外运动活动，也是一个较为“庞大”、全面的综合系统，不仅包括常见人员、物质等因素，还包括一些特有的来自地形地貌、地质灾害、气候气象、身体心理、食物水源、动植物等方面的风险因素，这些特有因素与高校户外运动的开展休戚相关，并可能直接或间接引发风险事故。

(4) 贯穿运动（活动）全过程。风险存在客观性、突发性、不确定性、潜在性等基本特征，在户外运动中也无时无刻不存在风险。从某一次具体的高校户外运动活动来看，户外运动团队抵达目的地可能发生交通意外，学生热身准备不足可能造成运动损伤，野外攀爬下降可能发生滑坠，宿营可能遭遇虫蛇咬伤，可见在高校户外运动的每一个环节都可能发生风险事故，因此，针对高校户外运动的风险管理应该落实到时时处处，贯穿于活动全过程。

(5) 坚持系统观点。高校户外运动是一个由管理者、组织者、参与者、器材装备、自然环境、人文环境、水源食品、动植物、活动项目等要素组成的有机整体。高校户外运动系统各要素会相互影响，相互作用，而且各要素也时刻处在动态发展变化之中。有些潜在风险因素的量变会在一定外在条件下导致质变，甚至会转化为更大的风险事件。因此，实施高校户外运动的识别、评估、应对等工作，均应坚持全面系统的原则，忽视某一个管理环节或疏忽某一个风险因素，轻则无法达到教学或活动效果，重则可能引发重大的风险事故。

(6) 存在内在规律。风险虽具不确定性，个别风险事件的发生可能存在偶然性，但通过统计分析大量风险信息，一般可以发现其概率规律。[53]无论是高校户外运动，还是一般体育运动，它们的组织实施过程、高危风险点分布、所处环境变化情况等都存在一定的规律，所以风险发生也存在内在规律，可以通过运用适当的方法加以预测。具体到高校户外运动的风险管理，可以通过组织管理者的经验根据户外项目特点、气象条件、地形地貌特征、学生身心准备情况、团队氛围等进行定性判断，认识发现高校户外运动风险发生的基本规律，还可以通过概率统计的定量分析方法，对高校户外运动风险进行描述和预测，探究其发生规律。

2.5 高校户外运动风险管理的基本原则

经过前面分析阐述，高校户外运动与一般项目（指其他领域）、高校户外运动风险与一般项目风险均存在一定的差异性，因此在实施高校户外运动风险管理行为时，应遵循的基本原则与一般风险、安全生产风险、工程项目风险、体育风险等也应有所不同。通过文献资料法，归纳得出一般管理应遵循“系统性、弹性、动力、效益、整分合”等原则[54]，一般风险管理应该遵守“控制损失创造价值、融入组织管理过程、支持决策过程、以信息为基础、持续改进、广泛参与充分沟通”等基本原则[55]，在此基础上，进一步结合高校户外运动风险及其管理的特性，以专家基于多年丰富的实践经验提出的建议为补充，充分考虑高校户外运动风险管理需要特别注意的基本要求，归纳总结出高校户外运动风险管理应该遵循“全面周详、预防为主、量力而行、及时反馈、弹性调整、成本效益对比、整分合”等几点基本原则。

（1）全面周详原则。高校户外运动风险系统涉及影响因素多，其中很多因素都十分关键，牵一发而动全身，任何部分的疏忽往往可能给系统整体带来负面影响，甚至会影响目标的达成。全面周详地了解掌握高校户外运动各种风险因素引发风险事件的概率、可能造成损失的严重程度，是实施风险管理的重要基础。其中，高校户外运动风险的事故频率和后果程度对人们估计损失危害产生直接且有决定性的影响，并最终决定选择何种风险应对策略及风险管理效果的好坏。除此之外，高校户外运动风险管理者应全面周详地制定实施风险管理计划，并确定拟运用的识别、评估等风险管理工具。需要强调的是，风险管理计划重在全面周详且严格地实施执行，并随实际情况的变化灵活调整，这是实现高校户外运动风险管理目标的可靠保证和必备前提。

（2）预防为主原则。将大学生置于精心设计的、具有适度风险的自然环境，通过大学生亲身经历与团队合作体验、感悟和挑战自然，达到强健体魄，提高社会适应能力，培养团队协作和吃苦耐劳精神的目的，最终促进大学生身心全面发展，这是高校户外运动不同于一般体育运动的基本特点。人为创设困境、险境，强调学生适度冒险，突破舒适区，是高校户外运动的精髓。高校户外运动的诸多元素，如组织者、实施者、参与者等人员；器材、装备、交通、水源、食品等物资；气候、地形等自然环境；制度、氛围、性格等人文环境等因素客观存在发生风险事故的不确定性。鉴于大学生是高校教育教学工作的核心，是人才培养的对象，高校户外运动容不得半点粗心和闪失，否则后果损失将是组织者、教师、学生乃至校方都无法承担的，还有学校声誉的无形损失也将无法估量。凡事预则立，不预则废。为了尽可能避免高校户外运动发生较严重的风险事件，应该做到事先预防为主，防患于未然。

(3) 量力而行原则。作为一种分析、评估、应对风险的科学管理方法，风险管理为人们系统规避风险、减少损失提供了一种思路和范式。但这并不意味任何高校户外运动责任主体都能轻而易举地通过运用有关方法和手段达到减少风险的目标。相反，各高校应在权衡可能遭受损失的基础上，结合自身的人力、物力、财力等资源实力，量力而行选用户外运动风险管理的工具、方法和措施。比如，如果某种户外运动活动有发生严重损失的较大可能，则应果断回避放弃；如果某种户外运动活动必须进行，而其潜在的风险又无法完全规避但预计损失程度较小，则可采取风险承担或者风险减缓措施。为了规避人身伤亡重大风险事故的损失，还可以采取保险转移方式处置。总之，高校户外运动参与基数大，活动次数多，后果负面影响大，风险管理者要结合自身条件，量力而行选择风险应对措施。

(4) 及时反馈原则。循环动态变化是管理过程的固有属性，这是动态管理原理的基本观点。动态管理原理强调要针对管理对象的变化情况，不断调节各个环节以实现整体目标。在高校户外运动实施过程中，天气、地形、心态等方面的动态变化也是无时无处不在。既然存在变化，就有可能出现预先没有考虑到的风险事件发生。作为一次高校户外运动活动的负责人，应该对活动中时刻出现的变化通过灵敏、准确、有力的反馈，做到及时把握、及时应对，将风险事件扼杀在萌芽状态，减少风险损失，达到有效控制风险和提高管理效能的目的。针对高校户外运动，管理者可以建立信息反馈制度（如会议制度、汇报制度）和检查制度（进行定期和不定期的检查），也可以采取集中讨论不厌其烦地查找问题，及时解决。在一次户外运动活动中，总负责人要加强巡逻询问，项目负责人、各组小组长应该保持与总负责人的信息渠道畅通，时刻保持联系，以及时发现问题之所在。

(5) 弹性调整原则。动态管理原理主张，管理过程或管理措施要有适应客观情况变化的能力，凡事要降低刚性留有余地，增加管理活动的柔性和弹性。高校户外运动通常团队规模较大、自然环境瞬息万变、参与者身体素质参差不齐、心理素质各异等客观情况，较难通过事先预防措施预见一切风险因素和未知事件，在具体的活动实施中，原先既定的风险管理步骤、目标、方法及手段可能需要根据实际情况灵活调整。管理学理论还认为，管理对象是多因素的复合体，不可能完全把握，由管理主体和客体等自然人组成的管理活动是人的社会活动，存在很大的不确定性，而且管理是行为的科学，有后果问题。这些基本观点也为高校户外运动风险管理必须遵循弹性调整原则提供了理论依据。

（6）成本效益对比原则。风险管理的核心在“以最小的成本获得最大的风险管理效益”。“高校户外运动”与“社会机构户外运动”的本质区别，在于它以为社会培养合格人才为目的而非盈利，因此高校户外运动风险管理主要追求的是社会效益而非经济效益。实施高校户外运动风险管理，应该紧密围绕“以最小的费用支出获得最大的效益”这一根本目的，合理选择效果最优的应对方法。归根到底，就是无论选择何种风险应对策略或者何种策略组合，都应对比成本与效益。通常高校户外运动风险管理的成本包括以下 3 个方面。

1）风险损失的实际成本：指高校户外运动风险事件发生后，造成的财产毁损和人员伤亡所必须支付的实际经济代价。

2）风险损失的无形成本：指因高校户外运动风险事件导致高校社会形象、社会声誉受到影响。另外，出于对高校户外运动风险损失的恐惧和顾虑，大学生户外运动人口会受到影响。当前，大学生是我国户外运动主力人群，大学生户外人口的减少一定程度上会影响一所高校户外运动、高校体育事业的发展，乃至一个国家的户外运动的发展。

3）预防和处理风险的成本：指预防和处理高校户外运动风险的实际支出。为每一个大学生户外运动参与者购买保险，研发和实施户外运动安全教育课程的成本，增加户外运动指导教师数量的成本等，都属于预防和处理高校户外运动风险的成本。

（7）整分合原则。系统是由若干相互联系、相互作用的部分构成，在一定环境中具有特定功能的有机整体[56]。显然，高校是一个系统，高校户外运动事业是一个系统，一次具体的高校户外运动活动也是一个系统。根据系统管理思想，要达到最优化管理的目标，必须对管理对象进行系统分析。高校户外运动涉及要素复杂，任务繁多，不能笼统盲目地“鼻子眉毛一把抓”。要提高高校户外运动风险管理效率和效果，应遵循整分合原则，即从系统的整体性出发，预先充分细致地了解高校户外运动风险管理的目标、资源和环境，进而从系统的层次性将其逐一分解成单个基本要素，进行明确的任务分工，建立责任制，使每项工作规范化具体化，最后从系统的目的性出发进行科学的组织综合，对各类的关系不断进行综合与协调，保证高校户外运动风险管理整理目标的实现。

2.6 高校户外运动风险管理的过程

2.6.1 一般风险管理的过程

通过查阅相关文献著作，具有代表性的国内外学者和风险管理组织对“风险管理过程”提出了多种表述形式，可做如下简要概括和归纳，见表 2-1。

表 2-1 风险管理过程的代表性观点

研究者	风险管理过程的代表性观点	步骤数
马丽华	识别、衡量、处理、管理效果评价[57]	4
阎春宁	识别、衡量、对策、实施方案、监督与评价[58]	5
马丁·鲁斯摩尔 约翰·拉夫特瑞等	识别；分析/评估；控制[28]	3
保罗·霍普金	识别；评估；排序；应对关键性风险；采取控制性措施；规划；报告；管理系统检查[59]	8
马文·拉桑德	识别；分析；评价[60]	3
PMI	识别；量化；响应；控制[61]	4

通过归纳概括以往风险管理研究学者和风险管理组织对风险管理步骤内容的划分，不难看出前人对风险管理实施中的“识别、评价、应对”3 个核心步骤形成了较为统一的认识，只是在风险管理开始阶段的“风险管理规划”和结束阶段的“风险监控与评价”存在一定的差异，其原因主要源于风险管理阶段切分点的不同及各具体任务的划分阶段不同。国外研究者大多基于定量研究的方法，也导致了“风险分析”“风险量化”“风险评估”“风险排序”与国内研究者“风险衡量”表述上的差异。

综合来看，学者们均认为风险管理过程至少包括管理规划、识别、评估、应对等 4 个关键步骤。其中，部分学者结合风险管理的显示需求提出的“风险管理规划”步骤，主要包括制定明确管理范围、确定管理目标、确立管理组织体系及可能采取的应对措施等问题，因本书研究的重点在于探讨高校户外运动风险识别、风险评估与风险应对的一般规律问题，而非针对具体某一项目的风险管理应用问题，所以对“高校户外运动风险管理规划”相关内容不做详细阐述。本书支持多数学者一致认同的“四阶段风险管理过程”观点，这既为高校户外运动风险管理过程的划分提供了可供参照的理论依据，也为分析高校户外运动风险管理问题提供了基本框架。

2.6.2 高校户外运动风险管理的过程

高校户外运动风险与一般风险具有大致相似的属性，其风险管理过程的划分也是基于前述风险管理研究者及风险管理组织对风险管理过程的描述和归纳。高校户外运动风险管理的本质实际上是一个高校户外运动风险规划的制定、实施和管理的过程，具体可以分成高校户外运动风险管理规划、高校户外运动风险识别、高校户外运动风险评估、高校户外运动风险应对 4 个主要环节，如图 2-4 所示。

图 2-4　高校户外运动风险管理程序

风险管理是贯穿高校户外运动活动始终的动态过程，它不是一成不变，而是循环往复、不断螺旋上升的逐步完善的过程。每个步骤的工作任务和工作方法各不相同：高校户外运动风险管理规划是起点，是实施风险识别、风险评估和风险应对的基本指导方针，具体包括制定风险管理的范围、目标、方法及开展识别、评估、应对工作的具体手段与措施等内容。风险的识别、评估和应对是高校户外运动风险管理的 3 大关键步骤，识别是评估的基础，评估是识别的进一步深入，为风险应对提供依据。高校户外运动风险识别主要是通过对以往所发生的风险事故进行分类和分析，识别分析风险源、风险因素并对其进行归纳分类；高校户外运动风险评估是以识别为前提评估测算风险因素引发风险事故的概率和风险后果程度；在对风险因素引发事故的概率排序基础上，进一步提出高校户外运动风险应对的策略。

上述4个环节，环环相扣，层层递进，前一个环节为下一个环节提供工作方向和依据，后一个环节是前一个环节的深入和延续，共同形成高校户外运动风险管理的封闭系统。依照风险的规划、识别、评估和应对4个基本程序执行实施高校户外运动风险管理，可以更为深刻地认识高校户外运动风险的形成机理，更加全面地把握风险因素的重要程度，更加精准地探索风险的应对规律，由此实现对高校户外运动风险的有效管理，确保高校户外运动健康发展。

3　高校户外运动风险识别

3.1　一般风险识别的基本理论与方法

在科学制定了完整的风险管理规划以后，风险识别是进入风险管理实施阶段首先要进行的工作。对具体项目任务存在的各种可能导致风险的因素进行比较分析，去伪存真，最终识别出各种显性和隐性的风险因素及有可能发生的风险事件，估计这些风险事故发生后可能造成的物质与人身损失及心理与社会效应，就是风险识别的主要内容[60]。由此可见，风险识别是风险管理过程中最基础的工作环节，为风险评估、风险应对等其他环节的实施和开展提供前提。如果缺少风险识别环节，风险因素不能被科学地识别出来，就不会掌握可能发生的风险事故是什么，有何危害程度，因而也不可能对风险发生概率大小、危害大小进行评估，就更加不会知道该采取何种防范与应对风险的最佳决策与措施。在实际工作中，因为没有意识到风险的潜在存在，也没有采取任何预防、控制等措施，各种客观存在的风险因素转化成风险事件、甚至引起损失的可能性就会极大增加。风险识别作为风险管理程序的首要环节，其结果是否精确、科学、全面，直接关系到风险管理成效，可见风险识别的重要性不言而喻。

3.1.1　风险识别的定义及内涵

既然风险识别如此重要，那么究竟什么是风险识别呢？陈赟[62]从工程风险管理角度认为，风险识别是指以搜集、调查、分析资料为基础，风险管理者运用各种方法对工程尚未发生的客观存在的各种风险进行全面判断、系统归类，科学鉴定风险性质的过程。石岩[63]认为风险识别也是一个过程，包括识别风险源、确定风险发生条件、描述风险特征和评价风险影响。何文炯[64]认为“风险识别就是指对组织所面临的风险进行系统连续地查找，并对事故发生原因进行分析。”肖拥军[51]认为风险识别由两项任务组成：一是搜集有关风险的因素、事件和损失等信息；二是寻找、归类影响目标实现的风险因素。邓铁军[65]认为“风险识别就是认识损失发生的可能性，确认损失的根源、性质、范围及原因。”综合上述学者观点，本书认为，“风险识别”是指识别出组织所面临风险的类别、形成原因及可能影响的动态过程。

3.1.2 风险识别的基本特征

本书在查阅并分析风险管理、风险识别等专业文献资料的基础上，综合学者范道津[40]、刘钧[39]的观点得出，风险识别具有“是风险管理过程的重要环节、是一项复杂的系统工程、是一项连续性和制度性的工作、是一个长期的过程、以衡量和处理风险为目的”等特征，通过剖析两位学者提出的上述特征的本质内涵，本书将风险识别的基本特征归纳为全程性、全员性、动态性和信息性等4点。

(1) 全程性：在任何项目任务中只要存在未知，就一定存在风险因素及发生风险事故的可能，即便是在一定阶段风险因素被识别并被处理，但随着事物变化一定会有新风险产生的可能，应该说风险因素贯穿了项目的全过程，因此风险识别是风险管理必备的，也是全程具备的工作环节。

(2) 全员性：人是项目工作中最复杂的因素之一，因为不同个体对风险管理的知识、技能及意识水平均存在差异，在未知风险面前每个人的风险管理经验又具有一定的局限性，为确保风险能够及时、全面、准确地被识别，风险识别工作需要风险管理组织全体人员共同完成。

(3) 动态性：物质是不断发展变化的，项目的各种要素也在不停变化，风险因素同样也会随之发生变动。风险因素总是随着时间、空间的变化以任务完成的进展发生着动态变化，因此风险识别的过程一定不能仅局限于事前，它是一个连续的循环往复的动态过程。

(4) 信息性：识别风险需要历史资料作为依据，需要在搜集大量资料信息的基础上展开，这些信息的真实程度、数量、质量等情况对风险识别的效果将产生极大影响。

3.1.3 风险识别的内容

尽管不同的学者从不同的学科角度对风险识别进行了界定，但不管是哪一种定义，基本蕴含了风险识别的主要内容与任务。综合来看，风险识别的内容无外乎有如下几个方面：

(1) 感知风险，即通过调查和了解，识别风险的存在；

(2) 识别、排查和归纳风险源的种类，从风险源出发分门别类查找对应的可能引发风险事故的因素；

(3) 识别各种风险因素可能引发的风险事故的种类；

(4) 识别可能导致人身伤害的事故类型及后果类型；

(5) 伤害发生的可能性，即描述是否会导致伤害的可能性。

3.1.4 风险识别的程序

为了尽可能全面识别潜在的风险因素，详细分析风险因素可能转化为风险事故的条件，以及周全地对风险事件进行分类，客观描述风险损失，风险管理者必须按照一定的步骤和程序，对风险管理对象进行逐一识别。具体包括如下步骤。

（1）分解风险管理对象。将风险管理对象分解成人、物、环境、管理活动、行为、事件等若干子系统，对子系统逐个进行分析和识别。

（2）搜集风险资料。通过专家访谈、文献检索、现场考察等方式，大范围搜集风险信息资料，了解潜在的风险源及风险因素构成情况，为风险识别提供信息参考。

（3）查找风险因素。针对风险管理对象的客观情况，逐一查找汇总风险因素，并按照人、物、环境、管理等方面进行分类。

（4）查找风险转化条件。根据风险源和风险因素类别，查找风险源和风险因素转化为风险事件的外在条件。

（5）识别风险事件。参考所搜集的风险事故资料，对活动可能发生的风险事件进行识别并分类。

（6）描述风险损失。对可能发生的风险事件的损失后果进行分类和描述。

3.1.5 风险识别的原则

风险识别是风险管理实施和执行的第一步程序，感知识别客观存在的风险，分析风险产生的潜在因素，对于选择合理、有效、针对性强的风险应对策略有着基础性和决定性意义。风险识别工作十分复杂：一方面缘于风险客观上存在隐蔽、复杂、不确定、多变等特征；另一方面还因为识别效果会因识别人员主观上具备的风险意识和知识、对风险的洞察力和应对态度等存在差异而有所不同。其中，风险管理者自身素质会对风险识别是否全面、系统、深刻、详尽产生直接影响，由此也直接影响风险管理的决策质量，并进而影响到整个风险管理工作的最终效果。鉴于风险识别的重要性、基础性和复杂性，为兼顾确保风险管理的整体效果和最终效益，风险管理者在实施风险识别工作时应遵循一些基本原则。风险管理学者范道津和陈伟珂[40]对风险识别的基本原则作了较为系统的梳理，提出了完整性、系统性和重要性等 3 条原则。本书参照两位学者的观点，将 3 条原则细化为“全面系统、综合考量、轻重有别”等原则。其中全面系统原则、综合考量原则能够确保风险识别的效果，而轻重有别原则能够提高风险识别的效率。

3.1.5.1 全面系统原则

为了提高风险管理的效果，风险管理者应对各种风险因素、可能发生的风险事件及后果损失的程度，进行全面系统地识别和查找。从活动全局角度，系统地对风险进行识别，可以根据时间维度和空间维度展开。时间维度方面，按照活动进行的各个流程阶段的风险潜伏环境、工作特点等识别风险因素；空间维度方面，根据不同的工作内容和工作场景对潜在风险进行辨别和感知。全面系统原则强调对活动的人、物、环境、管理等要素、活动流程的各个单元进行全面系统地分析识别，可有所侧重，但不可忽略任一环节。

3.1.5.2 综合考量原则

风险管理对象是一个由多个、多类要素组成的复杂系统，包括各种不同类型、不同性质、不同损失程度、不同发生概率的潜在风险。正因为风险系统的客观复杂性，使用单一风险识别方法往往效果不佳，必须通过多种方法和技术配合使用，弥补克服风险管理者主观上的不足，才能达到尽可能全面地识别各种潜在风险的目的。

3.1.5.3 轻重有别原则

在风险管理活动中，通常风险因素的类型繁杂且数量较多，而风险管理资源是有限的，这就要求在风险识别过程中要区分主次，抓主要矛盾，对潜在风险的识别有所侧重，轻重缓急有所区别。风险识别工作的侧重点应主要着眼于两点：一是首先要识别出可能导致风险后果损失较大的风险因素，对于后果损失较小的风险则不必花费较大的人、财、物、时间等资源进行分析和识别，有利于节约成本，提高风险识别的效率和效益；二是将对整个活动目标达成具有重要影响的工作单元和活动要素作为识别重点。风险管理是某一组织的管理活动，必须以组织整体目标的达成为基本要求，因此确保识别出对组织目标达成有关键影响的工作单元和活动要素的潜在风险尤为重要。

3.1.6 风险识别的方法

目前，安全生产、项目、金融等领域的常用风险识别方法较多，学者许谨良[41]、陈赟[62]、范道津[40]、马丽华[57]、罗云[66]、刘钧[39]等分别从各自研究领域，对风险识别的一般技术与方法进行了梳理，相关识别方法非常之多，其中主要有情境分析法、工作—风险分解法、检查表法、审核表调查法、SWOT技术法、事故树法、可行性研究法、危险性与可行性分析研究法、专家调查法、现场调查法、财务报表分析法、风险损失清单法、流程图法等。下面简要介绍几种较为通用的方法。

3.1.6.1 专家调查法

风险识别效果受风险管理者主观因素的影响较大，系统、全面地征集专家的意见就显得尤为重要。专家调查法是一种通过专家获取信息，依靠专家的知识和经验对问题做出判断、评估和预测的研究方法，个人判断、德尔菲和头脑风暴等方法都属于专家调查法范畴。专家调查法主要适用于决策相关因素过多，数据过多等情况，通常按照确定调查人、拟定调查提纲、选择调查对象、轮番征询意见、整理调查结果、形成调查报告等程序进行。其优点是能对统计数据缺乏或数据资料数量较少的情况做出定量估计，缺点主要是易受到个人心理因素的影响。调查对象的人员、调查对象对所调查问题掌握的资料和熟悉的程度，能对专家调查法运用效果产生关键影响。

3.1.6.2 事故树分析法

事故树分析法又称故障树分析法（FTA，Fault Tree Analysis），是所有系统安全风险分析方法中运用较为广泛的一种。事故树分析法，是一种以树状图表示所有可能引起主要事件发生的次要事件，以揭示风险因素的聚集过程和个别事件组合可能形成的潜在风险事件的风险分析方法。根据风险事故实情和事故树规范画出树状图，能清晰地表示引发风险事故的各因素之间的因果和逻辑关系，能严密、客观地分析导致风险事故发生的原因和评价事故风险的后果，通常多运用于对直接经验较少的风险管理对象的风险识别。

3.1.6.3 现场调查法

在风险管理中，现场调查法通常是指深入风险管理的具体情境中，对风险管理组织潜在的风险因素、可能发生的风险事件、可能面临的损失进行详细调查的方法。因为要深入现场，因此运用此法通常要花费大量的时间、精力和经费，成本相对较高，但能够直接获取第一手资料，且所获资料的准确率高、详实全面，十分有利于风险管理者积累大量的直接经验。所以，现场调查法通常是风险管理者在实践工作中常用的风险识别方法之一。

3.1.6.4 检查表法

检查表法又称核对表法，是风险识别的常用方法与工具，其理论依据是系统工程的分析思想。它是指以系统分析风险管理对象为基础，查找出所有潜在风险源和风险因素，并以提问方式（专家回答）将这些风险因素罗列在表格上以供检查核对的风险识别方法。这种方法可以使风险管理者较容易地识别可能存在的潜在风险，能对现场调查法的不足进行弥补。其不足之处是它通常只能对定性识别风险，而缺乏对风险较深入、详细的量化评估。

检查表的编制过程一般分三步：第一步，按照一定标准将风险管理对象分解成多个子系统；第二步，运用一定的方法，分析查找可能引发风险事故的风险源和风险因素，将风险因素作为检查表的基本检查项目；第三步，根据风险因素的风险程度，依次罗列问题清单。通常一张风险检查表至少由序号、风险检查项目、判断（“存在”或“不存在”）和备注（与检查项目相关的需要说明或补充的事项）等4栏组成（见表3-1）。该法对检查表编制者的专业能力要求较高，应在风险管理中与其他风险识别方法组合使用。

表3-1 风险检查表

序号	风险检查项目	判断		备注
		存在	不存在	
1	根据检查目的设计检查项目的问题			说明有关事项
2				
3				
4				

3.1.6.5 风险因素预先分析法

风险因素预先分析法，是指在风险事故发生之前，对可能发生的风险事故类型、可能引发事故发生的风险源、各类风险源存在的风险因素、风险源转化为事故的条件及可能出现的损失后果等情况预先进行概略分析的方法。这一风险识别方法包含的内容任务较多，使用该法一般按照5个流程进行，如图3-1所示。其中最为关键的是最后一步，即在找到了风险源、转化条件、触发条件以后，为了有针对性地采取风险应对措施，要依照潜在风险的轻、重、缓、急程度，将潜在风险因素进行汇总、分类和分级。

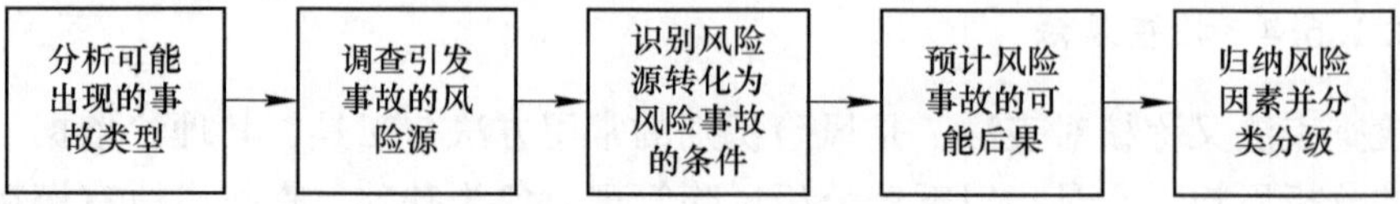

图3-1 风险因素预先分析法的基本操作步骤

上述的几种风险识别方法，并不是全部都适用于每一种风险管理情境，风险管理者应根据各方法的适用条件、优缺点和风险案例分析结果，结合自身工作实际需要，根据风险管理目标，有针对性地选择不同的风险识别方法或方法组合。为达到更好的风险识别效果，实际应用中往往是多法并用，或者“一法为主，他法为辅”。

3.2 高校户外运动事故分类与分析

3.2.1 高校户外运动事故分类

根据前面对风险构成的分析，在高校户外运动实施过程中，潜在的风险因素只是造成人身伤害和财产损失等后果的间接原因或内在条件，可能发生的风险事故才是造成损失的直接原因。因此，研究高校户外运动风险问题，首先要对高校户外运动风险事故进行分类和分析。笔者通过文献检索、问卷调查、专家访谈等方法，搜集到较具代表性的各类高校户外运动风险事故案例 150 个。

3.2.1.1 常用安全生产事故分类方法

目前，我国安全生产事故领域存在多种不同的分类标准和方法，国内有学者对此进行了专门梳理，其中大多数不太适合对高校户外运动风险事故的分类，简要介绍如下[67]。

(1) 按照人员伤亡或者直接经济损失分类：从 2007 年 6 月 1 日起开始施行的《生产安全事故报告和调查处理条例》，将生产安全事故分为特别重大事故、重大事故、较大事故、一般事故。

(2) 按照事故发生的行业分类：《生产安全事故统计报表制度》根据事故发生的行业，将事故分为煤矿事故、金属与非金属矿事故、工商企业事故、火灾事故、道路交通事故、水上交通事故、铁路运输事故、民航飞行事故、农业机械事故、渔业船舶事故、其他事故等 11 类。

(3) 按照个体伤害程度分类：重大人身险肇事故、轻伤事故、重伤事故和死亡事故。

(4) 按照《企业职工伤亡事故分类标准》分类：根据国际 GB 6441—86《企业职工伤亡事故分类标准》，可将安全生产事故分为物体打击、车辆伤害、机械伤害、起重伤害、触电、高处坠落、中毒和窒息等 20 余种伤害事故。

除此，还有按照事故管理原因、事故起因物、事故致害物、事故人为原因、事故不安全状态、事故伤害部位等多种分类方法。

3.2.1.2 本书运用的方法和高校户外运动事故分类

关于户外运动事故，已有文献多是根据事故直接原因将其分为“迷路、坠崖、滑坠、被困、疾病、毒蛇咬伤、马蜂蜇伤、中暑、失温、山洪暴发、落石、掉进冰裂缝、落水、技术操作失误、雷击等”[68]，这能够为本书高校户外运动事故分类提供分类标准借鉴。

通过对 150 个案例的分析发现，高校户外运动风险事故绝大多数属于轻微伤、重伤或死亡事故，且主要是人身伤害，少有造成财产直接损失的事故。上述安全生产事故的分类方法不太适合，也不利于本书进一步分析高校户外运动风险事故及识别高校户外运动风险。本书参考一般户外运动事故按照发生原因的分类，根据研究实际需要，借鉴国家标准化管理委员会制定的《企业职工伤害事故调查分析规则》（GB 6442—86）关于企业职工伤亡事故统计工作的有关规定，运用“事故的人为原因或物的不安全状态”作为高校户外运动事故的分类标准，将高校户外运动风险事故分为 4 大类 16 小类，如图 3-2 所示。

图 3-2　高校户外运动风险事故分类图

（1）Ⅰ类事故：由人员因素引发的事故，包括Ⅰ-1、Ⅰ-2、Ⅰ-3、Ⅰ-4。

（2）Ⅱ类事故：由物质因素引发的事故，包括Ⅱ-1、Ⅱ-2、Ⅱ-3、Ⅱ-4、Ⅱ-5、Ⅱ-6。

（3）Ⅲ类事故：由环境因素引发的事故，包括Ⅲ-1、Ⅲ-2、Ⅲ-3、Ⅲ-4、Ⅱ-5。

（4）Ⅳ类事故：由其他因素引发的事故。

另外，按照上述分类标准，150 起高校户外运动风险案例中Ⅰ类事故、Ⅱ类事故、Ⅲ类事故和Ⅳ类事故的数据统计分别为 59.33%、14.00%、25.33%、1.33%，（见表 3-2）。不难看出，在所有搜集的风险事故案例中，由人员因素引发的高校户外运动风险事故占比最大，达到 59.3%，而此类事故中由学生因素导致的风险事故（Ⅰ-3 类）从数量上更是大大多于其他类型的风险事故，所占比例高达 50.0%。另外不容忽视的是，高校户外类社团的负责人因素引发的风险事故虽绝对数量不多，但已成为户外社团活动风险事故的主要因素之一。

尽管高校户外运动风险事故的案例搜集可能存在不全面的原因，一定程度上会导致与现实高校户外运动风险事故的分布存在些许偏差，但基于 150 个案例的分析在一定程度上能够代表了高校户外运动事故的分布情况。总之，在高校户外运动风险管理中，Ⅰ-3 类甚至整个Ⅰ类事故都应该受到重点关注，对“人员”风险源相关的风险防范、风险减缓等都要给予高度重视。

表 3-2　高校户外运动风险事故分类占比详表

类型编号		风险事故类型	案例数量/个	所占比重/%	
Ⅰ	Ⅰ-1	由教师相关因素引发的风险事故	5	3.33	59.33
	Ⅰ-2	由社团负责人相关因素引发的风险事故	4	2.67	
	Ⅰ-3	由学生相关因素引发的风险事故	75	50.00	
	Ⅰ-4	由他人相关因素引发的风险事故	5	3.33	
Ⅱ	Ⅱ-1	由场地设施不安全状态引发的风险事故	4	2.67	14.00
	Ⅱ-2	由器材装备不安全状态引发的风险事故	5	3.33	
	Ⅱ-3	由食物不安全状态引发的风险事故	5	3.33	
	Ⅱ-4	由水源不安全状态引发的风险事故	0	0	
	Ⅱ-5	由动植物不安全状态引发的风险事故	6	4.00	
	Ⅱ-6	由他物不安全状态引发的风险事故	1	0.67	

续表 3-2

类型编号		风险事故类型	案例数量/个	所占比重/%	
Ⅲ	Ⅲ-1	由基地线路因素引发的风险事故	3	2.00	25.33
	Ⅲ-2	由地形地貌因素引发的风险事故	4	2.67	
	Ⅲ-3	由气象条件因素引发的风险事故	26	17.33	
	Ⅲ-4	由制度管理因素引发的风险事故	0	0	
	Ⅲ-5	由其他环境因素引发的风险事故	5	3.33	
Ⅳ		由其他因素引发的风险事故	2	1.33	1.33
合计			150	100	100

3.2.2　高校户外运动风险事故分析

本节除了采用文献资料法和专家调查法之外，主要采用事故树法对所搜集的150个高校户外运动风险事故案例第一手资料进行详细分析，以求全面、客观地得到高校户外运动风险因素，为风险因素的分类、分析以及高校户外运动风险检查表编制提供基础。

3.2.2.1　事故树分析法介绍

1961年美国贝尔电话研究所率先提出“事故树分析”概念，1974年美国原子能委员会对核电站事故进行了事故树分析并发表著名的《拉姆逊报告》，在社会各界引起了极大反响。从1978年开始，事故树分析在我国逐渐普及并成果颇丰，有效保障了企业的安全生产。20世纪80年代以来，事故树分析法开始广泛应用于各行业安全性分析和评价领域[69]。

事故树分析法主要用于分析系统安全问题，是一种基于演绎推理的系统安全分析方法[70]，其基本原理是从有待分析的特定事故或故障（顶上事件）开始，层层分析其发生原因，直到找出事故或故障最基本的原因（底事件）。底事件又称为基本事件，即事故发生的最基本的原因，不能再继续细分或者这些基本原因已经有已知或已有统计、实验结果。通过事故树分析，能够使风险管理者有效掌握风险事故的发生规律，针对最小割集分别采取风险预防措施，有助于编制风险检查表和识别系统潜在的风险因素，以及进一步制定全面、有效的风险应对措施与方案。

事故树是一种通过事件、逻辑门和转移等符号，描述各种事件相互因果、逻辑关系倒立树状图。本书使用的各种事故树符号均依照我国 1985 年颁布的《故障树名词术语和符号》国家统一标准绘制。

A 事故树名词术语和符号

事件符号和逻辑门符号是事故树中最主要的两种符号，另外还有一种是绘制事故树为避免重复和便于连接而设置的转移符号。

a 事件符号

在事故树中，各种可能出现的情况统称为“事件”，事件之间的逻辑因果关系用逻辑门连接，如图 3-3 所示。

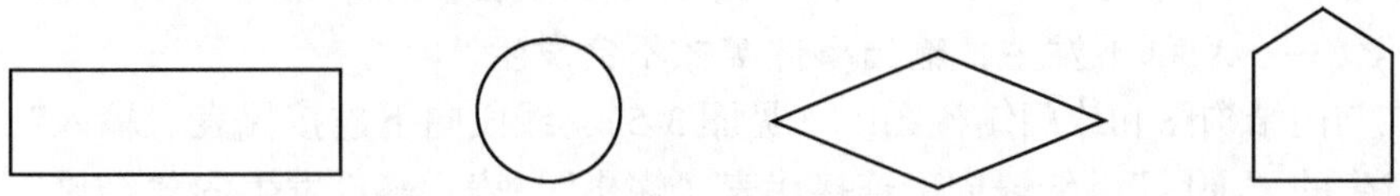

(a) (b) (c) (d)

图 3-3 事故树事件符号

（a）符号 a；（b）符号 b；（c）符号 c；（d）符号 d

（1）符号 a（见图 3-3（a））：表示由其他事件或事件组合所导致的结果事件，位于逻辑门的输出端，一般包括顶事件和中间事件。顶事件位于事故树顶端，是事故树分析的目标结果事件，通常指最不期望发生的风险事件，是逻辑门的输出事件。中间事件是位于顶事件和底事件之间的结果事件，既是某个逻辑门的输出事件，又是另一个逻辑门的输入事件。

（2）符号 b（见图 3-3（b））：表示事故树分析中无需再继续向下探明其发生原因的基本原因事件，只能是导致其他事件发生的原因事件，只作为逻辑门的输入端。因为总是位于事故树的最底端，所以又叫底事件。

（3）符号 c（见图 3-3（c））：表示未探明的事件，是指那些暂时不必要或者因条件局限不能探明其原因的原因事件，这些事件通常来自系统之外。

（4）符号 d（见图 3-3（d））：表示在系统正常条件下，可能发生也可能不发生的一种特殊事件，所以称为正常事件。

b 逻辑门符号

逻辑门符号是从逻辑线路中借用而来的符号，主要用于描述相连接的事件之间的逻辑因果关系，如图 3-4 所示。

（1）符号 e（见图 3-4（a））：表示与门，其代表的含义是，仅当所有输入事件 X_1，X_2，…，X_n 都发生时，输出事件 T 才会发生。反之，只要输入事件 X_1，X_2，…，X_n 中有一个不发生，T 就不会发生。

（2）符号 f（见图 3-4（b））：表示或门，其代表的含义是，只要输入事件

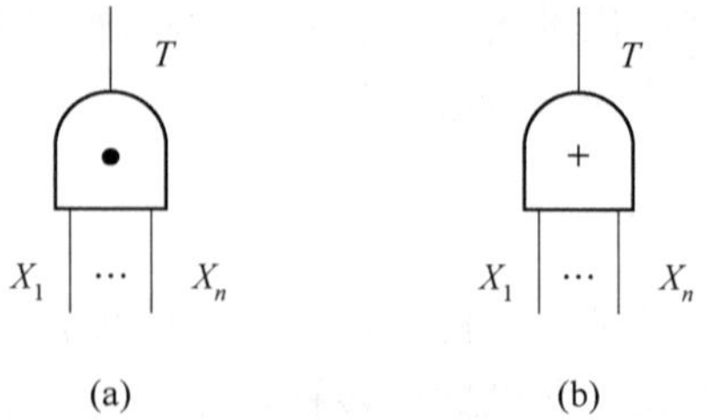

图 3-4 逻辑门符号

(a) 符号 e；(b) 符号 f

X_1，X_2，…，X_n中有一个发生时，输出事件 T 就会发生。反之，只有输入事件 X_1，X_2，…，X_n都不发生，输出事件 T 才不会发生。

在与门结构图和或门结构图中（见图 3-5），线段向下连接代表“输入”，表示事件发生的“原因”，线段向上连接代表“输出”，表示事件发生的“结果”。即事件 T 是事件 X_1，X_2，…，X_n的结果，事件 X_1，X_2，…，X_n是事件 T 的原因。

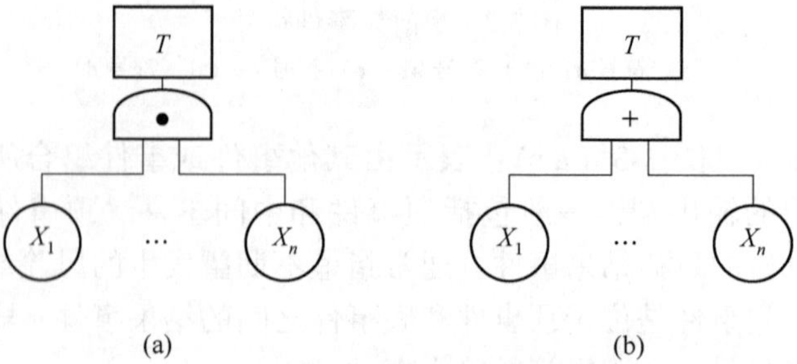

图 3-5 与门结构和或门结构图

(a) 与门结构；(b) 或门结构

B 事故树的定性分析与定量分析

运用事故树方法进行定性分析，只是找出基本事件或基本事件组合对发生顶端事件有什么重要影响，相互关系是什么，而不对各个事件的发生概率进行计算（或假定认为各事件概率相等），且只规定基本事件出现为“1”，不出现为“0”。[71] 事故树定性分析是风险管理常用的分析方法，风险管理者使用此法主要用于剖析基本事件（初始安全或正常状态）发展到顶事件（故障状态）的逻辑原因，寻求环环相扣的主要和次要原因。通过大量的风险案例的事故树分析，能够形成较大数量的风险因素库，不仅有利于揭示特定项目风险事故发生的内在规律，还有利于风险管理者编制检查表以便更好地识别风险因素，发现系统的薄弱环节并采取相应的预防保护措施。

事故树的定量分析，是指在基本事件发生概率（单元故障概率和人的失误概率）已知的前提条件下，运用状态枚举法、直接分布算法、最小割集法、最小径集法等方法，定量地计算出在一定时间内发生事故的可能性大小（即顶上事件发生概率）。选取何种计算方法，主要取决于事故树的规模大小、事故树是否含有重复或相同的基本事件、各基本事件是否相互独立等因素。事实上，在现实发生的事故案例中，许多基本事件数据的统计往往不够精确，因此利用基本事件的数据，计算顶事件发生概率值时采用的精确计算就不具实际意义，此时可以采用代数积（和）代替概率积（和）、最小割集逼近法、最小径集逼近法、平均近似法、独立事件近似法等近似算法，计算顶上事件发生概率。

本书主要运用事故树的定性分析方法，逐一分析所搜集的高校户外运动风险事故案例，查找汇总导致高校户外运动人身伤害事故的直接与间接原因，为下一步编制高校户外运动风险检查表提供参考。

C 事故树的结构函数

由事件、逻辑门等符号构成的事故树，能够清晰表达出事件之间的逻辑原因关系，但如果要通过已知基本事件发生概率的前提下计算顶上事件的发生可能性大小，仅靠事故树的图示不能实现。在事故树分析的实践案例中，通常借用布尔代数的数学计算方法对事故树进行函数化运算，其目的一是可以简化事故树以利于查找出引发顶上事件最关键的风险因素，二是计算顶上事件的概率数值。事故树的结构函数在本书中主要用于简化事故树。

布尔代数运算有 3 种基本运算法则，即逻辑与、逻辑或、逻辑非。假设有 3 个事件 T、X_1、X_2，若事件 X_1、X_2 同时发生必将导致事件 T 发生，则称事件 T 是事件 X_1 和事件 X_2 的逻辑与，记为 $T=X_1 \cdot X_2$；若只有事件 X_1 发生或者事件 X_2 发生就足够导致事件 T 发生，则称事件 T 是事件 X_1 和事件 X_2 的逻辑或，记为 $T=X_1+X_2$。逻辑与、逻辑或与事故树中的与门、或门是一一对应的关系。

a 与门的结构函数

根据布尔代数运算法则，“与门”与“逻辑与”对应，是相乘的关系，其逻辑式为：

$$Z = \bigcap_{i=1}^{n} X_i = X_1 \cap X_2 \cap \cdots \cap X_n$$

该逻辑式中，X_1，X_2，…，X_n 表示基本事件，$\cap$ 表示相乘，Z 代表 X_1，X_2，…，X_n 等基本事件求与门的结果。如果将该逻辑式用代数式表示，可用 $\prod$（连乘符号）替换布尔代数中的 $\cap$，如下：

$$\begin{aligned}\phi(X) &= \prod_{i=1}^{n} X_i \\ &= X_1 \cdot X_2 \cdot \cdots \cdot X_n \\ &= \min(X_1, X_2, \cdots, X_n)\end{aligned}$$

该代数式中，$\min(X_1, X_2, \cdots, X_n)$ 表示从 X_1，X_2，…，X_n 中取一个最小值，即 X_1，X_2，…，X_n 中，如果有一个基本事件取最小值“0”，则整个系统的值也为“0”，其代表的含义是如果 X_1，X_2，…，X_n 中有一个基本事件正常，则整个系统也正常。

b　或门的结构函数

依据布尔代数运算法则，“或门”与“逻辑或”是对应关系，代表“相加”，其逻辑式为：

$$Z = \bigcup_{i=1}^{n} X_i = X_1 \cup X_2 \cup \cdots \cup X_n$$

用代数算式表示或门结构函数如下：

$$\begin{aligned} \phi(X) &= \sum_{i=1}^{n} X_i (\text{仅当 } X_i \text{ 取 0、1 两个值时}) \\ &= 1 - \prod_{i=1}^{n}(1 - X_i) \\ &= 1 - (1 - X_1)(1 - X_2)\cdots(1 - X_n) \\ &= \max(X_1, X_2, \cdots, X_n) \end{aligned}$$

该代数式中，$\max(X_1, X_2, \cdots, X_n)$ 表示从 X_1，X_2，…，X_n 等基本事件中取一个最大值。也就是说，只要 X_1，X_2，…，X_n 等基本事件中有一个事件取最大值“1”，则整个系统值也为“1”。其代表的含义是当 X_1，X_2，…，X_n 有一个事件发生，则整个系统也会发生事故。

3.2.2.2　两起典型高校户外运动风险事故案例的事故树分析

本小节分别选择了大学生自发活动、高校社团活动两种户外运动开展形式的典型事故案例，通过对两种高校户外运动活动发生的风险事故案例进行分析，以期探究出引发这些事故的关键风险因素，并初步探讨规避这些直接、间接因素的基本措施。

A　案例 1：大学生野外探路坠崖身亡

2001 年 7 月，天津某大学 7 名同学（3 男 4 女）自发相约赴陕西太白山户外探险游玩，发生了一起 1 名同学坠崖身亡事故。7 月 28 日，该队伍出发进入太白山旅游区，傍晚到达寨堡峰顶（海拔 1792 米），并预计在天黑前赶到南天门宿营地，在下撤时迷路。4 名女生原地休息，3 名男生分头勘察下撤路线，半小时后均无功而返。其中 1 名男生张同学凭经验感觉即将要下雨，突然发现保暖衣物和雨具遗落在半路的瀑布处。因着急赶路且担心遭遇雷暴，该同学决定独自出发再次探路并寻找衣物和雨具。在缺乏通信设备条件下，他们约定通过呼喊保持联系。张同学离开 8 分钟内能够保持联系，到 20 分钟左右时失去联系。直至 29 日天亮，张同学仍未返回。其余 6 人以为他已经下山寻找帮助便冒雨下山，29 日下午 4 点多抵达景区售票处，得知未见到人员进出景区，意识到张同学可能迷路，于是立即联系当地保护区管理局展开搜救。7 月 31 日上午，搜救队在一处近 90 度的绝壁下方距离谷底 100 多米的一个平台上发现了张同学的遗体。经分析和推断，张同学脚穿布面胶钉足球鞋，手抓一根树枝作为保护，横切一段长约 10 米、斜度 45 度的斜坡，突然脚下的落叶松软湿泥打滑使他失去重心，紧抓的树枝瞬间从树干撕裂断开，导致张同学坠崖身亡。

a 绘制“大学生野外探路坠崖身亡”事故树初稿

为了下一步简化事故树，通过布尔代数定性分析事故发生原因，设“学生失足坠落山崖死亡”为顶事件“T”，“学生坠崖”“未能及时救治”“地形条件差”“学生失去重心坠落”等为中间事件“M”，“位置高”“落点硬”“布满落叶”“户外知识不足”“缺乏安全意识”等为基本事件“X_1，X_2，…，X_n”。根据该案例发生经过及原因，可以绘制出该案例的事故树初稿（见图 3-6）和事故树等效图（见图 3-7）。

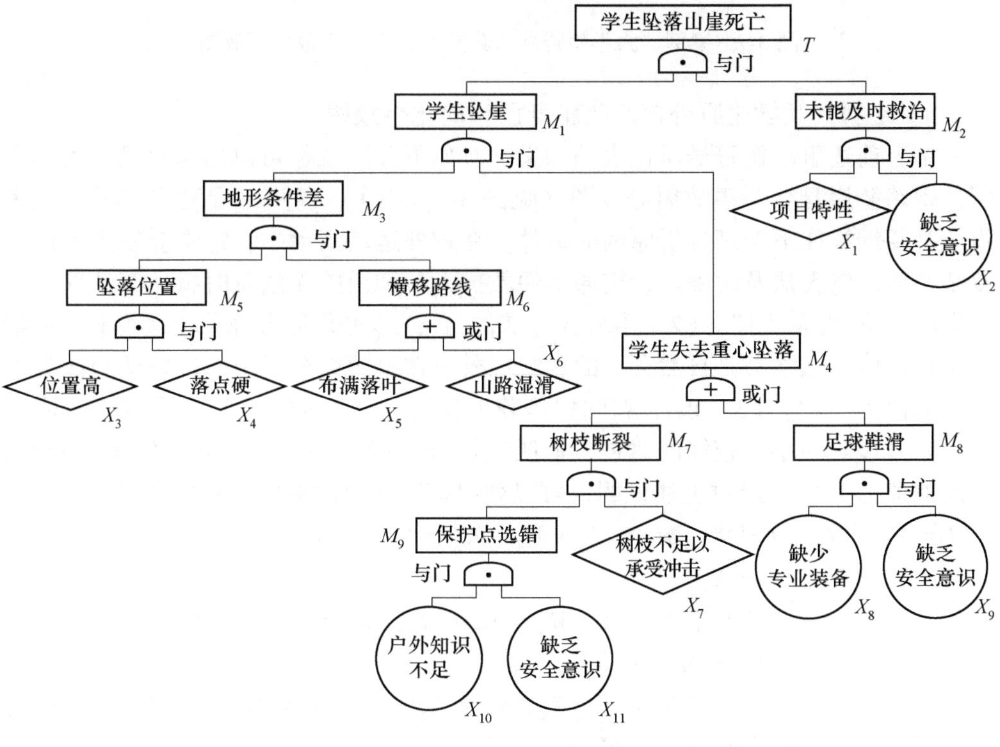

图 3-6 案例“大学生野外探路坠崖身亡”事故树初稿

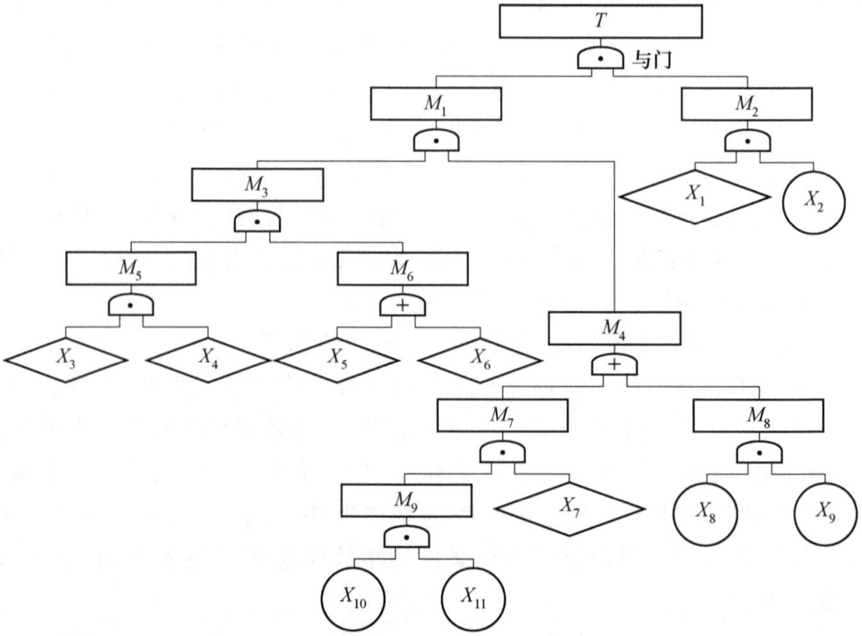

图 3-7 案例“大学生野外探路坠崖身亡”事故树等效图

b 绘制“大学生野外探路坠崖身亡”简化事故树

结合前述事故树符号所代表的意义，有如下几点依据可以用来化简“大学生野外探路坠崖身亡”事故树等效图（见图 3-7）。(1) 事件 X_1 是菱形符号，代表没有必要继续往下详细分析原因的事件。在户外运动活动中，常常会发生因地形复杂坠落位置无法及时确定、交通不便救护人员和设施无法及时抵达等情况，所以事件 X_1 取值为“1”。(2) 事件 X_3，X_4，X_5，X_6 也是菱形符号，这些事件在野外山地环境中通常都是自然存在的客观现象，在事故树分析中一般被认为此类事件的取值为“1”。(3) 事件 X_7 同样是菱形符号，该案例中，事后发现遇难同学手中紧紧拽着一小节较细的树枝，证明该树枝的确因外力强力冲击发生了断裂，因此取值为“1”。经过上述说明，可以列出该案例事故树的简化等效式：

$T = M_1 \cdot M_2$ （其中，$M_1 = M_3 \cdot M_4$，$M_2 = X_1 \cdot X_2$）

$= M_3 \cdot M_4 \cdot X_1 \cdot X_2$

（其中，$X_1 = 1$，$M_3 = M_5 \cdot M_6$，$M_4 = M_7 + M_8$）

$= M_5 \cdot M_6 \cdot (M_7 + M_8) \cdot X_2$

（其中，$M_5 = X_3 \cdot X_4$，$M_6 = X_5 + X_6$，$M_7 = M_9 \cdot X_7$，$M_8 = X_8 \cdot X_9$）

$= X_3 \cdot X_4 \cdot (X_5 + X_6) \cdot (M_9 \cdot X_7 + X_8 \cdot X_9) \cdot X_2$

（因为 X_3、X_4、X_5、X_6、X_7 取值为 1，$X_9 = X_2$）

$= (X_5 + X_6) \cdot (M_9 + X_8 \cdot X_2) \cdot X_2$

（根据布尔代数 $X_5 + X_6 = 1 + 1 = 1$，取最大值）

$= (M_9 + X_8 \cdot X_2) \cdot X_2$

$= M_9 \cdot X_2 + X_8 \cdot X_2 \cdot X_2$

（根据布尔代数幂等律，$X_2 \cdot X_2 = X_2$）

$= (M_9 + X_8) \cdot X_2$

（其中，$M_9 = X_{10} \cdot X_{11}$）

$= (X_{10} \cdot X_{11} + X_8) \cdot X_2$

（因为，$X_{11} = X_2$）

$= X_{10} \cdot X_2 \cdot X_2 + X_8 \cdot X_2$

（根据布尔代数幂等律，$X_2 \cdot X_2 = X_2$）

$= (X_{10} + X_8) \cdot X_2$

根据等效算式计算结果，案例“大学生野外探路坠崖身亡”事故树的结构函数为 $T(X_{10} + X_8, X_2)$，即该事故案例的事故树可以化简为由一个与门和一个或门将原因事件组合$(X_{10} + X_8)$与原因事件 X_2 连接组成的新事故树如图 3-8 所示。

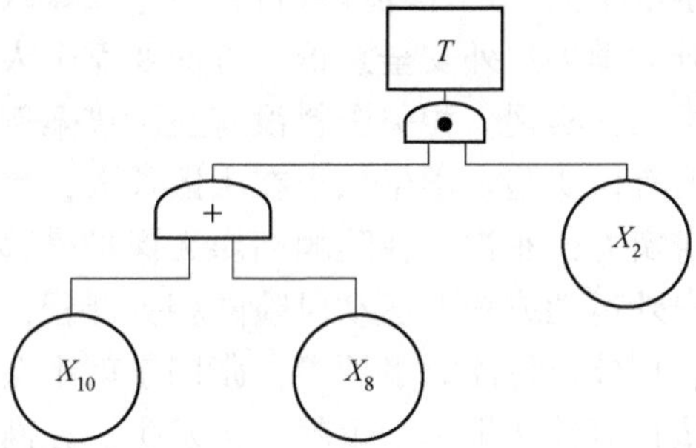

图 3-8 案例“大学生野外探路坠崖身亡”事故树简化等效图

图 3-8 中，X_{10}代表户外知识和技术不足；X_8代表缺少专业装备；X_2代表缺乏安全意识。基本事件组合（$X_{10}+X_8$）倾向于户外出行前的户外知识、技术和专业装备等方面的事前准备；基本事件 X_2强调学生个体户外运动风险的主观意识。参照或门的逻辑关系和代数式分析本案例事故的发生概率，只有（$X_{10}+X_8$）、X_2同时发生，事件 T（学生坠落山崖死亡）才会发生。其中 X_{10}与 X_8用或门连接，表示如果 X_{10}与 X_8有一个发生，那么（$X_{10}+X_8$）就会发生。事件组合（$X_{10}+X_8$）与事件 X_2通过与门连接，表示只有二者同时发生，顶上事件 T 才会发生。

基本事件 X_{10}（户外知识技术不足）：在地形复杂的陡峭岩壁进行横移不仅

难度极高，而且极其危险，这需要专业的户外运动知识、天然岩壁攀爬技术和充沛的体能作为保障，张同学仅凭儿时山区生活经验做出了最终导致严重后果的错误决定。如果张同学具备一定的野外风险识别知识、攀岩技术，或许惨剧就不会发生，类似高坠的风险事故发生概率将会大大降低。

基本事件 X_8（缺少专业装备）：野外环境中客观存在的陡峭山峰、湍急河流、天气多变、地形线路复杂难以辨识等危险因素，时刻警示每一个进入野外环境的户外活动者。要克服野外环境的重重困难，保障生命安全，在适当时候必须借助专业的户外运动器材装备。该案例中，学生穿着足球鞋、无保护徒手攀爬横切山峰、仅靠呼喊保持通信等行为，尽管只是坠亡事故发生的间接原因，但结合野外环境的地形的特殊性，若因这些行为引起摔倒将极大增加滑坠、高坠、落水等高风险事故发生的可能性。如果在出行前，充分准备专业户外装备，X_8这一风险因素就可以完全规避（即降为0）。

基本事件 X_2（缺乏安全意识）：大自然虽然风景美丽，但野外环境变幻莫测，凶险暗藏其中，因此大学生群体在参与户外运动活动时切记实事求是，不可贸然行事。结合本案例，该同学根本不具备野外穿越的基本常识，穿着足球鞋爬山、独自探路、独自返回找寻遗落物资等行为，都是缺乏安全意识导致的错误选择。此案例反映出当事学生面对户外环境盲目自信，极其缺乏基本的户外安全常识和意识。加强、提升大学生户外安全意识一方面要靠个人经历积累，另一方面还需依靠高校教育教学工作实现。相关资料没有显示该案例中当事人是否接受过户外运动风险教育，但有说明坠亡学生从小在山区长大，事后分析正因为此，该同学过于自信高估自身实力，忽视了在陡峭高崖无保护横移的高风险。即便当事人所在学校没有开设户外运动或户外运动风险的相关课程，若在出行前通过网络资源了解目的地环境、户外出行注意事项等，张同学就不会在高风险区域采取严重致命的错误行为，坠亡事件从根本上也就不会发生。在高校大学生参加的各类户外运动活动中，教师的安全提醒、安全教育的确必要，但关键还在于学生自己的自觉自省，提高自身安全意识。

c 案例分析结论

(1) 基本原因事件 X_{10}，X_8，X_2都是学生坠亡事故的主要风险因素，其中 X_2，X_8是导致事故发生的直接因素（因缺乏户外安全意识以及专业装备，穿着足球鞋引起滑倒失去重心），X_{10}是导致坠崖事故的间接因素（因户外知识不足作出错误选择，所选保护点无效）。可见，这三点风险因素是预防该类高校户外运动风险事故的关键因素。

(2) 加强户外运动安全教育和宣传，是预防此类高校户外运动风险事故最行之有效的措施。在国家步入休闲时代、大力发展休闲健身产业、推广普及山地户外运动的今天，高校十分有必要加强户外运动知识、技术、安全等方面的教育教学工作，即便不开设课程，也要充分利用各种平台开展讲座、宣讲，普及户外运动安全知识，提升大学生的户外安全意识，由此较大程度规避 X_2 和 X_{10} 的发生概率。

(3) 自觉提升户外安全意识，是防范高校大学生自发户外运动风险事故的根本。大学生能够自由自主安排学习生活，校方、辅导员、班主任等不可能时刻监管他们的行动。他们标新立异、敢作敢为的个性特征极易被时尚、新颖的户外运动所吸引，但同时安全警觉意识又往往被户外探险的兴奋、壮丽迷人的风景所蒙蔽。因此，学校有责任和义务采取一定措施普及大学生的户外安全意识，但解决问题的根本还是在学生个人。如果决定要去户外，就必须在知识、技术、物资、意识等方面提前充分准备，使 X_2，X_8，X_{10} 等风险因素转变成风险事故的概率降至最低，方能确保人身安全。

B 案例2：大学生登山下撤滑坠死亡事故

2015年8月19日，湖北某高校登山户外社团一行14人（均为该校学生）攀登雪宝顶峰（海拔5588米），发生了1起学生滑坠死亡事故。该团队于8月24日抵达大本营（海拔4200米），所有队员状态良好。经过一次C1（1号营地，海拔5000米）物资运输及高海拔适应，12名队员（2人因高反留守大本营）于8月28日到达C1，计划29日登顶。29日凌晨3：30，2名修路队员带领2名队员（A组共4人）出发于10：50登顶主峰；另外8名队员（B组）凌晨4：40从C1出发，其中2名队员约11：20登顶，因天气起雾伴有小雪，另外2名队员在5300米左右被要求原地等待，其余4人因为装备缺乏和时间原因，被要求从骆驼背（海拔5100米）提前下撤至C1。在主峰稍事休整约半小时后，6名登顶队员下撤到5300米左右与未登顶的2名同学汇合，其中3人轻装先行下撤至C1，另外5人（3人负重，2人轻装）在骆驼背下方平台稍事休整。随后，2名队员负重先行下撤同时修建保护站搭建保护绳，之后继续下撤于当日17：30左右到达C1。另外3名同学在骆驼背平台休息较长时间后（因通信设备短缺，无法得知长时间休息的原因），认为作为保护站固定点的大石头破碎失效将既定保护绳拆下，放弃原计划路线而选择在山脊边沿危险区域无保护下撤，3名同学中走在最后的同学突然发生滑坠，滑落至C1营地左侧陡峭山谷（海拔高度约5000米），此时尚有生命体征。该团队迅速组织营救，同时请求当地联系救护车并求援向导上山搜救。18：40左右，当其他队员即将接近滑落位置时，该队员再次滑坠且位置无法确定。其中5名队员开始从山下往山上搜救，其余6名队员在C1营地与学校、外界联系寻求救援。20：30分，5名队员从下往上搜救无果下撤至谷底与当地搜救队汇合，再次前往山谷搜救，约22：30发现滑坠队员遗体。该案例关键位置点如图3-9所示。

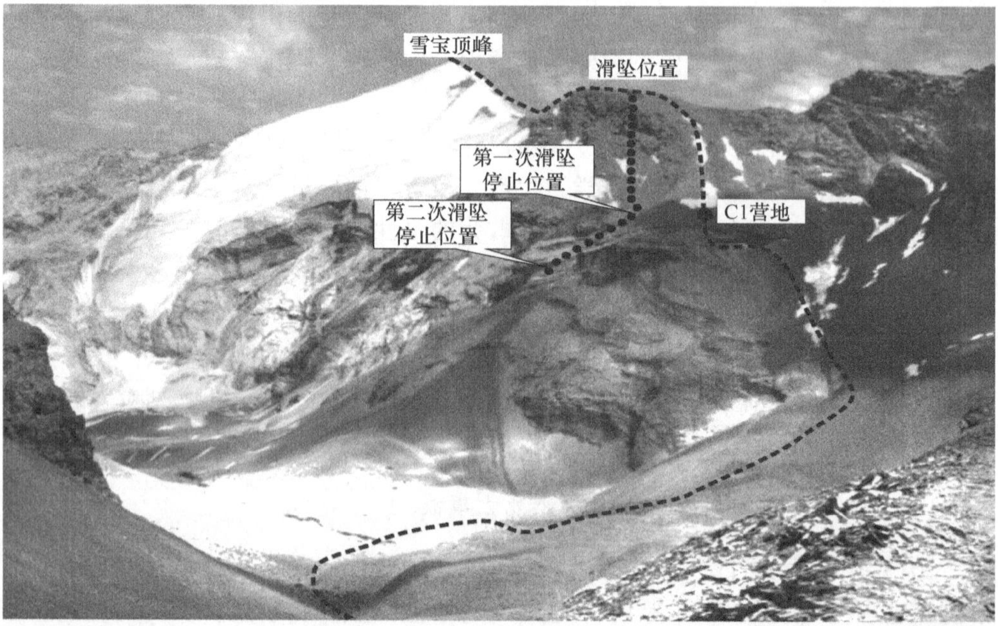

图 3-9 案例“大学生登山下撤滑坠死亡事故”关键位置点示意图

(查看彩色图)

a 常规分析

事后了解，该社团是经过学校团委和社团联合会批准的正式群团组织，具有多次成功组织登山户外活动的经历。该社团原计划攀登西藏启孜峰并已经获得学校相关部门批准，但因正值西藏自治区成立 50 周年未能获得西藏体育局批准，社团未经重新申请、未告知指导教师私自将目的山峰私自变更为雪宝顶。经过调查分析，引发此次严重事故的原因有如下几点。

(1) 人员因素：队员身体素质普遍较差，不足以胜任高海拔登山；团队负责人对山峰攀登难度估计不足，预案简单；队员登山户外技能、经验不足；队员安全常识、风险识别和事故应急处理能力十分欠缺；队员缺乏户外登山风险意识，不服从安排；没有经验丰富的指导教师随队指导；队员攀登和下撤的顺序不合理，未安排经验丰富的队员收尾殿后；没有医疗人员随队；缺乏向导。

(2) 财物因素：专业通信器材短缺导致无法及时纠正错误；经费短缺导致专业装备与人员不足使安全隐患大大增加；没有配备专业救援设备和医疗器材。

(3) 环境因素：事故发生地偏僻，救援人员和器材无法抵达；天气突变增加了下撤难度；管理制度不健全，重大决定鲁莽草率；缺乏队员监管约束机制；团队人数过多，队伍管理混乱。

（4）其他因素：不成熟的团队文化和较肤浅的登山理念，误导队员过于追求攀登结果（登顶）；在向导缺位，辅助保护人员不足的前提下，错误选择大胆激进的攀登方式，大大增加了风险发生概率。

b 事故树分析

（1）“大学生登山下撤滑坠死亡事故”事故树初稿。为了下一步简化事故树，通过布尔代数定性分析事故发生原因，设“学生滑坠死亡”为顶事件“*T*”，“学生滑坠受伤”“救援失败”“滑坠位置地形条件差”“学生从山脊滑坠”等为中间事件“*M*”，“户外知识技术不足”“缺乏纪律观念”“经费不足”“缺乏安全意识”等为基本事件“X_1，X_2，…，X_n”。根据该案例发生经过及原因，可以绘制出该案例的事故树初稿（见图 3-10）和事故树等效图（见图 3-11）。

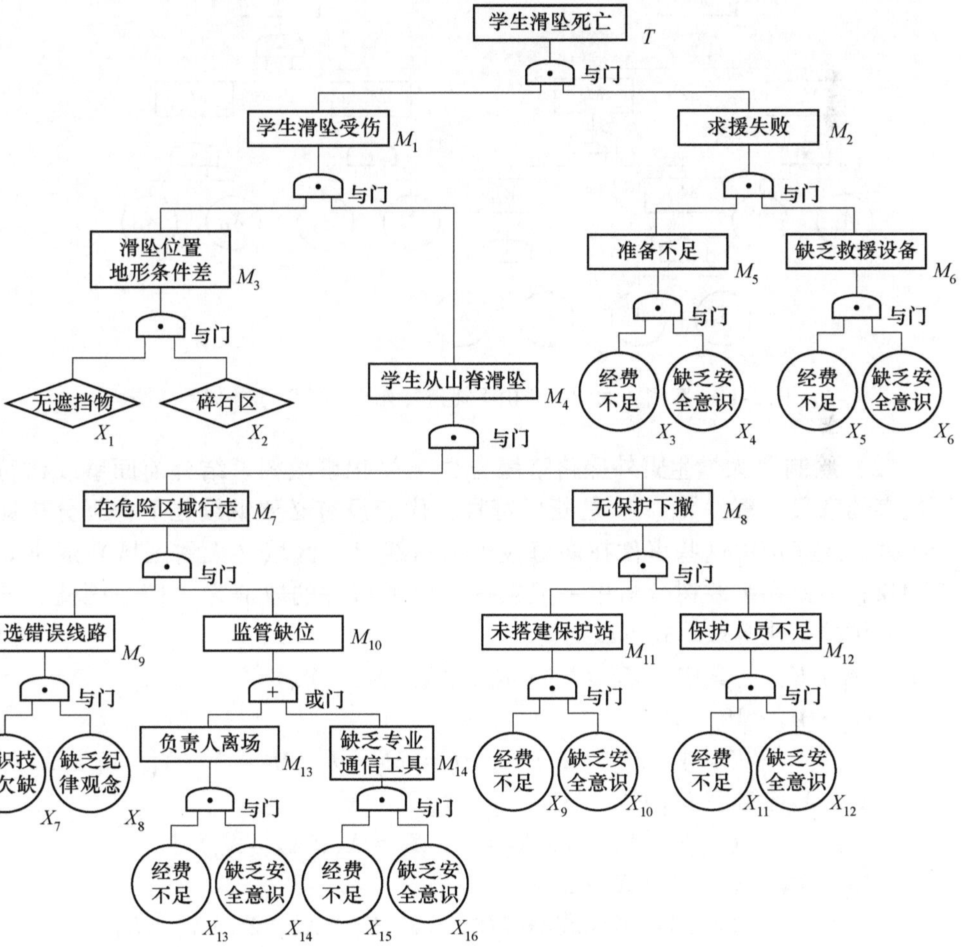

图 3-10 案例“大学生登山下撤滑坠死亡事故”事故树初稿

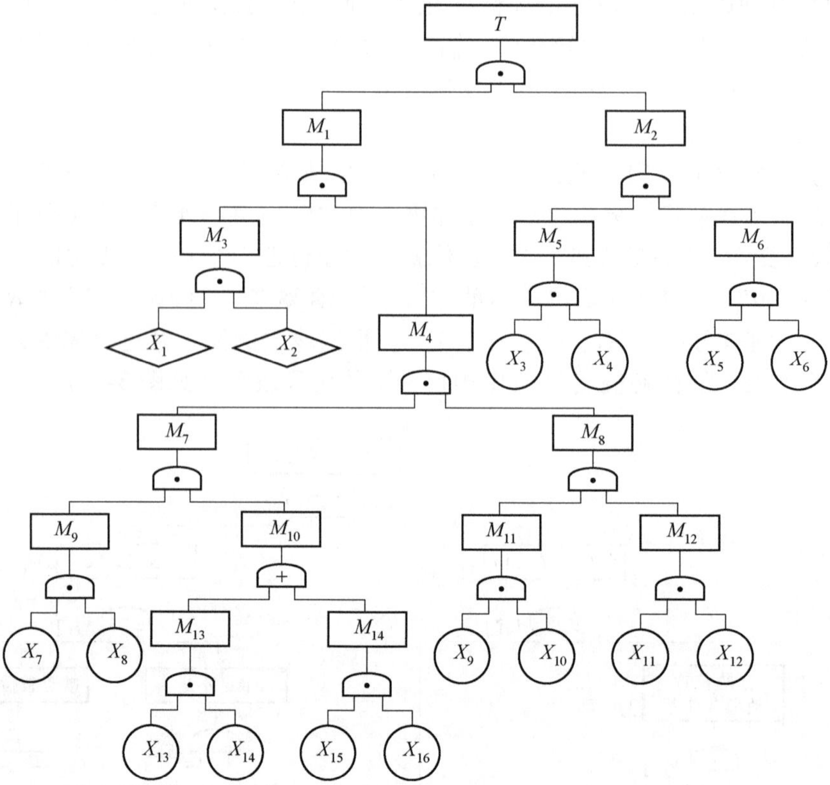

图 3-11 案例“大学生登山下撤滑坠死亡事故”事故树等效图

（2）绘制“大学生野外探路坠崖身亡”简化事故树。结合前面事故树符号所代表的意义，事件 X_1、X_2 是菱形符号，代表没有必要继续往下详细分析原因的事件，此案例中这些事件在高海拔雪山雪线以下区域（无雪区域）通常是常见现象，因此在事故树分析中一般被认为此类事件的取值为“1”。因此，该案例事故树的简化等效算式可以列为：

$T = M_1 \cdot M_2$ （其中，$M_1 = M_3 \cdot M_4$，$M_2 = M_5 \cdot M_6$）

$= M_3 \cdot M_4 \cdot M_5 \cdot M_6$

（其中，$M_3 = X_1 \cdot X_2$，$M_4 = M_7 \cdot M_8$，$M_5 = X_3 \cdot X_4$，$M_6 = X_5 \cdot X_6$）

$= X_1 \cdot X_2 \cdot M_7 \cdot M_8 \cdot X_3 \cdot X_4 \cdot X_5 \cdot X_6$

（因为，$X_1 = 1$，$X_2 = 1$，$X_3 = X_5$，$X_4 = X_6$）

$= M_7 \cdot M_8 \cdot X_3 \cdot X_3 \cdot X_4 \cdot X_4$

（根据布尔代数幂等律，$X_3 \cdot X_3 = X_3$，$X_4 \cdot X_4 = X_4$）

$= M_7 \cdot M_8 \cdot X_3 \cdot X_4$

（其中，$M_7 = M_9 \cdot M_{10}$，$M_8 = M_{11} \cdot M_{12}$）

$= M_9 \cdot M_{10} \cdot M_{11} \cdot M_{12} \cdot X_3 \cdot X_4$

（其中，$M_9 = X_7 \cdot X_8$，$M_{10} = M_{13} + M_{14}$，$M_{11} = X_9 \cdot X_{10}$，$M_{12} = X_{11} \cdot X_{12}$）

$= X_7 \cdot X_8 \cdot (M_{13} + M_{14}) \cdot X_9 \cdot X_{10} \cdot X_{11} \cdot X_{12} \cdot X_3 \cdot X_4$

（因为，$X_9 = X_{11} = X_3$，$X_{10} = X_{12} = X_4$）

$= X_7 \cdot X_8 \cdot (M_{13} + M_{14}) \cdot X_3 \cdot X_4 \cdot X_3 \cdot X_4 \cdot X_3 \cdot X_4$

（根据幂等律，$X_3 \cdot X_3 = X_3$，$X_4 \cdot X_4 = X_4$）

$= X_7 \cdot X_8 \cdot (M_{13} + M_{14}) \cdot X_3 \cdot X_4$

（其中，$M_{13} = X_{13} \cdot X_{14}$，$M_{14} = X_{15} \cdot X_{16}$）

$= X_7 \cdot X_8 \cdot (X_{13} \cdot X_{14} + X_{15} \cdot X_{16}) \cdot X_3 \cdot X_4$

（因为，$X_{13} = X_{15} = X_3$，$X_{14} = X_{16} = X_4$）

$= X_7 \cdot X_8 \cdot (X_3 \cdot X_4 + X_3 \cdot X_4) \cdot X_3 \cdot X_4$

（根据幂等律，$(X_3 \cdot X_4) + (X_3 \cdot X_4) = X_3 \cdot X_4$）

$= X_7 \cdot X_8 \cdot X_3 \cdot X_4 \cdot X_3 \cdot X_4$

（根据幂等律，$(X_3 \cdot X_4) \cdot (X_3 \cdot X_4) = X_3 \cdot X_4$）

$= X_7 \cdot X_8 \cdot X_3 \cdot X_4$

根据等效算式计算的结果可知，案例“大学生登山下撤滑坠死亡事故”事故树的结构函数为 $T(X_7, X_8, X_3, X_4)$，即该案例可以化简为由 1 个与门将 4 个基本原因事件(X_7，X_8，X_3，X_4) 连接组成的新的事故树如图 3-12 所示。

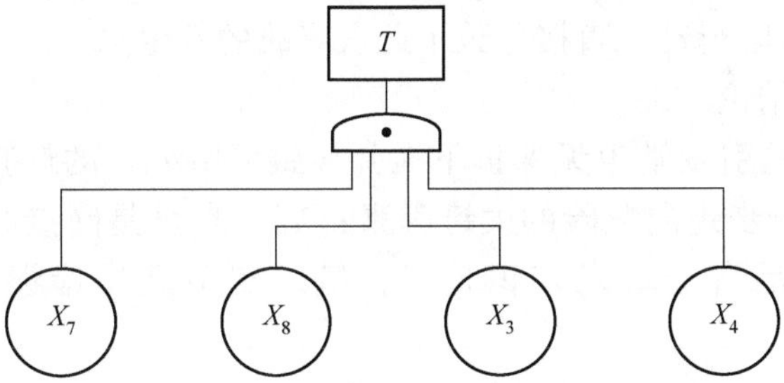

图 3-12　案例“大学生登山下撤滑坠死亡事故”事故树简化等效图

图 3-12 中，X_7代表户外知识技术欠缺；X_8代表缺乏纪律观念；X_3代表经费不足；X_4代表缺乏安全意识。参照与门逻辑关系和代数式分析本案例事故的发生概率，不难看出：完全避免事件 T（大学生登山下撤滑坠死亡）发生，取决于基本原因事件 X_3，X_4，X_7，X_8发生概率的最小值“0”，即 X_3，X_4，X_7，X_8 中只要有一个事件发生概率为“0”，顶上事件 T（大学生登山下撤滑坠死亡）就极可能不发生，即只要确保 X_3，X_4，X_7，X_8 有一个不发生，事件 T 就极可能不发生。

基本事件 X_7（知识技术欠缺）：该案例中，最后3名同学错误另选下撤线路已经为发生滑坠埋下伏笔，而缺乏户外运动相关知识和技术正是他们错误认为保护站固定点失效、另选下撤线路的关键原因。诚然，他们放弃规定线路另选线路已经犯下错误，但如果他们具备线路勘察的基本知识和技术，就完全可以避免将自身置于危险区域的风险。

基本事件 X_8（缺乏纪律观念）：团队负责人已经指派好专业人员修好下撤线路并修建了保护站，他们只需沿绳而下就可轻松下撤。但可能是出于盲目自信、低估风险、追求刺激等原因，这3名同学违反纪律另选了新的下撤路线。如果他们严格守纪遵从安排，这起事故是完全可以避免的。

基本事件 X_3（经费不足）：笔者通过访谈了解到，经费不足是许多高校登山户外社团开展活动的瓶颈。本案例中经费不足直接的体现就是缺乏基本数量的专业通信工具和专业保护人员，这两点潜在风险因素随后发展为团队负责人不能及时保持联系纠正3名同学的违规另选错误线路和无保护下撤。反之，如果配备了足够的通信设备和保护人员，这起严重事故几乎不可能发生。

基本事件 X_4（缺乏安全意识）：可以从事故树不难看出，学生缺乏安全意识在本案例中处处可见，负责人离开需要重点关注的队员、没有配备足够的通信工具、在危险区域无保护下撤、保护人员相对不足……这些基本事件的发生与社团管理者、团队负责人、队员等安全意识薄弱存在直接联系。事后调查得知，本案例的这次登山活动本身就是一次“凶险之旅”，侥幸心理作祟，安全意识抛之脑后，随处可见的冒险行动，直接导致了此次事故的发生。

c 案例分析结论

（1）X_4，X_8是引发学生无保护下撤并导致滑坠死亡的最直接原因，是误导他们违反纪律一步步走向危险的关键因素；X_3，X_7虽是间接原因，但却导致他们因保护人员不足自身缺乏知识技术，最终冒险选择错误路线导致滑坠的根源。

（2）高海拔登山活动本身就是一种高风险运动，它是一个由人、财、物、信息、制度等要素组成的系统工程，这些要素相互作用，相互影响，某一要素出现故障都极可能引发系统一系列的故障。在本案例中，因为人（专业保护人员不够、负责人离场、队员知识技术欠缺、队员缺乏安全意识纪律观念等）、财（经费不足导致缺乏专业通信工具、无法聘请向导和保护员等）、物（专业通信工具数量不足）、信息（负责人无法及时纠正队员行动错误）、制度（私自改变山峰、队员私自改变线路等）等多面的故障发生，都是系统诸要素相互不利影响的结果。因此，要预防和避免此类事故，必须在出行前着眼全局，全面查找潜在风险因素，并采取培训知识技术、强化纪律意识、加强安全教育、多措并举募集资金等措施，尽力降低减少 X_3，X_4，X_7，X_8等基本事件的发生概率。

3.3 高校户外运动风险源、风险因素的识别与分析

识别高校户外运动风险，首先要了解风险系统的构成，然后根据系统要素依次分析归纳风险源和风险因素。高校户外运动人身安全风险的直接表现是人身伤害伤亡事故，事故通常是在忽视风险源或对风险源控制不力、控制危险情势不及时等情况下发生。风险源分类为全面地识别风险因素提供框架，分析归纳高校户外运动风险源种类是第一步需要完成的工作。然后，在分析总结以往经验教训和数据资料的基础上，结合风险源种类，运用系统理论的方法全面分析高校户外运动的各种风险因素。分析风险因素不能粗线条分析浅尝辄止，要深入到问题根本查找到最基本的原因（不能继续往下分析的原因），本书采用事故树分析法对高校户外运动风险事故案例进行逐一分析，直到查找到引起顶上事件（已发生的风险事件）发生的基本事件（基本风险因素）。

3.3.1 高校户外运动风险系统及其结构

高校户外运动风险系统是一个主要由人员、物质、环境等3类要素组成的复杂系统（见图3-13），这3类要素即高校户外运动风险产生的根源（风险源）。

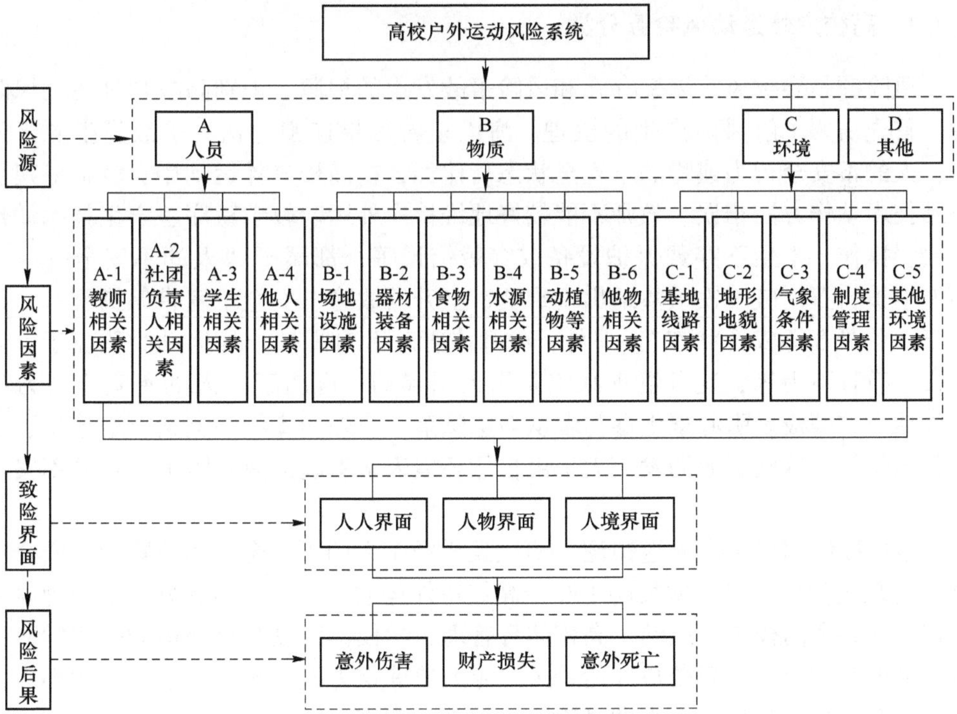

图3-13 高校户外运动风险系统及其结构图

在高校户外运动中，人员、物质、环境 3 类风险源相互影响，当管理措施得当，风险应对合理，就能发挥局部之和大于整体的功能，即就能确保高校户外运动活动实施的效果和效率。在 3 大类风险源中，人员要素包括教师、社团负责人、学生及其他相关人员；物质要素包括场地设施、器材装备、食物、水源、动植物及其他物质；环境要素包括基地线路、地形地貌、气象条件、制度管理及其他环境等，这些深入细化所得的要素也就是高校户外运动潜在风险因素所依托的载体，即高校户外运动风险因素由这些具体要素产生。各类要素内部会客观存在数量不一的风险因素，这些风险因素之间也是相互影响，并在一定程度上呈现相关性，由此导致风险因素的动态变化。比如，某一高校户外运动参与者个体自身技术技能过硬，可能会导致他在思想方面产生松懈。

从纵向来看，高校户外运动风险系统的要素、风险因素都是客观存在的，在活动实施中，人与人、人与物、人与环境不可避免会发生交互、接触甚至相互影响的社会现象，但风险后果则不一定发生，它取决于风险管理的效果和质量。如果未对人与人、人与物、人与环境之间的冲突和矛盾加以干预，没有采取适当有效的风险应对策略，就极可能引发人员意外伤害甚至死亡的严重事故。

3.3.2 高校户外运动风险源分类

风险源是导致风险因素存在和风险事故发生的根源。识别高校户外运动风险源，首先需要了解风险产生的机理。海因里希因果连锁论认为事故发生源于两点：人的不安全行为或物的不安全状态。比如，在高校户外运动中，教师搭建保护站技术动作方法错误、教师不能较好地维持户外运动教学秩序、学生技术动作的错误操作、学生不穿戴保护设备或穿戴错误等，都属于“人的不安全行为”；而绳索被岩石划破、铁锁坠地出现裂缝、上升器故障、安全带扁带等撕裂等，则属于“物处于不安全状态”。另外，教师或管理者对高校户外运动团队疏于管理或安全教育不力等，这种管理缺陷是由人引起的，也属于“人的不安全行为”；野外地形陡峭极易引起学生参与者从高空坠落，户外徒步线路上滚石遍地易引发击打损伤等，这些事故的发生大多由自然环境因素引起，因此属于“物的不安全状态”。

本书以海因里希因果连锁论“事故发生源于人的不安全行为或物的不安全状态”为理论依据，以所搜集的 150 个高校户外运动伤害事故案例分析结果为事实依据，在参考高校户外运动、高校体育管理、学校体育以及户外运动等多学科专家意见的基础上，将高校户外运动风险源大致确定为人、物、环境 3 个大类，其中每一个大类还包括多个小类风险源，如图 3-14 所示。

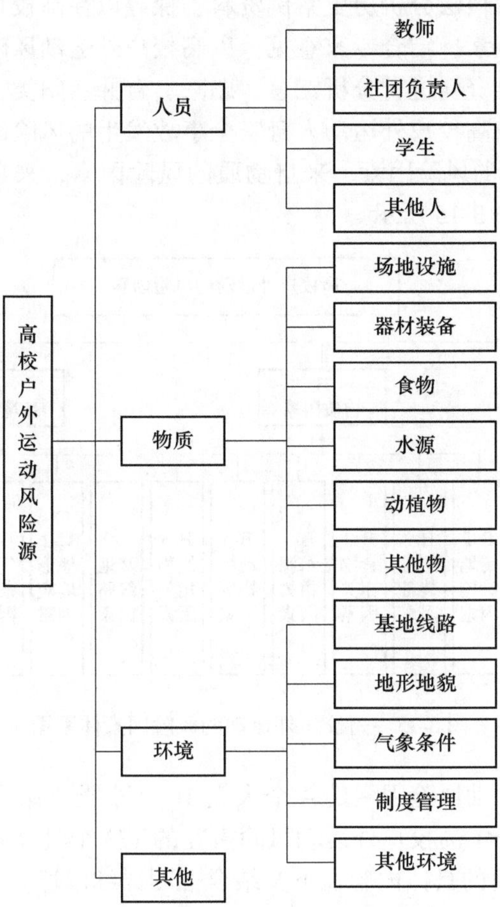

图 3-14　高校户外运动风险源示意图

3.3.3　高校户外运动风险因素的识别与分析

在确定了高校户外运动风险源之后，还需对来自这些风险源的风险因素进行具体分析研究。通过查阅和分析 EBSCO、ELSEIVER 期刊等综合类数据库的外文资料发现，欧美国家将户外与冒险项目风险因素也基本按照项目工作人员及参与者、环境条件、装备、交通分类处理[72-75]，国内较早关注户外运动安全问题的专家李舒平、马欣祥也认为"户外运动风险因素主要来自环境、人、活动装备"[23,76]，本书对高校户外运动风险因素的分类与之大同小异，但范围相对广泛、内容相对更加丰富具体。

笔者通过查阅国内外户外运动相关的风险管理书籍、中国户外运动资料网、中国登山协会官网等各类网站及历年《中国大陆登山户外运动事故报告书》等专业文献，运用事故树法分析历史案例资料，探寻以往高校户外运动中的各种风险及主、客观风险因素，结合专家意见，以高校户外运动风险来源为基本分类标准，对所获取的信息资料进行分析汇总、删减、合并、归类，认为影响高校户外运动安全、可能导致高校户外运动人身安全事故发生的风险因素基本上可以分为4个大类：来自人员的风险因素、来自物质的风险因素、来自环境的风险因素和其他风险因素，如图3-15所示。

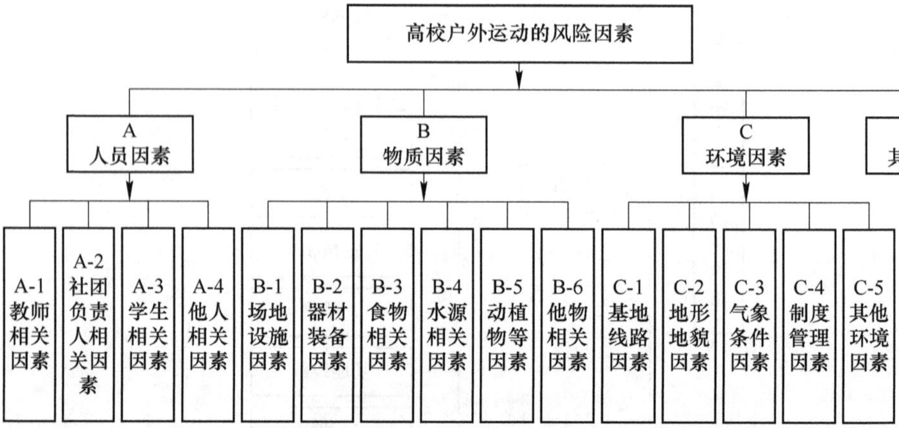

图3-15　高校户外运动的风险因素体系图

根据高校户外运动风险因素的4个大类16个小类，结合案例分析结果与专家意见，进一步提出了高校户外运动风险潜在的173个具体风险因素（条目数量见表3-3）。关于条目的具体内容在下文结合框图详细阐述。

表3-3　各类高校户外运动风险因素的条目数量统计表

风险来源	风险因素	条目数量
人员	A-a 教师相关因素	24
	A-b 社团负责人相关因素	15
	A-c 学生相关因素	21
	A-d 其他人相关因素	15
物质	B-a 场地设施因素	9
	B-b 器材装备因素	13
	B-c 食物相关因素	12

续表 3-3

风险来源	风险因素	条目数量
物质	B-d 水源相关因素	8
	B-e 动植物等因素	10
	B-f 其他物相关因素	7
环境	C-a 基地线路因素	8
	C-b 地形地貌因素	6
	C-c 气象条件因素	5
	C-d 制度管理因素	7
	C-e 其他环境因素	6
其他		7
合计		173

3.3.3.1 人员因素

作为主要的指导者、组织者或参与者，教师、社团负责人、学生等群体与高校户外运动安全存在十分密切的联系。另外，有些户外运动项目必须在规定的攀岩场、攀岩馆、户外拓展基地等户外类场地进行，还有些如野外生存、户外登山探险、户外徒步等项目必须要离开学校乘坐交通工具进入野外环境的景区、山峰管理区等地开展，因此高校户外运动还涉及一些存在一定联系的人员，如场地（馆）管理员、景区管理员、交通车司机等。除此，在一些特定活动中，还涉及一些特定人群可能会影响到高校户外运动活动的人身安全，如高校户外运动类课程中协助教师开展教学或保护工作的助教、保护员；社团户外运动活动中聘请的向导、高山协作人员。综合考虑各类型高校户外运动活动人员构成情况，本书将高校户外运动风险的人员因素来源主要划分为教师、社团负责人、学生 3 个类别（见图 3-16）。在户外运动中，关于人的风险因素包括身体状况、经验、技术、心理和沟通交流等方面[77]，本书主要从上述 3 类人员的这些方面进行阐述。

图 3-16　A 类高校户外运动风险因素

A　A-a 类：教师相关因素

教师既是教育者，也是教学活动的组织者，也是影响教学效果的最重要的变量[78]。不论哪一类高校户外运动活动类型，均离不开高校户外运动教师的影响和作用。高校开设的户外运动课程自不必说，高校社团户外运动活动需要教师从社团管理、活动组织与实施、知识技能的学习实践、安全教育等方面提供详细而系统的指导，高校学生自发组织户外运动活动也离不开教师的监管、引导与教育，因此探讨高校户外运动风险人员方面的因素构成，来自教师的风险因素是尤为重要的一类。国家体育总局职业技能鉴定指导中心认为，户外运动领队是风险管理执行中的核心人物，其领导协调能力、技术能力、经历经验及对风险的判断和决策能力在风险管理和险情应对中起着关键作用[79]。教师在高校户外运动中承担着甚至比户外运动领队更多的职责，本书将从上述方面展开对教师相关风险因素的分析。

a　A-a（1）类：教师户外运动知识、教学能力和教学经验方面

教师的职业特征和能力水平决定了其在教学活动中发挥导向和组织作用。户外运动属于高危高风险运动项目，教师在组织教学过程中很多教学行为的实施都涉及或轻或重的风险后果问题。高校户外运动教师的户外运动相关知识技能的掌握情况、户外运动教学内容选择与加工能力、户外运动教学方法的选择等综合素质和能力对教师教学行为的效果与后果起到关键性作用。另外，目前我国高校开展的户外运动类教学基本上均以实践教学为主，因此教师的高校户外运动教学经验也非常重要。笔者走访国内开设户外运动类课程较早的高校，在与多位资深户外运动教师的访谈中发现，他们普遍认为教师在高校户外教学中的风险意识、风险观念、风险应对能力固然重要，但教师的知识、技能、经验不足也是引发安全事故的潜在因素，因此同样重要。

通过梳理有关文献，参考专家意见，结合相关案例分析，笔者认为在高校户外运动教学中，与风险管理密切相关的教师户外运动知识技能、教学能力和教学经验方面的风险因素包括如下 8 个方面，如图 3-17 所示。

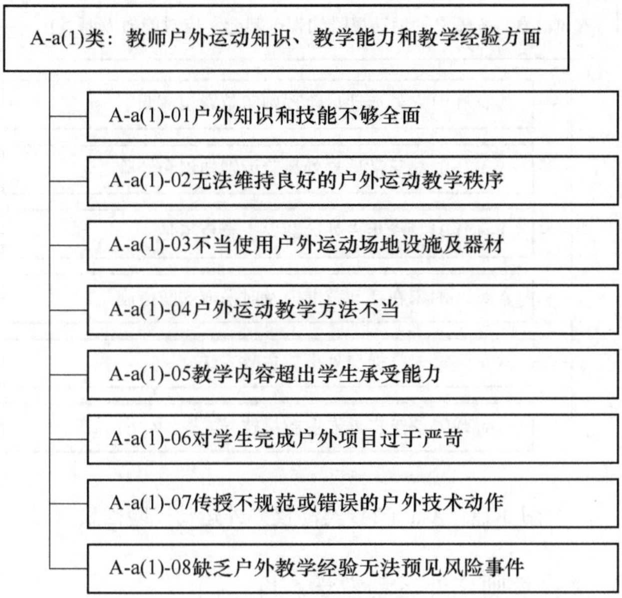

图 3-17　A-a（1）类高校户外运动风险因素

b　A-a（2）类：教师户外运动风险知识、观念和应对能力方面

参与者追求户外体验和人身安全的双重需求，要求户外运动领队不仅要管理风险，还要管理“体验”[76]，而户外体验需要在一定的风险环境中进行，这就涉及领队对风险的认识和平衡问题。在高校户外运动中，“对待风险的态度因人而异，各人应对风险的行为方式没有优劣对错之分”[41]。但针对本书研究的高校户外运动人身安全风险，不同的教师基于个人的户外运动风险知识、户外运动风险观念和户外运动风险应对能力，会对各种潜在风险的发生可能性、后果严重性等产生不同的认识，采取不同的风险处理态度，进而会做出选择不同风险应对措施的决策，最终影响风险管理的效果。在面对同样的户外运动场景应对同样的潜在（或既定）户外运动风险时，敢于冒险具有风险偏好的教师和确保安全倾向风险回避的教师所采取的安全防范和救援措施通常也会大相径庭、差异显著。由此可见，了解高校户外运动教师的风险知识、风险观念和应对能力方面的情况是加强高校户外运动风险管理尤为重要的一项前期工作。笔者通过征求风险管理、学校体育风险管理从业者的有关意见，最终选择使用“教师户外运动风险知识、

观念和应对能力”作为高校户外运动教师处理对待风险的态度、行为及他们是否具备高校户外运动风险的能力的衡量标准。为了更加科学地识别、评估具体高校户外运动中的相关风险因素，应该从如下 6 个方面着手，如图 3-18 所示。

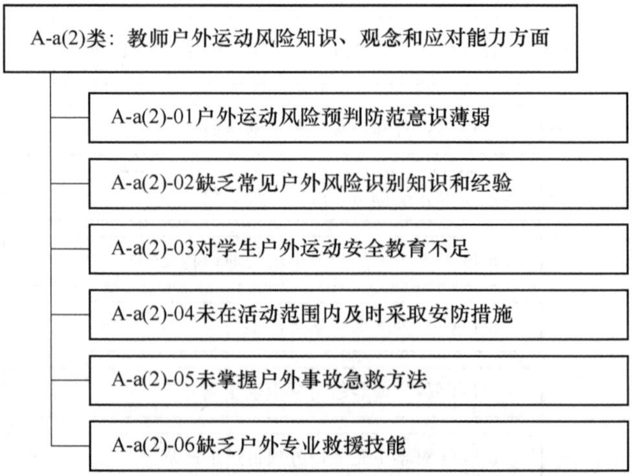

图 3-18　A-a（2）类高校户外运动风险因素

c　A-a（3）类：教师户外运动教学态度方面

俗话说态度决定一切，教学态度对教学质量也具有一定程度的决定作用。笔者结合 10 余年的户外运动教学经历发现，不同的教师因个人职业素养、性格等方面的差异会表现出积极、认真、负责、热心、严谨、消极、冷淡、懒散、敷衍等差异明显的教学态度。在户外运动教学中，教师慵懒、敷衍、冷淡等消极的教学态度不仅影响教学质量，对潜在风险疏忽或不管不顾则可能给风险事故的发生直接植入诱因。笔者在访谈过程中，多位教龄在 25 年以上的户外运动教师均认为，责任感、爱心、敬业精神等积极教学态度是一名高校户外运动教师应该具备的最基本的素质。通过案例分析和亲身经历回顾，的确有许多高校户外运动风险事故是因为教师的疏忽大意、贪图省事、心存侥幸等原因造成的。因此，为了凸显教学态度的重要性，笔者将高校户外运动教师的教学态度方面的因素单列为一类，主要从 7 个方面进行考察，如图 3-19 所示。

d　A-a（4）类：教师其他方面因素

还有一些与教师相关的风险因素不能列入上述 3 类，比如教师个人的道德品质问题、户外运动课程的教师配备数量与岗位分配问题等（见图 3-20）。在远离城市的野外环境中，在面对数量较大的学生群体，这些因素一旦出现问题成为既成事实势必会影响户外运动教学的顺利、有序实施，在一定程度上具有引发户外运动安全风险事故的潜在可能。

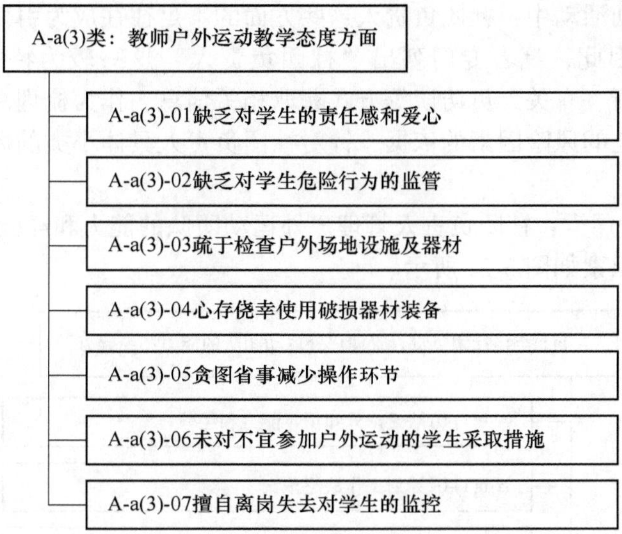

图 3-19 A-a（3）类高校户外运动风险因素

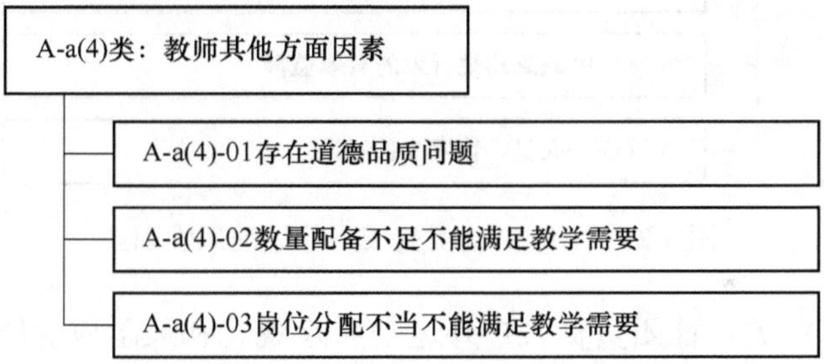

图 3-20 A-a（4）类高校户外运动风险因素

B A-b 类：社团负责人相关因素

目前，我国 100 多个高校户外运动类社团通常利用寒暑假、“五一”和“十一”等小长假组织登山、户外徒步、户外探险、户外拓展等活动，社团活动成为各高校大学生参与体验户外运动的主要形式之一。通常各高校社团申请成立，都要求有相关专业教师为社团建设发展、活动开展等方面提供指导，户外运动类社团也同样如此。因为户外运动活动大都在比较偏远的郊外甚至野外进行，路途遥远、耗费时间长且条件十分艰苦，许多社团户外运动类活动都不能保证指导老师随同前往，社团负责人成为户外运动活动组织、技术实施与指导、安全监管等方面的实际“指导者”。但大多数户外类社团的负责人并非名副其实，他们自身也只是爱好者，在团队管理、活动组织、风险应对等方面的认识程度、知识技术、能力经验都还远远不够，不足以游刃有余地独立组织开展户外运动活动。在风险莫测的户外运动活动中，社团负责人这些方面的不足往往成为引发户外运动风险的主要因素。因此，笔者专门列出“社团负责人”这一较为特殊的人员群体，并通过案例分析、有关人员访谈等方式获取相关信息，作为梳理总结他们影响高校户外运动安全的风险因素的依据，针对社团负责人具体小类的风险因素条目不再赘述。

a　A-b（1）类：社团负责人管理户外运动团队的能力和经验方面

此类风险因素如图 3-21 所示。

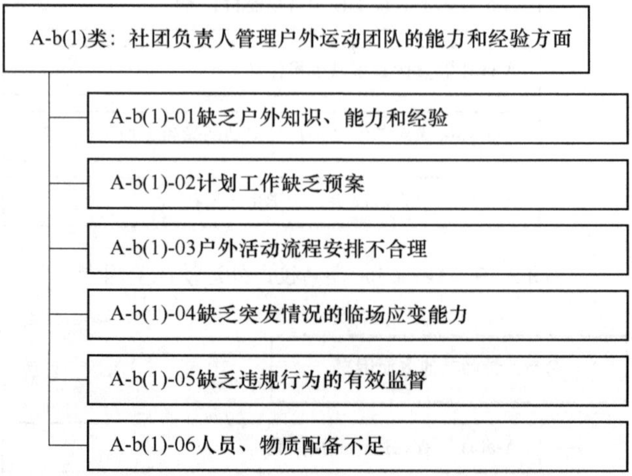

图 3-21　A-b（1）类高校户外运动风险因素

b　A-b（2）类：社团负责人户外运动风险观念和风险应对能力方面

此类风险因素如图 3-22 所示。

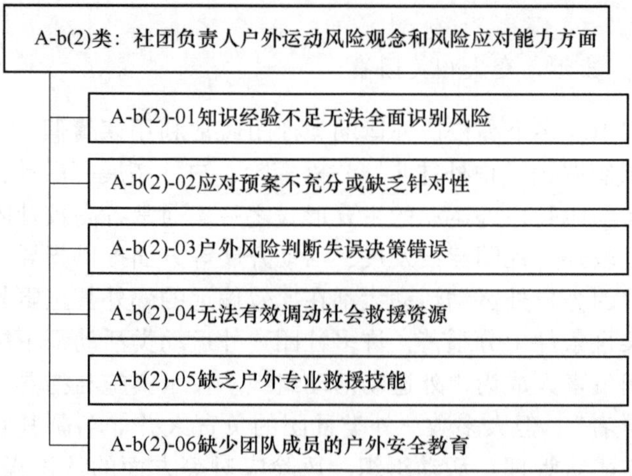

图 3-22　A-b（2）类高校户外运动风险因素

c A-b（3）类：社团负责人其他方面因素

高校户外运动社团负责人有可能还存在其他方面的因素，如图 3-23 所示。

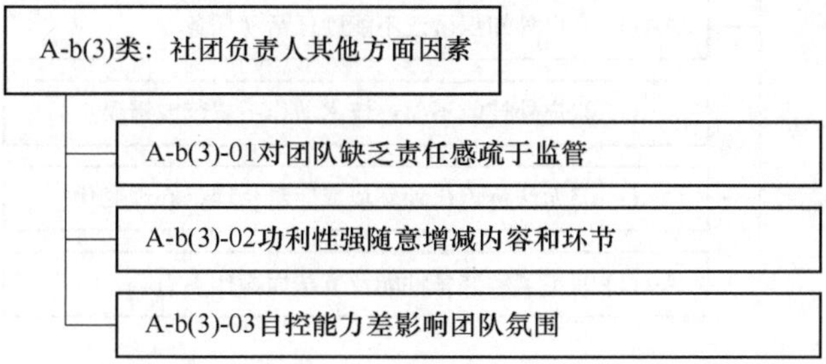

图 3-23 A-b（3）类高校户外运动风险因素

C A-c 类：学生相关因素

学生是学校教育教学活动的主体，也是高校户外运动风险系统中最为重要的一类要素。根据前面高校户外运动风险事故分析结果，150 个案例中有 50%的风险事故是由学生自身的直接原因所导致的，由此可见，分析高校户外运动风险事故的因素，应该首先关注学生群体的风险因素情况。参与户外运动的大学生群体因为年龄、性格、兴趣程度、参与次数、户外运动学习等方面存在区别，他们在户外运动知识技能掌握、户外运动经验积累、户外运动风险知识技能掌握、户外运动风险观念、生理心理、纪律意识等方面与社会户外运动参与者人群均有较大差异，而这些方面所含的诸多因素都可能引发户外运动事故的发生。笔者将这些方面归纳概括为 3 个小类。

a A-c（1）类：学生户外运动知识、技能与经验方面

户外运动不同于常见的传统体育运动项目，虽然体育运动项目都带有一定的危险性，发生摔倒碰撞导致磕伤、擦伤、挫伤等都是较常见的现象，但户外运动因其开展环境的特殊性在风险发生可能性和风险后果程度方面表现更甚。高校大学生掌握户外运动知识和技能熟练程度，与学生在户外运动活动中的安全程度存在一定关系，如果学生普遍掌握情况较好，那么高校户外运动风险事故发生概率将极大降低，反之则会大大增加，甚至会因为知识技能不足导致技术动作错误、不当操作使用装备、辨识环境错误等情况导致高坠、滑坠、迷路，进而导致严重伤亡事故，这一点户外运动与传统体育运动有较大区别。另外，学生如果从以往户外运动实践经历，积累了一定的经验知识，对他个人或他人在户外运动中避免风险也是十分重要的。因此笔者首先就大学生户外运动知识、技能与经验方面的风险因素进行了归纳梳理，如图 3-24 所示。

- A-c(1)类：学生户外运动知识、技能与经验方面
  - A-c(1)-01户外知识匮乏不能胜任活动任务
  - A-c(1)-02户外技能不熟、技术动作不规范或错误
  - A-c(1)-03无法辨识户外环境或应对生理、心理变化
  - A-c(1)-04不了解装备性能及方法而操作不当

图 3-24　A-c（1）类高校户外运动风险因素

b　A-c（2）类：学生户外运动风险知识技能与安全意识方面

相比需要掌握的户外运动知识、技能与经验，户外运动风险知识技能与安全意识同样重要。无知者无畏，学生无法识别户外环境中暗藏的风险、缺乏自我保护或救援知识技能、过度自信盲目冒险等表现，通常是触目惊心的惨痛户外运动事故的导火索。从导致风险事故的负面影响来看，如果说学生缺乏户外运动知识和技能对引发户外运动安全伤害事故具有间接性，那么户外运动风险知识技能的欠缺和安全意识的缺乏，则更具直接性。笔者搜集的案例中，多起迷路事故的发生原因就是学生相关知识技能与意识缺乏、安全意识薄弱的最好佐证。笔者从户外运动风险知识经验、自我保护及自救他救知识技能、安全意识等方面对学生影响高校户外运动安全的相关因素进行了归纳，如图 3-25 所示。

c　A-c（3）类：学生生理和心理因素方面

户外运动开展的许多场景相对特殊，比如高崖、低谷、密林、荒漠、雪山等，这些相对极端严酷的自然环境对学生生理和心理上又提出了一些特殊的要求。学生身心相关的疾病、体力、心理素质等因素同样存在引发高校户外运动风险事故的可能性，这些因素如图 3-26 所示。

d　A-c（4）类：学生其他方面因素

笔者所列的“学生其他方面因素”多来自学生思想方面，不容小觑。轻视、麻痹、自以为是等思想上的忽视和松懈，经常使学生产生“户外运动就是出去野外玩耍”的错误认识并自然而然做出准备不足、贸然出行、擅自行动等不当行为，而这些危险举动正是户外运动活动中需要高度警戒的高危行为，如图 3-27 所示。

D　A-d 类：其他人相关因素

影响高校户外运动人身安全的人员中，除了上述教师、社团负责人、学生等核心人员群体外，还有一些人员也对高校户外运动风险存在一定程度的影响。保

A-c(2)类：学生户外运动风险知识技能与安全意识方面

- A-c(2)-01知识经验不足无法识别判断风险
- A-c(2)-02欠缺保护、自救或救援等知识技能
- A-c(2)-03过度自信盲目冒险，安全意识薄弱
- A-c(2)-04自救或救援不当导致更大危险或伤害加重
- A-c(2)-05违规从事超出技术水平和身体条件的动作
- A-c(2)-06注意力不集中导致身体失去控制或者平衡
- A-c(2)-07缺乏沟通造成团队分化导致行动不统一
- A-c(2)-08无法判断自身行为的风险后果
- A-c(2)-09缺乏团队精神独立行动

图 3-25　A-c（2）类高校户外运动风险因素

A-c(3)类：学生生理和心理因素方面

- A-c(3)-01身体有生理缺陷或伤病
- A-c(3)-02身体不适或体力不符合户外活动要求
- A-c(3)-03遇特殊生理期
- A-c(3)-04心理素质较差或者存在心理障碍

图 3-26　A-c（3）类高校户外运动风险因素

护员、医疗人员、相关组织者等虽然与高校户外运动也发生直接联系，但不发挥主要的决定性作用；景区相关管理人员、户外运动目的地居民、社会人员等虽然与高校户外运动不发生直接联系，但在某些特殊情况下也可能会直接导致或间接引发高校户外运动风险事故。因此，这些其他人员相关的因素也是防范应对高校户外运动风险必须加以考虑的，如图 3-28 所示。

- A-c(4)类：学生其他方面因素
  - A-c(4)-01准备不足，贸然参加户外运动
  - A-c(4)-02因惊吓等做出错误或不当选择
  - A-c(4)-03隐瞒疾病
  - A-c(4)-04恶意违纪不服从安排擅自行动

图 3-27 A-c（4）类高校户外运动风险因素

- A-d类：其他人因素
  - A-d-01保护员不了解器材设施而使用不当
  - A-d-02保护员欠缺风险识别能力
  - A-d-03保护员救援知识不足或技术不熟练
  - A-d-04相关人员救援方式不正确导致二次伤害
  - A-d-05保护员应对突发事件临场应变不足
  - A-d-06相关人员缺乏急救知识与技能
  - A-d-07医疗员体能受限不能接近事故发生地
  - A-d-08保护员盲目干扰组织者判断和决策
  - A-d-09保护员违规行动
  - A-d-10相关管理人员蓄意阻止活动进行
  - A-d-11与活动地居民产生冲突和矛盾
  - A-d-12不法武装人员袭击
  - A-d-13其他人员恶意干扰
  - A-d-14保护员户外保护技能欠缺
  - A-d-15组织者防护措施不到位

图 3-28 A-d类高校户外运动风险因素

3.3.3.2　物质因素

高校户外运动的开展离不开场地设施（特指户外拓展、人工攀岩场、人工攀岩馆等户外场地）、器材装备等相关因素，这一点与一般体育运动项目类似。高校户外运动各类活动通常需要较长时间在野外生活，还涉及食物、水源、动植物等因素，这些因素在一些非正常状态下，会对开展高校户外运动的教师、学生及其他相关人员的人身安全造成一定伤害。其中食物、水源的某些风险因素也可以归入环境因素，为了便于分类和分析，将其统一归入物质因素大类，如图 3-29 所示。

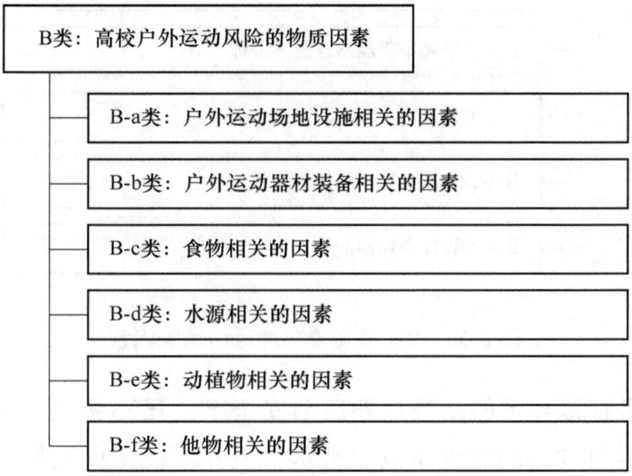

图 3-29　B 类高校户外运动风险因素

A　B-a 类：*户外运动场地设施方面*

根据前面对“高校户外运动”概念的界定，高校开展的户外拓展、岩馆（场）攀岩等项目也属于本书的研究范围，笔者将用于开展这些项目的场地、场馆设施专门归为一类。如果场地设施的完好程度、监管及使用、线路设置、所处位置、配套设施等情况存在不足或漏洞，将极有可能引发高校户外运动风险事故，具体条目如图 3-30 所示。

B　B-b 类：*户外运动器材装备方面*

户外运动器材装备的作用不仅在于帮助体验完成活动项目，还有一个重要功能就是保护人身安全。当器材装备出现质量、数量、性能、操作等问题时，轻则影响高校户外运动活动的圆满完成，重则伤及师生生命安全。笔者在案例分析中

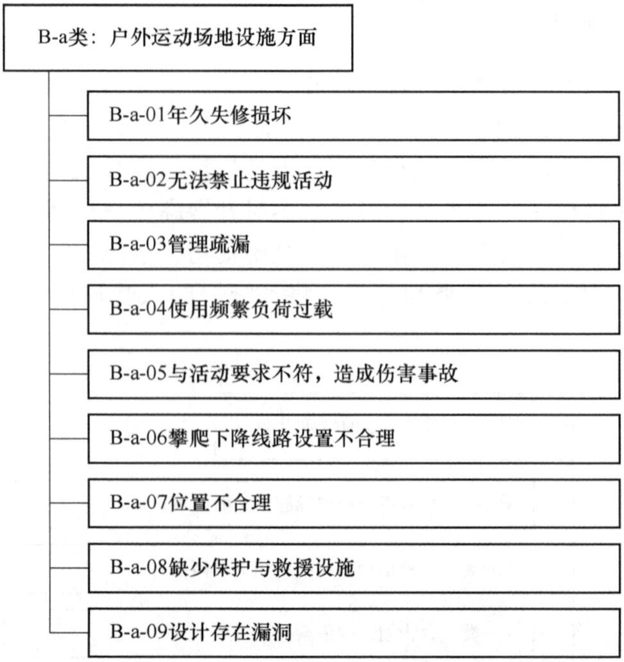

图 3-30　B-a 类高校户外运动风险因素

发现，这类因素直接导致的高校户外运动安全事故虽不多见，这表明了高校师生对户外运动器材装备的高度防范和警示，但并不能由此而低估户外运动专用器材装备造成严重伤害伤亡事故的可能性。故将此类风险因素归纳如图 3-31 所示。

C　B-c 类：食物方面

通过专家访谈发现，食物相关因素引发高校户外运动风险事故极为少见，偶尔发生也未造成严重的人身伤害事故，仅有极少案例是学生误食野果野菜导致轻微食物中毒。但若因此类因素导致师生身体不适造成活动实施不顺，是存在引发其他事故的可能的。这一类因素归纳如图 3-32 所示。

D　B-d 类：水源方面

与食物因素相似，水源风险因素造成高校户外运动风险事故的案例也不多，值得强调的是因饮水不当导致缺水、宿营地与水源位置分布不合理导致困难甚至造成危险的情况，要引起重视。相关因素如图 3-33 所示。

B-b类：户外运动器材装备方面

- B-b-01遗忘、丢失、破损不能及时补充
- B-b-02使用年限过长功能失效
- B-b-03受损导致功能失效
- B-b-04穿戴不当
- B-b-05缺乏专业装备或救援装备
- B-b-06规格与使用者体型不符
- B-b-07数量、种类不能满足需要
- B-b-08操作使用程序不当
- B-b-09保护站设计不合理
- B-b-10使用不科学超过承载负荷
- B-b-11存在严重质量问题
- B-b-12不符合安全标准或有明显不安全因素
- B-b-13性能差或存在设计缺陷导致使用不便

图 3-31　B-b 类高校户外运动风险因素

E　B-e 类：动植物方面

动植物因素直接造成高校户外运动风险事故的案例极为少见，多是动物蜇伤咬伤、植物划伤割伤或引发过敏等，除此之外还存在动植物破坏器材装备、影响线路、污染食物水源等可能，进而间接引发风险事故。相关因素如图 3-34 所示。

F　B-f 类：其他物质方面

高校开展户外运动，为抵达偏远目的地通常要借助交通车，为抵达交通车不易到达的高海拔、密林等区域还需要使用马匹、牦牛等牲畜驮运物资，应急处理伤口或救治伤员还需要急救药品和医疗器械等，这些类需必备或选备的物质，在

B-c类：食物方面

- B-c-01数量、种类和营养不能满足需要
- B-c-02缺乏针对性与个人饮食禁忌冲突
- B-c-03种类和饮食方式与当地饮食文化不符
- B-c-04存储不当引发动物偷食或人畜冲突
- B-c-05保存不当导致腐败变质
- B-c-06烹饪不当导致营养不能满足需要
- B-c-07烹饪不当导致食用后中毒或身体不适
- B-c-08误食有毒野菜、野果
- B-c-09食量与活动需要不符
- B-c-10属于假冒伪劣产品
- B-c-11不符合相关卫生标准
- B-c-12缺乏应急食品

图 3-32　B-c 类高校户外运动风险因素

B-d类：水源方面

- B-d-01水源位置不合理
- B-d-02水源量少、单一不能满足需要
- B-d-03水源分布与营地分布不相符
- B-d-04水质不符合相关规定
- B-d-05水源易遭破坏与污染
- B-d-06水源为动物水源无法保证水质
- B-d-07水源取水困难
- B-d-08饮用方式不当导致供应不足

图 3-33　B-d 类高校户外运动风险因素

B-e类：动植物方面

- B-e-01野生动物造成装备损坏
- B-e-02植物划伤或者刺伤人体
- B-e-03动植物引发过敏并发症
- B-e-04蚊、虫、蛇叮咬中毒引发并发症
- B-e-05误入动物迁徙通道引发人畜冲突
- B-e-06处特殊期动物被扰引发人畜冲突
- B-c-07遭到大型野生动物袭击
- B-e-08营地设施遭到大型动物破坏
- B-e-09动物阻拦被迫更改计划路线
- B-e-10动植物造成食品污染或短缺

图 3-34　B-e 类高校户外运动风险因素

特殊情况下如果缺乏或损坏，就可能造成风险事故或加重风险事故的伤害程度。相关风险因素归纳如图 3-35 所示。

B-f类：其他物质方面

- B-f-01交通工具故障造成行程更改
- B-f-02交通工具发生意外事故
- B-f-03交通工具不能接近事故地点影响救援
- B-f-04马匹、牦牛等驮运导致装备损坏
- B-f-05马匹、牦牛等驮运导致物资器材丢失
- B-f-06马匹、牦牛等驮运受阻影响活动行程
- B-f-07缺乏急救药品或者医疗器械

图 3-35　B-f 类高校户外运动风险因素

3.3.3.3 环境因素

与人员、物质等因素不同的是，环境尤其是自然环境对高校户外运动安全影响明显。另外，相关制度管理环境也对高校户外运动安全实施产生重要影响。本小节将高校户外运动环境因素分为基地线路因素、地形地貌因素、气象条件因素、制度管理因素和其他环境因素等5小类，如图3-36所示。

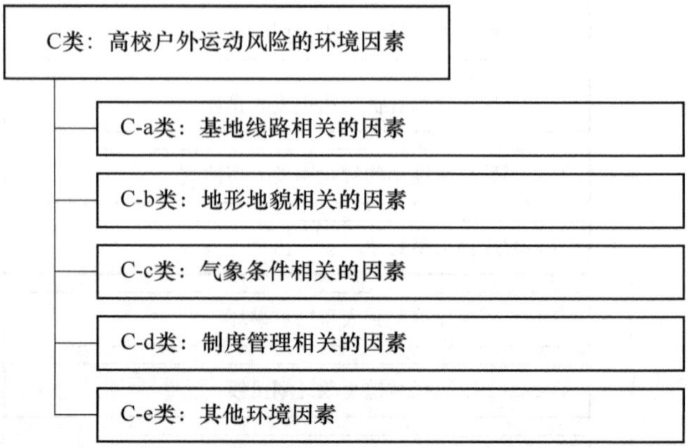

图3-36 C类高校户外运动风险因素

A C-a类：基地线路相关因素

与以往相关研究多关注“自然环境”不同的是，本书还专门将户外运动特有的“线路”因素列入了环境因素。户外运动线路是根据教学目标或活动目的，根据项目任务需要，专门设计的供户外运动参与者体验或通过（登高攀爬、涉水泅渡、徒步行走、扎营宿营）一种野外路线，它紧密依托自然环境具有人力不可抗的因素，但同时又是经过人为精心设计而成，具有一定的可控性。高校户外运动基地线路的选择、规划、设计会对参与者能否安全顺利体验项目、完成任务产生决定性作用，线路出现被植被覆盖或遭到破坏等新的变化、基地缺乏应急救援设施、线路位于政治军事敏感区域等因素，甚至还会直接或间接导致风险事故发生。户外运动业内人士均认为，最好的营地不是被找到而是被建造出来的，营地安全应考虑落物、雷电、山洪等危险因素。高校户外运动基地线路方面的相关风险因素如图3-37所示。

B C-b类：地形地貌相关因素

从本质而言，户外运动是在自然场地（非专用场地）开展的带有探险性质

C-a类：户外运动基地线路方面

- C-a-01线路复杂、难度高超过人类能力范围
- C-a-02基地、线路设计（选择）不合理
- C-a-03基地、线路缺乏应急救援基础设施
- C-a-04基地、线路容量小造成拥堵或者踩踏
- C-a-05基地、线路遭人为或地质灾害破坏
- C-a-06线路有新变化导致无法辨识
- C-a-07基地、线路自然恢复能力差
- C-a-08线路位于或涉及军事、地区热点等区域

图 3-37　C-a 类高校户外运动风险因素

或体验探险的体育运动项目群，它描述了户外运动对自然环境具有较强的依赖性。在高校开展户外运动的过程中，野外环境中地形地貌本身具有的危险性、地形地貌易发生变化或结构特殊等原因，可能带来诸多未知的不可控风险，会对参与者人身安全带来威胁，此类风险因素如图 3-38 所示。

C-b类：地形地貌方面

- C-b-01活动环境处于地质灾害频发区
- C-b-02地形变化快增加不可控因素
- C-b-03地貌地形特殊非人力可以通过
- C-b-04地形地貌本身具有危险因素
- C-b-05误用装备或人为破坏引发地质灾害
- C-b-06地形地貌不能满足户外项目需要

图 3-38　C-b 类高校户外运动风险因素

C　C-c 类：气象条件相关因素

尽管气象条件不是野外环境的特有因素，而且气象预报技术也基本能够准确预报天气，但高校户外运动中所言及的“气象”有所限制，主要表现为：（1）户外运动面临的气象条件要考虑野外无法躲避或回避的因素，即开展高校户外运动的过程中参与者可能遭遇的无法躲避的极端或恶劣天气条件；（2）开展户外运动所选择的目的地通常可能遭遇局部区域小气候（较难预测），这给高校户外运动规避气象条件因素造成了一定困难；（3）野外环境的气象条件变化可能会引起地形地貌发生变化甚至造成地质灾害，这会给高校户外运动的实施造成极大影响。这 3 方面因素都可能给高校户外运动活动中的师生人身安全造成危险。高校户外运动的气象条件相关因素如图 3-39 所示。

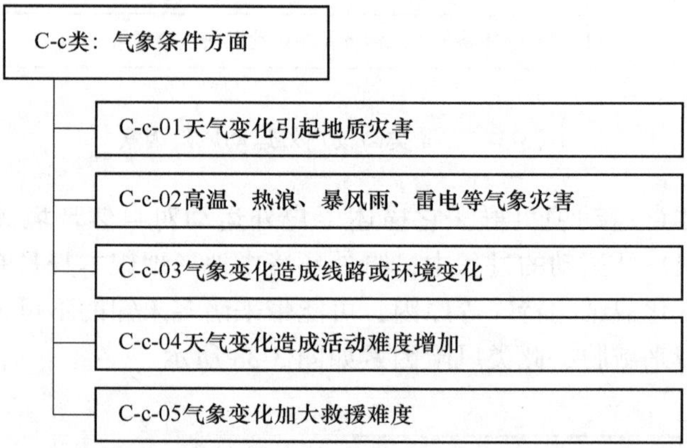

图 3-39　C-c 类高校户外运动风险因素

D　C-d 类：制度管理相关因素

为了与天然形成的自然环境因素明确区分，本书选择采用“制度管理相关因素”描述和统括那些人为造成的制度管理方面的风险因素。因高校户外运动具有明显的组织边界，这一类因素主要选自于高校相关制度建设的不足和管理措施的缺位等方面，主要从高校社团监管、高校风险管理、学生自发活动监管、高校户外安全教育等方面梳理归纳。同时，因高校户外运动会在校园外的社会空间、自然区域开展，所以也列入了户外运动目的地、社会公共服务等方面的因素。具体如图 3-40 所示。

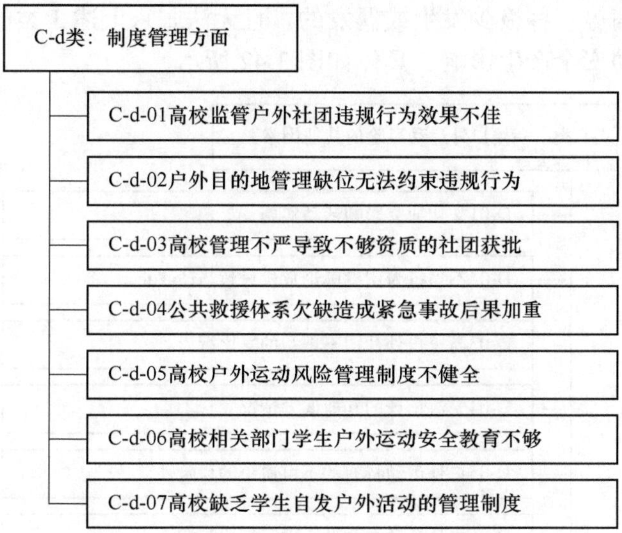

图 3-40　C-d 类高校户外运动风险因素

E　C-e 类：其他环境相关因素

还有一些环境因素的存在或突发，会对高校户外运动活动的实施造成或轻或重的威胁，具体如图 3-41 所示。

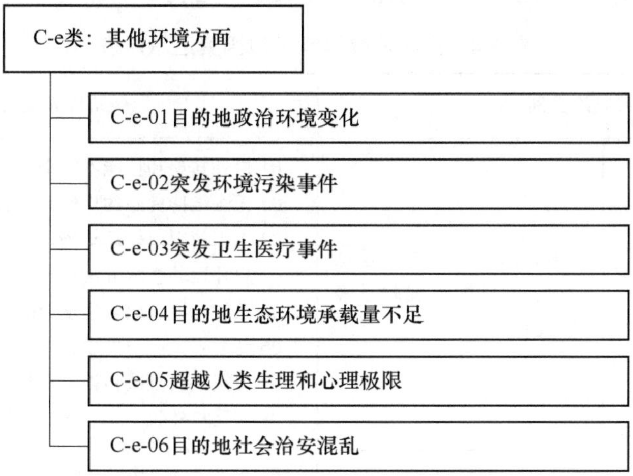

图 3-41　C-e 类高校户外运动风险因素

3.3.3.4　其他因素

除前述的人员、物质、环境等 3 大类风险因素外，还有文化冲突、舆论氛围、无征兆疾病等一些极少发生或偶发的，且无法归入上述 3 类的风险因素可能对高校户外运动安全产生影响，具体如图 3-42 所示。

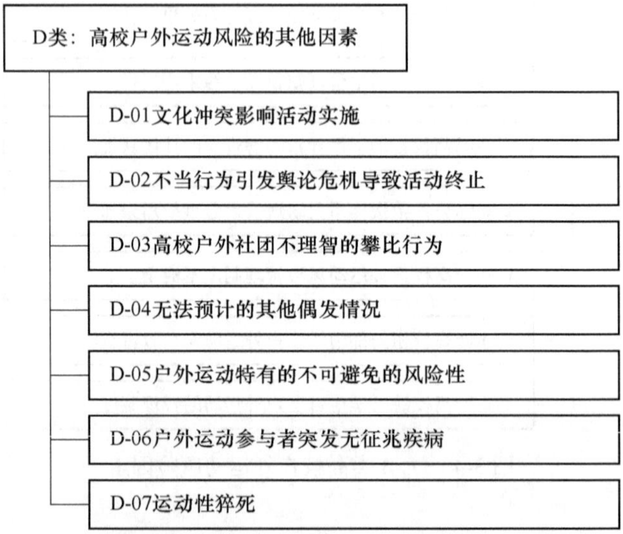

图 3-42　D 类高校户外运动风险因素

综合上述框图分析的内容，可能引发高校户外运动风险事故的风险因素可以汇总形成《高校户外运动风险因素汇总详表》（见表 3-4）。

表 3-4　高校户外运动风险因素汇总详表

风险类别			风险因素条目
A 类：人员因素	A-a 类：教师因素	A-a（1）类：户外运动知识、教学能力和教学经验方面	01 户外知识和技能不够全面 02 无法维持良好的户外运动教学秩序 03 不当使用户外运动场地设施及器材 04 户外运动教学方法不当 05 教学内容超出学生承受能力 06 对学生完成户外项目过于严苛 07 传授不规范或错误的户外技术动作 08 缺乏户外教学经验无法预见风险事件
		A-a（2）类：户外运动风险知识、观念和应对能力方面	01 户外运动风险预判防范意识薄弱 02 缺乏常见户外风险识别知识和经验 03 对学生户外运动安全教育不足 04 未在活动范围内及时采取安防措施 05 未掌握户外事故急救方法 06 缺乏户外专业救援技能

续表 3-4

风险类别			风险因素条目
A类：人员因素	A-a类：教师因素	A-a（3）类：户外运动教学态度方面	01 缺乏对学生的责任感和爱心 02 缺乏对学生危险行为的监管 03 疏于检查户外场地设施及器材 04 心存侥幸使用破损器材装备 05 贪图省事减少操作环节 06 未对不宜参加户外运动的学生采取措施 07 擅自离岗失去对学生的监控
		A-a（4）类：其他方面	01 存在道德品质问题 02 数量配备不足不能满足教学需要 03 岗位分配不当不能满足教学需要
	A-b类：社团负责人因素	A-b（1）类：管理户外运动团队的能力和经验方面	01 缺乏户外知识、能力和经验 02 计划工作缺乏预案 03 户外活动流程安排不合理 04 缺乏突发情况的临场应变能力 05 缺乏违规行为的有效监督 06 人员、物质配备不足
		A-b（2）类：户外运动风险观念和风险应对能力方面	01 知识经验不足无法全面识别风险 02 应对预案不充分或缺乏针对性 03 户外风险判断失误决策错误 04 无法有效调动社会救援资源 05 缺乏户外专业救援技能 06 缺少团队成员的户外安全教育
		A-b（3）类：其他方面	01 对团队缺乏责任感疏于监管 02 功利性强随意增减内容和环节 03 自控能力差影响团队氛围

续表 3-4

风险类别			风险因素条目
A类：人员因素	A-c类：学生因素	A-c（1）类：户外运动知识、技能与经验方面	01 户外知识匮乏不能胜任活动任务 02 户外技能不熟、技术动作不规范或错误 03 无法辨识户外环境或应对生理、心理变化 04 不了解装备性能及方法而操作不当
A类：人员因素	A-c类：学生因素	A-c（2）类：户外运动风险知识技能与安全意识方面	01 知识经验不足无法识别判断风险 02 欠缺保护、自救或救援等知识技能 03 过度自信盲目冒险，安全意识薄弱 04 自救或救援不当导致更大危险或伤害加重 05 违规从事超出技术水平和身体条件的动作 06 注意力不集中导致身体失去控制或者平衡 07 缺乏沟通造成团队分化导致行动不统一 08 无法判断自身行为的风险后果 09 缺乏团队精神独立行动
A类：人员因素	A-c类：学生因素	A-c（3）类：生理和心理因素方面	01 身体有生理缺陷或伤病 02 身体不适或体力不符合户外活动要求 03 遇特殊生理期 04 心理素质较差或者存在心理障碍
A类：人员因素	A-c类：学生因素	A-c（4）类：其他方面	01 准备不足，贸然参加户外运动 02 因惊吓等做出错误或不当选择 03 隐瞒疾病 04 恶意违纪不服从安排擅自行动
A类：人员因素	A-d类：其他人因素		01 保护员不了解器材设施而使用不当 02 保护员欠缺风险识别能力 03 保护员救援知识不足或技术不熟练 04 相关人员救援方式不正确导致二次伤害 05 保护员应对突发事件临场应变不足 06 相关人员缺乏急救知识与技能 07 医疗员体能受限不能接近事故发生地 08 保护员盲目干扰组织者判断和决策 09 保护员违规行动 10 相关管理人员蓄意阻止活动进行 11 与活动地居民产生冲突和矛盾 12 不法武装人员袭击 13 其他人员恶意干扰 14 保护员户外保护技能欠缺 15 组织者防护措施不到位

续表 3-4

风险类别		风险因素条目
B 类： 物质因素	B-a 类：场地设施因素	01 年久失修损坏 02 无法禁止违规活动 03 管理疏漏 04 使用频繁负荷过载 05 与活动要求不符，造成伤害事故 06 攀爬下降线路设置不合理 07 位置不合理 08 缺少保护与救援设施 09 设计存在漏洞
	B-b 类：器材装备因素	01 遗忘、丢失、破损不能及时补充 02 使用年限过长功能失效 03 受损导致功能失效 04 穿戴不当 05 缺乏专业装备或救援装备 06 规格与使用者体型不符 07 数量、种类不能满足需要 08 操作使用程序不当 09 保护站设计不合理 10 使用不科学超过承载负荷 11 存在严重质量问题 12 不符合安全标准或有明显不安全因素 13 性能差或存在设计缺陷导致使用不便
	B-c 类：食物相关因素	01 数量、种类和营养不能满足需要 02 缺乏针对性与个人饮食禁忌冲突 03 种类和饮食方式与当地饮食文化不符 04 存储不当引发动物偷食或人畜冲突 05 保存不当导致腐败变质 06 烹饪不当导致营养不能满足需要 07 烹饪不当导致食用后中毒或身体不适 08 误食有毒野菜、野果 09 食量与活动需要不符 10 属于假冒伪劣产品 11 不符合相关卫生标准 12 缺乏应急食品

续表 3-4

风险类别		风险因素条目
B 类： 物质因素	B-d 类：水源相关因素	01 水源位置不合理 02 水源量少、单一不能满足需要 03 水源分布与营地分布不相符 04 水质不符合相关规定 05 水源易遭破坏与污染 06 水源为动物水源无法保证水质 07 水源取水困难 08 饮用方式不当导致供应不足
	B-e 类：动植物等相关因素	01 野生动物造成装备损坏 02 植物划伤或者刺伤人体 03 动植物引发过敏并发症 04 蚊、虫、蛇叮咬中毒引发并发症 05 误入动物迁徙通道引发人畜冲突 06 处特殊期动物被扰引发人畜冲突 07 遭到大型野生动物袭击 08 营地设施遭到大型动物破坏 09 动物阻拦被迫更改计划路线 10 动植物造成食品污染或短缺
	B-f 类：其他物质相关因素	01 交通工具故障造成行程更改 02 交通工具发生意外事故 03 交通工具不能接近事故地点影响救援 04 马匹、牦牛等驮运导致装备损坏 05 马匹、牦牛等驮运导致物资器材丢失 06 马匹、牦牛等驮运受阻影响活动行程 07 缺乏急救药品或者医疗器械
C 类： 环境因素	C-a 类：基地线路因素	01 线路复杂、难度高超过人类能力范围 02 基地、线路设计（选择）不合理 03 基地、线路缺乏应急救援基础设施 04 基地、线路容量小造成拥堵或者踩踏 05 基地、线路遭人为或地质灾害破坏 06 线路有新变化导致无法辨识 07 基地、线路自然恢复能力差 08 线路位于或涉及军事、地区热点等区域

续表 3-4

风险类别		风险因素条目
C 类： 环境因素	C-b 类：地形地貌因素	01 活动环境处于地质灾害频发区 02 地形变化快增加不可控因素 03 地貌地形特殊非人力可以通过 04 地形地貌本身具有危险因素 05 误用装备或人为破坏引发地质灾害 06 地形地貌不能满足户外项目需要
	C-c 类：气象条件因素	01 天气变化引起地质灾害 02 高温、热浪、暴风雨、雷电等气象灾害 03 气象变化造成线路或环境变化 04 天气变化造成活动难度增加 05 气象变化加大救援难度
	C-d 类：制度管理因素	01 高校监管户外社团违规行为效果不佳 02 户外目的地管理缺位无法约束违规行为 03 高校管理不严导致不够资质的社团获批 04 公共救援体系欠缺造成紧急事故后果加重 05 高校户外运动风险管理制度不健全 06 高校相关部门学生户外运动安全教育不够 07 高校缺乏学生自发户外活动的管理制度
	C-e 类：其他环境因素	01 目的地政治环境变化 02 突发环境污染事件 03 突发卫生医疗事件 04 目的地生态环境承载量不足 05 超越人类生理和心理极限 06 目的地社会治安混乱
D 类： 其他因素	01 文化冲突影响活动实施 02 不当行为引发舆论危机导致活动终止 03 高校户外社团不理智的攀比行为 04 无法预计的其他偶发情况 05 户外运动特有的不可避免的风险性 06 户外运动参与者突发无征兆疾病 07 运动性猝死	

3.4 高校户外运动风险检查表的编制与运用

一般而言，在具体某一次高校户外运动活动中，教师、管理者通常仅凭以往户外运动经历积累的组织管理经验，就能够识别出常见的风险。但是，参与高校户外运动活动的大学生不断变化（因毕业、修学分等因素，很多同学只参加1次），户外线路所处的野外环境更是变幻莫测，因此每一次高校户外运动活动都面临未知和新的风险。那么，对于这些因未知而暗藏的风险，识别难度会增加，仅靠经验判断可能会力不从心，因此依照某种固定程序，借助科学方法来加以识别是确保良好识别效果的不错选择。

风险由风险因素、风险事件、风险后果构成，前面从风险源出发对高校户外运动风险因素进行的识别与分析，只是为风险识别提供了一定的要件基础。因此，识别风险因素并不是完整的风险识别。风险识别的目的是要通过确定风险源和汇总风险因素，最终确定项目中是否存在发生某一风险事故的可能性。前面阐述了几种一般风险管理的风险识别方法，并不是每一种方法都适用于本书高校户外运动风险的识别。笔者结合高校户外运动风险管理工作实际和研究需要，同时也是为了确保更好的识别效果，主要采用风险检查表法。本书编制了《高校户外运动风险检查表》，高校户外运动的管理者、教师及高校户外社团负责人在户外运动活动实施前参用该检查表，对即将开展的活动要素逐一对照识别，可以全面、快捷、有效地识别出高校户外运动活动面临的诸多潜在风险，以便加强事前的预防准备工作，尤其是使风险应对策略的选择更具针对性、实效性，最终降低和减少高校户外运动中风险事故的发生概率和数量。

3.4.1 风险检查表运用于高校户外运动风险识别的优缺点分析

高校户外运动系统庞杂，涉及的风险因素繁多，因此编制风险检查表要尽可能地考虑周全，尽量列出所有风险因素可能引发的风险事故问题，使得风险管理人员能够集中、高效地识别出高校户外运动中常见的、已知的、可预见的甚至那些未知的风险。汇总风险管理者认为“存在”的风险因素，就是项目可能面临的风险。

运用风险检查表法识别高校户外运动潜在风险的优点主要有如下几点。

（1）成本低廉但获取信息量大，能为高校户外运动风险管理节省开支。高校户外运动大多采取课程、学校活动、赛事和社团活动的形式，除了由学校组织的较大型的交流活动（比如中国登山协会主办、地方高校承办的中日韩三国大学生登山户外交流活动、海峡两岸户外交流活动等）或纪念活动（武汉某高校组织的纪念建校60周年珠峰攀登活动、世界7+2登山科考活动）、由学校主（承）办的户外运动赛事（如中国登山协会主办某高校承办的“希望之星”攀岩比赛），拥有较充足的专门经费，但户外运动类课程、社团开展的户外类活动经费十分有限，更不会有专门经费用于风险管理。尽管高校体育工作管理者、社团挂靠单位管理者深知户外运动风险管理的重要意义，但受财力资源的现实条件限制，开展风险管理工作的成本也成为了不得不考虑的问题。

（2）操作简单，简便易行，能为高校户外运动风险管理者减少工作量。高校体育部门通常都设有分管或兼管安全工作的管理者，但在具体的户外运动活动中都缺乏专人对安全风险问题进行监管，而是由课程教师、社团指导教师、社团负责人等统一管理，这无疑增加了他们的工作量。本方法对相关管理者的风险管理知识、技术等要求不高，参照经过全面、系统思考所制作的风险检查表，能十分简单、容易地识别某一次具体户外运动活动的潜在风险。通过与多位专家谈及高校户外运动专设风险管理人员的问题，他们大都觉得学校体育资源条件不太能够满足，选择简单、实用且易于操作的风险管理方法不失为一种良策。

（3）内容增减易于修改，能为高校户外运动风险管理随机应变地根据实际工作需要进行调整。高校户外运动参与对象、活动内容、自然环境和社会环境的变化或更新，能带来该项活动风险管理出现新的变动。比如科技发展产生了户外运动器材装备的更新，全新或升级的器材装备就会有可能出现新的风险。风险检查表具有内容增加或减少容易修改的优点，这就解决了原有风险检查表涉及内容陈旧过时导致新的风险难以被识别的问题。在风险管理实践中，高校户外运动风险管理者只需要根据工作实际，对风险检查表的内容做增加、删减等相应的修改，修改后的风险检查表就能恢复到具有检验价值的最佳状态。

（4）可以持续跟踪监测，能与高校户外运动风险识别过程的动态性高度对应。人、物、环境等一切风险源都处于不断的动态变化之中，因此对任何项目的风险识别也应是一个动态的过程。高校户外运动也不例外，其风险识别是一个从事前、事中到事后持续跟踪监控的动态过程。通过多轮次循环往复的风险检查，可以不断增减、合并和修缮风险检查内容，十分有利于建立一个持续、有效而且完整的高校户外运动风险跟踪监测体系。笔者在对全国相关高校户外运动课程（或活动）的管理者、骨干教师访谈调研的过程中，普遍发现这些高校对风险的排查基本靠经验完成，或抱侥幸心理省略风险检查环节，大都没有建立类似户外运动风险持续检查的体系，甚至缺乏户外运动风险检查表这种基本参考框架。长远来看，如果通过在高校普及推广风险检查表法以全面、持续、有效地排查户外运动安全隐患，将在一定程度上大大提高高校户外运动风险识别效果和效率，从根本上减少风险发生概率。

运用风险检查表法也存在不足之处，主要体现在其编制相当困难。结合本书来说，选择高校户外运动风险检查项目就十分棘手。首先要通过案例事故树分析、文献检索、专家访谈等多种方式汇总风险因素并进行归类，然后根据风险因素类型依次提出有可能出现的风险检查项目。除此之外，风险检查项目是否完整、描述是否规范也是风险检查表法的难点之一。笔者通过电子邮件、电话访谈和座谈等方式征求了多位高校户外运动教授、风险管理从业者及保险业从业者等专业人士的意见，力求风险检查项目的完整性和标准化。

另外，运用检查表识别高校户外运动风险需特别注意几点：（1）风险检查表是识别高校户外运动风险的参考依据，因此要务求全面、规范，以便风险管理者系统、快捷、有效地核查潜在风险；（2）编制风险检查表必须借鉴专家的知识和经验及来源真实可靠的案例资料，运用经验法、头脑风暴法、事故树分析法多种方式，汇总归纳风险因素以最终形成风险检查项目。

3.4.2 《高校户外运动风险检查表》编制程序及方法

高校户外运动风险检查表的编制，包括查阅文献归纳风险因素、搜集案例、案例事故书分析汇总风险因素、参考专家建议形成初稿、专家审阅后修改形成终稿等几个步骤，如图 3-43 所示。

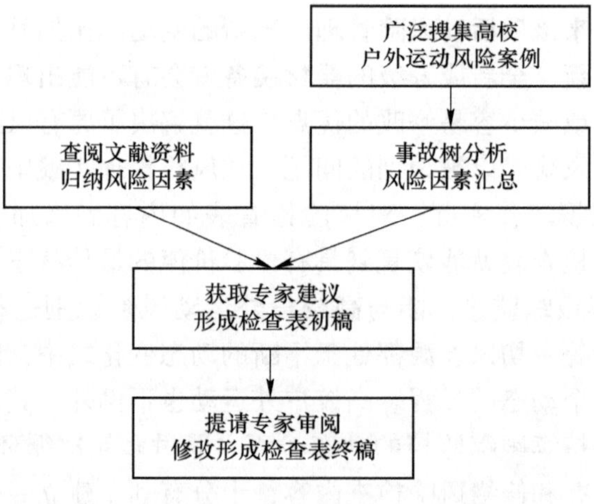

图 3-43 高校户外运动风险检查表编制的程序

（1）充分利用所查阅的文献资料和搜集的高校户外运动风险案例。文献检索的途径主要是通过图书馆、互联网、政府部门蓝皮书或报告书等，在中国期刊网（CNKI）、龙源期刊网、万方学位论文网、百度学术等学术资源平台及谷歌、百度等互联网站，以“高校户外运动风险”“高校户外运动安全”“高校户外运动风险事故”“高校户外运动安全事故”“大学生户外风险”“大学生户外风险事故”“高校户外运动安全预防”，以及“大学生登山事故”“大学生徒步穿越迷途”等为关键词，进行大量检索。通过国家图书馆、北京体育大学图书馆、中国地质大学（武汉）图书馆等借阅相关图书；在国家体育总局登山运动管理中心搜集《中国大陆登山户外运动事故报告书》。

（2）分析文献资料，结合案例事故树分析的结果，针对学校体育、风险管理、户外运动的有关专家实施问卷调查，按照“高校户外运动风险源”对所有风险因素进行归类整理，形成《高校户外运动风险检查表》初稿。问卷调查对象主要是高校或行业管理部门的户外运动专家、学者和主治医师，本书一共选择了 10 位专家。

（3）为确保《高校户外运动风险检查表》全面有效，再次提请 3 位具有丰富户外运动教学与组织经验的高校户外运动专家（2 位教授，1 位医生）、1 位风险管理从业者和 1 位保险业从业人员对初稿进行逐项检阅、审查和判断，并补充初稿中未列出的风险因素。最后由笔者对不合适的项目进行调整删减、对遗漏的项目进行增加、对相似项目进行合并，最后形成《高校户外运动风险检查表》（见表 3-5）。其中，编号由“风险源-风险因素类别-风险（因素）条目”组成。

表 3-5　高校户外运动风险检查表

风险源	类别	编号	风险	存在	不存在
A 类人员	教师（A-a）	A-a-01	户外知识和技能不够全面引发的事故		
		A-a-02	无法维持良好的户外运动教学秩序引发的事故		
		A-a-03	不当使用户外运动场地设施及器材引发的事故		
		A-a-04	户外运动教学方法不当引发的事故		
		A-a-05	教学内容超出学生承受能力引发的事故		
		A-a-06	对学生完成户外项目过于严苛引发的事故		
		A-a-07	传授不规范或错误的户外技术动作引发的事故		
		A-a-08	缺乏户外教学经验无法预见风险事件引发的事故		
		A-a-09	户外运动风险预判防范意识薄弱引发的事故		
		A-a-10	缺乏常见户外风险识别知识和经验引发的事故		
		A-a-11	对学生户外运动安全教育不足引发的事故		
		A-a-12	未在活动范围内及时采取安防措施引发的事故		
		A-a-13	未掌握户外事故急救方法引发的事故		
		A-a-14	缺乏户外专业救援技能引发的事故		
		A-a-15	缺乏对学生的责任感和爱心引发的事故		
		A-a-16	缺乏对学生危险行为的监管引发的事故		
		A-a-17	疏于检查户外场地设施及器材引发的事故		
		A-a-18	心存侥幸使用破损器材装备引发的事故		
		A-a-19	贪图省事减少操作环节引发的事故		
		A-a-20	未对不宜参加户外运动的学生采取措施引发的事故		
		A-a-21	擅自离岗失去对学生的监控引发的事故		
		A-a-22	存在道德品质问题引发的事故		
		A-a-23	数量配备不足不能满足教学需要引发的事故		
		A-a-24	岗位分配不当不能满足教学需要引发的事故		

续表 3-5

风险源	类别	编号	风险	存在	不存在
A 类人员	社团负责人（A-b）	A-b-01	缺乏户外知识、能力和经验引发的事故		
		A-b-02	计划工作缺乏预案引发的事故		
		A-b-03	户外活动流程安排不合理引发的事故		
		A-b-04	缺乏突发情况的临场应变能力引发的事故		
		A-b-05	缺乏违规行为的有效监督引发的事故		
		A-b-06	人员、物质配备不足引发的事故		
		A-b-07	知识经验不足无法全面识别风险引发的事故		
		A-b-08	应对预案不充分或缺乏针对性引发的事故		
		A-b-09	户外风险判断失误决策错误引发的事故		
		A-b-10	无法有效调动社会救援资源引发的事故		
		A-b-11	缺乏户外专业救援技能引发的事故		
		A-b-12	缺少团队成员的户外安全教育引发的事故		
		A-b-13	对团队缺乏责任感疏于监管引发的事故		
		A-b-14	功利性强随意增减内容和环节引发的事故		
		A-b-15	自控能力差影响团队氛围引发的事故		
	学生（A-c）	A-c-01	户外知识匮乏不能胜任活动任务引发的事故		
		A-c-02	户外技能不熟、技术动作不规范或错误引发的事故		
		A-c-03	无法辨识户外环境或应对生理、心理变化引发的事故		
		A-c-04	不了解装备性能及方法而操作不当引发的事故		
		A-c-05	知识经验不足无法识别判断风险引发的事故		
		A-c-06	欠缺保护、自救或救援等知识技能引发的事故		
		A-c-07	过度自信盲目冒险，安全意识薄弱引发的事故		
		A-c-08	自救或救援不当导致更大危险或伤害加重		
		A-c-09	违规从事超出技术水平和身体条件的动作引发的事故		
		A-c-10	注意力不集中导致身体失去控制或者平衡引发的事故		
		A-c-11	缺乏沟通造成团队分化导致行动不统一引发的事故		
		A-c-12	无法判断自身行为的风险后果引发的事故		
		A-c-13	缺乏团队精神独立行动引发的事故		
		A-c-14	身体有生理缺陷或伤病引发的事故引发的事故		
		A-c-15	身体不适或体力不符合户外活动要求引发的事故		
		A-c-16	遇特殊生理期引发的事故		
		A-c-17	心理素质较差或者存在心理障碍引发的事故		
		A-c-18	准备不足，贸然参加户外运动引发的事故		
		A-c-19	因惊吓等做出错误或不当选择引发的事故		
		A-c-20	隐瞒疾病引发的事故		
		A-c-21	恶意违纪不服从安排擅自行动引发的事故		

续表 3-5

风险源	类别	编号	风险	存在	不存在
A 类人员	其他人（A-d）	A-d-01	保护员不了解器材设施而使用不当引发的事故		
		A-d-02	保护员欠缺风险识别能力引发的事故		
		A-d-03	保护员救援知识不足或技术不熟练引发的事故		
		A-d-04	相关人员救援方式不正确导致二次伤害引发的事故		
		A-d-05	保护员应对突发事件临场应变不足引发的事故		
		A-d-06	相关人员缺乏急救知识与技能引发的事故		
		A-d-07	医疗员体能受限不能接近事故发生地引发的事故		
		A-d-08	保护员盲目干扰组织者判断和决策引发的事故		
		A-d-09	保护员违规行动引发的事故		
		A-d-10	相关管理人员蓄意阻止活动进行引发的事故		
		A-d-11	与活动地居民产生冲突和矛盾引发的事故		
		A-d-12	不法武装人员袭击引发的事故		
		A-d-13	其他人员恶意干扰引发的事故		
		A-d-14	保护员户外保护技能欠缺引发的事故		
		A-d-15	组织者防护措施不到位引发的事故		
B 类物质	场地设施（B-a）	B-a-01	年久失修损坏引发的事故		
		B-a-02	无法禁止违规活动引发的事故		
		B-a-03	管理疏漏引发的事故		
		B-a-04	使用频繁负荷过载引发的事故		
		B-a-05	与活动要求不符，造成伤害事故		
		B-a-06	攀爬下降线路设置不合理引发的事故		
		B-a-07	位置不合理引发的事故		
		B-a-08	缺少保护与救援设施引发的事故		
		B-a-09	设计存在漏洞引发的事故		
	器材装备（B-b）	B-b-01	遗忘、丢失、破损不能及时补充引发的事故		
		B-b-02	使用年限过长功能失效引发的事故		
		B-b-03	受损导致功能失效引发的事故		
		B-b-04	穿戴不当引发的事故		
		B-b-05	缺乏专业装备或救援装备引发的事故		
		B-b-06	规格与使用者体型不符引发的事故		
		B-b-07	数量、种类不能满足需要引发的事故		
		B-b-08	操作使用程序不当引发的事故		
		B-b-09	保护站设计不合理引发的事故		
		B-b-10	使用不科学超过承载负荷引发的事故		
		B-b-11	存在严重质量问题引发的事故		
		B-b-12	不符合安全标准或有明显不安全因素引发的事故		
		B-b-13	性能差或存在设计缺陷导致使用不便引发的事故		

续表 3-5

风险源	类别	编号	风险	存在	不存在
B 类物质	食物（B-c）	B-c-01	数量、种类和营养不能满足需要引发的事故		
		B-c-02	缺乏针对性与个人饮食禁忌冲突引发的事故		
		B-c-03	种类和饮食方式与当地饮食文化不符引发的事故		
		B-c-04	存储不当引发动物偷食或人畜冲突引发的事故		
		B-c-05	保存不当导致腐败变质引发的事故		
		B-c-06	烹饪不当导致营养不能满足需要引发的事故		
		B-c-07	烹饪不当导致食用后中毒或身体不适引发的事故		
		B-c-08	误食有毒野菜、野果引发的事故		
		B-c-09	食量与活动需要不符引发的事故		
		B-c-10	属于假冒伪劣产品引发的事故		
		B-c-11	不符合相关卫生标准引发的事故		
		B-c-12	缺乏应急食品引发的事故		
	水源（B-d）	B-d-01	水源位置不合理引发的事故		
		B-d-02	水源量少、单一不能满足需要引发的事故		
		B-d-03	水源分布与营地分布不相符引发的事故		
		B-d-04	水质不符合相关规定引发的事故		
		B-d-05	水源易遭破坏与污染引发的事故		
		B-d-06	水源为动物水源无法保证水质引发的事故		
		B-d-07	水源取水困难引发的事故		
		B-d-08	饮用方式不当导致供应不足引发的事故		
	动植物（B-e）	B-e-01	野生动物造成装备损坏引发的事故		
		B-e-02	植物划伤或者刺伤人体引发的事故		
		B-e-03	动植物引发过敏并发症引发的事故		
		B-e-04	蚊、虫、蛇叮咬中毒引发并发症		
		B-e-05	误入动物迁徙通道引发人畜冲突		
		B-e-06	处特殊期动物被扰引发人畜冲突		
		B-e-07	遭到大型野生动物袭击引发的事故		
		B-e-08	营地设施遭到大型动物破坏引发的事故		
		B-e-09	动物阻拦被迫更改计划路线引发的事故		
		B-e-10	动植物造成食品污染或短缺引发的事故		
	其他物质（B-f）	B-f-01	交通工具故障造成行程更改引发的事故		
		B-f-02	交通工具发生意外事故		
		B-f-03	交通工具不能接近事故地点影响救援引发的事故		
		B-f-04	马匹、牦牛等驮运导致装备损坏引发的事故		
		B-f-05	马匹、牦牛等驮运导致物资器材丢失引发的事故		
		B-f-06	马匹、牦牛等驮运受阻影响活动行程引发的事故		
		B-f-07	缺乏急救药品或者医疗器械引发的事故		

续表 3-5

风险源	类别	编号	风险	存在	不存在
C 类环境	基地线路（C-a）	C-a-01	线路复杂、难度高超过人类能力范围引发的事故		
		C-a-02	基地、线路设计（选择）不合理引发的事故		
		C-a-03	基地、线路缺乏应急救援基础设施引发的事故		
		C-a-04	基地、线路容量小造成拥堵或者踩踏引发的事故		
		C-a-05	基地、线路遭人为或地质灾害破坏引发的事故		
		C-a-06	线路有新变化导致无法辨识引发的事故		
		C-a-07	基地、线路自然恢复能力差引发的事故		
		C-a-08	线路位于或涉及军事、地区热点等区域引发的事故		
	地形地貌（C-b）	C-b-01	活动环境处于地质灾害频发区引发的事故		
		C-b-02	地形变化快增加不可控因素引发的事故		
		C-b-03	地貌地形特殊非人力可以通过引发的事故		
		C-b-04	地形地貌本身具有危险因素引发的事故		
		C-b-05	误用装备或人为破坏引发地质灾害引发的事故		
		C-b-06	地形地貌不能满足户外项目需要引发的事故		
	气象条件（C-c）	C-c-01	天气变化引起地质灾害引发的事故		
		C-c-02	高温、热浪、暴风雨、雷电等气象灾害引发的事故		
		C-c-03	气象变化造成线路或环境变化引发的事故		
		C-c-04	天气变化造成活动难度增加引发的事故		
		C-c-05	气象变化加大救援难度引发的事故		
	制度管理（C-d）	C-d-01	高校监管户外社团违规行为效果不佳引发的事故		
		C-d-02	户外目的地管理缺位无法约束违规行为引发的事故		
		C-d-03	高校管理不严导致不够资质的社团获批引发的事故		
		C-d-04	公共救援体系欠缺造成紧急事故后果加重		
		C-d-05	高校户外运动风险管理制度不健全引发的事故		
		C-d-06	高校相关部门学生户外运动安全教育不够引发的事故		
		C-d-07	高校缺乏学生自发户外活动的管理制度引发的事故		
	其他（C-e）	C-e-01	目的地政治环境变化引发的事故		
		C-e-02	突发环境污染事件引发的事故		
		C-e-03	突发卫生医疗事件引发的事故		
		C-e-04	目的地生态环境承载量不足引发的事故		
		C-e-05	超越人类生理和心理极限引发的事故		
		C-e-06	目的地社会治安混乱引发的事故		

续表 3-5

风险源	类别	编号	风险	存在	不存在
D 类其他		D-01 D-02 D-03 D-04 D-05 D-06 D-07	文化冲突影响活动实施引发的事故 不当行为引发舆论危机导致活动终止引发的事故 高校户外社团不理智的攀比行为引发的事故 无法预计的其他偶发情况 户外运动特有不可避免的风险性引发的事故 户外运动参与者突发无征兆疾病 运动性猝死		

4 高校户外运动风险评估

通过前几章对高校户外运动风险事故、风险源、风险因素等内容的识别，不难发现在高校户外运动中存在各种各样的潜在风险。事实上，任何领域都是如此，必定存在各种各样的潜在风险因素，也存在发生各种风险的可能，而且每种风险的发生概率、后果损失程度、损失的分布等情况各不相同，要提高风险管理效率和效益，就必须有针对性地对不同的风险采取有区别的风险应对策略，以达到规避、减缓或转移风险的目的。如何做到有效选择实施不同的风险应对策略，其关键在于以科学的风险评估结果为依据。

风险评估又称为风险衡量、风险量化，在风险管理程序中处于风险识别与风险应对之间，是风险管理的关键环节之一。通过合适的工具和方法，对高校户外运动风险进行评估，可以实现对各种高校户外运动风险的分析定量化。高校户外运动风险的发生概率、损失严重程度的大小和损失分布情况的获取，能为高校户外运动风险管理者选择最佳的风险管理技术，有针对性制定科学有效的风险应对决策，提供直观可靠的依据。因此，风险评估既是对风险识别的深化，也是选择和实施风险应对策略的依据。

4.1 一般风险评估的基本理论与方法

4.1.1 风险评估概述

通过查阅分析风险管理、风险评估等专业书籍资料发现，目前学界关于风险评估的概念界定有多种。例如马丽华、周灿[57]提出，风险评估是对识别出的某一特定风险的性质、发生可能性及可能造成的后果损失进行估算和测量；刘钧[39]认为，风险评估的本质就是运用概率论和数理统计的方法估计某一特定或者几个风险事故发生的损失概率和损失程度，他还强调“风险衡量应以分析以往损失资料为基础，风险评估结果是选择风险管理技术的依据”；陈全[80]认为，风险评价是对潜在风险进行评估，对现有控制措施综合考虑，确定潜在风险是否可以接受的过程。还有许多学者对“风险评估”的概念作出了界定，虽在表述上有所不同，但在内涵上与上述概念大同小异，基本一致。上述学者关于“风险评估”的定义共同表述了5点内涵：（1）风险评估的内容有两点，一是估算潜在风险的发生概率，二是测量风险事故预计的损失程度；（2）风险评估应是一种定量化分析，主要方法是概率论和数理统计；（3）风险评估的评估对象是某一个或某几个特定的风险事故；（4）风险评估的前提是分析以往风险损失资料并识别风险，充分有效的统计数据是风险评估的重要条件；（5）风险评估的目的是为风险管理者选择风险管理技术和风险应对策略提供科学依据。

结合本书的研究对象，笔者将“高校户外运动的风险评估”界定为“通过对以往高校户外运动风险事故损失资料分析，在识别风险源和风险因素的基础上，运用概率论、数理统计等合适的定量分析方法对某一种或某几种户外运动风险事故的发生概率和损失程度进行估算和测量”。需要提出的是，运用概率论和数理统计方法进行测算概率和损失程度，必须以详实、充分、有效的高校户外运动风险事故统计数据为前提和基础。

4.1.2　风险评估的基本方法

目前，风险评估的常用方法有层次分析法（AHP）、模糊数学法、蒙特卡罗法（Monte-Carlo）、计划评审技术（PERT）、列表排序法、矩阵分析法等，但高校户外运动类似于安全生产和项目生产，风险一旦发生通常只存在受损而没有获利的可能（区别于投资、保险等领域），显然通用的风险评估方法不一定适合于衡量、估算和量化高校户外运动风险，因此本书不作一一赘述。

本书研究的主要目的之一是为高校户外运动从业者、参与者及研究者提供各类风险因素引发风险事故的概率（及排序）、各类户外运动风险事故的发生概率及各类户外运动风险事故发生后的后果程度，为他们的教学、训练、研究等实际工作提供指导和借鉴。无论是对风险的主观认识的深度和广度，还是对风险客观的量化分析的精度，笔者认为均存在无法逾越的局限性，因此为了尽可能精确、有效地对上述内容进行估测和量化，笔者在比较分析的基础上选择采用帕累托分析法、层次分析法与列表排序法和矩阵图法对高校户外运动风险进行综合评估。其中，帕累托分析法用于对所有风险因素主次排序和分析，以明确各风险因素条目的重要性程度；层次分析法用于对人员、物质、环境及其他方面等4个大类风险因素，以及各大类所属各小类风险因素对引发高校户外运动风险的概率进行评估，并以量化计算结果作为对帕累托分析结果的部分（小类风险因素）验证；列表排序法和矩阵图法以风险量大小为标准，对识别出的所有高校户外运动风险因素按照“严重程度大可能性大、严重程度大可能性小、严重程度小可能性小、严重程度小可能性大”等4种类型进行分类，并根据风险发生的可能性和后果程度的严重性量值对应画出风险矩阵图并标出在坐标中的位置，一一对应高度优先、做好准备、定期评估、日常监控4种风险因素处理的优先级别，由此完成对各类高校户外运动风险因素条目的分类评估，作为帕累托分析的补充。

在本书中，帕累托分析法的使用主要着重于风险因素引发风险事故的可能性，但基于事实案例的分析能够体现分析结果的客观性；列表排序法和矩阵图法虽兼顾了可能性和严重性两维标准，但偏主观；基于系统分析的层次分析法也存在定性成分居多的不足之处。为了克服各种评估方法的劣势和不足，本书将3类评估、4种方法综合运用，以求尽可能确保研究结果的科学性。从规避高校户外运动风险而言，主要关注发生频率的帕累托分析结果有利于风险管理者清晰掌控各类风险因素引发事故的概率，对高校有效实施户外运动风险管理最具参考价值；从考虑风险应对的策略选择问题来说，兼顾风险发生可能性和后果程度严重性的列表排序法-风险矩阵图法能为高校户外运动风险管理者提供具体的风险应对策略的选择依据，由此对规避、减缓、转移风险的策略选择最具有借鉴意义。

4.2 基于帕累托分析法的高校户外运动风险评估

4.2.1 帕累托分析法介绍

帕累托分析法又称排列图法、ABC分析图法，最早由意大利经济学家帕累托在分析社会财富的分布情况时提出。该方法的基本原理是“关键的少数和一般的多数”，即少数人占有多数的财富并左右控制国家的经济命脉，多数人却只占有少数的财富，这一关系用图表示就是著名的帕累托图。在项目风险管理中，进行风险控制和应对需要投入成本，要考虑投入产出的后果问题，即应该合理运用有限的资源，以最小成本获得最优的风险管理后果。帕累托分析法正是通过分析风险因素的构成情况，运用数理统计方法对风险因素进行排序，从而查找出项目活动的主要风险因素、次要风险因素和一般风险因素，以便风险管理者有效把握风险监控的重点和对风险进行控制，从而有效提高风险管理水平。

4.2.2 高校户外运动安全风险的帕累托分析评估

决定一个事物的因素有多种类型，仅凭基于个人经验的主观定性分析无法确定各因素分别对事物影响作用的大小。与一般定性分析方法不同，帕累托分析法的精髓在于通过计算，在事物的众多影响因素中识别出关键因素（即数量所占比例较少但对事物发挥决定作用的因素）和次要因素（即数量所占比例较多但对事物影响不大的因素）[81]。目前，帕累托分析法已经广泛应用于各行各业，并取得了较好的效果。结合前期专家访谈信息和事故案例分析结果显示，高校户外运动风险事故的引发诱因也表现在多个方面，其中有些因素对事故发生起关键影响作用，有些因素的影响作用则相对较小。因此，本书也引入该方法研究各类引发高校户外运动风险事故的风险因素的主次排序问题。具体到本研究，运用帕累托分析法，应按照如下基本步骤。

(1) 搜集数据。确定构成某一问题的因素指标，多渠道搜集相应的特征数据。分析评估高校户外运动风险，应搜集各种风险因素条件下事故发生的频数。

(2) 计算整理。按要求计算所搜集的数据，包括计算在各种风险因素条件下发生的高校户外运动风险事故所占的百分比、按百分比大小对风险因素排序、计算累加百分比。

(3) 根据一定标准对高校户外运动风险因素进行分类，并列出分析表。在对各种类型风险因素进行分类时，可将其划分为A、B、C 3类。其中，累加百分比为0%~80%的部分划分为A类；80%~90%的部分划分为B类；90%~100%的部分划分为C类。

(4) 绘制帕累托分析图。以所要分析的风险因素为横坐标，累加百分比为纵坐标，按累加百分比表中所列的对应关系，分别在图中取点，并联结各点成曲线，绘制成帕累托分析图。

4.2.2.1 高校户外运动风险事故类型的帕累托分析评估

以导致风险事故的直接原因为分类标准，高校户外运动风险主要分为人员因素引发的事故（Ⅰ类）、物质因素引发的事故（Ⅱ类）、环境因素引发的事故（Ⅲ类）及其他因素引发的事故（Ⅳ类）4大类和16小类，每种风险类型的发生频数及其所占百分比见表4-1。

表4-1 高校户外运动风险事故类型频数统计表

事故类型	Ⅰ-1	Ⅰ-2	Ⅰ-3	Ⅰ-4	Ⅱ-1	Ⅱ-2
频数	5	4	75	5	4	5
比重/%	3.33	2.67	50.00	3.33	2.67	3.33
事故类型	Ⅱ-3	Ⅱ-4	Ⅱ-5	Ⅱ-6	Ⅲ-1	Ⅲ-2
频数	5	0	6	1	3	4
比重/%	3.33	0	4.00	0.67	2.00	2.67
事故类型	Ⅲ-3	Ⅲ-4	Ⅲ-5	Ⅳ		
频数	26	0	5	2		
比重/%	17.33	0	3.33	1.33		

根据高校户外运动风险事故类型频数统计表（见表4-1）和风险事故类型示意图（见图4-1），可以绘制出高校户外运动事故类型的累加百分比表（见表4-2），该表用图表示就是高校户外运动风险类型的帕累托图，如图4-2所示。

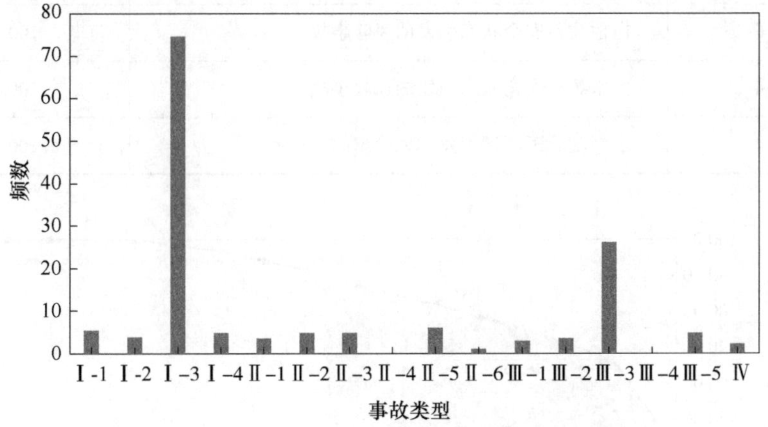

图4-1 高校户外运动风险事故类型频数示意图

表4-2 高校户外运动事故类型累加百分比表

代码	事故类型	累加百分比/%
Ⅰ-3	由学生相关因素引发的风险事故	50.00
Ⅲ-3	由气象条件因素引发的风险事故	67.33
Ⅱ-5	由动植物不安全状态引发的风险事故	71.33
Ⅰ-1	由教师相关因素引发的风险事故	74.66
Ⅰ-4	由他人相关因素引发的风险事故	77.99
Ⅱ-2	由器材装备不安全状态引发的风险事故	81.32
Ⅱ-3	由食物不安全状态引发的风险事故	84.65
Ⅲ-5	由其他环境因素引发的风险事故	87.98
Ⅰ-2	由社团负责人相关因素引发的风险事故	90.65
Ⅱ-1	由场地设施不安全状态引发的风险事故	93.32
Ⅲ-2	由地形地貌因素引发的风险事故	95.99
Ⅲ-1	由基地线路因素引发的风险事故	97.99

续表 4-2

代码	事故类型	累加百分比/%
Ⅳ	由其他因素引发的风险事故	99.32
Ⅱ-6	由他物不安全状态引发的风险事故	100.00
Ⅱ-4	由水源不安全状态引发的风险事故	100.00
Ⅲ-4	由制度管理因素引发的风险事故	100.00

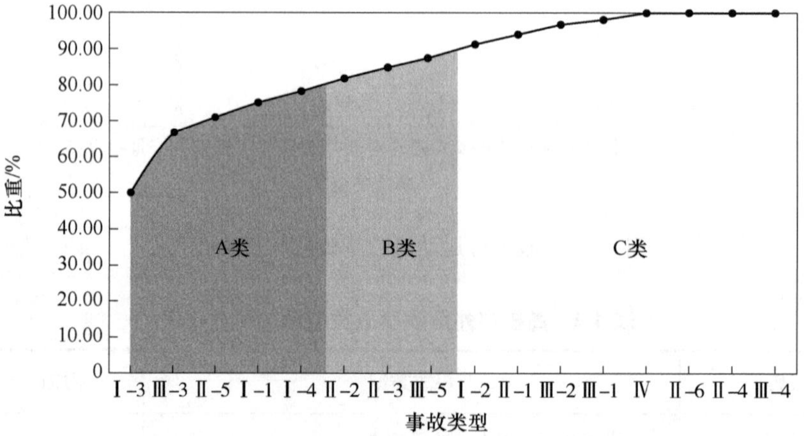

图 4-2 高校户外运动风险事故类型的帕累托图

根据上面的帕累托分析图，可将各种事故类型划分为 A、B、C 类，具体分类是：累加百分比为 0%～80%的部分划分为 A 类（深灰色区域），即关键类；80%～90%的部分划分为 B 类（浅灰色区域）；其余部分划分为 C 类（见表 4-3）。

表 4-3 高校户外运动事故类型分析表

划分类别	A 类	B 类	C 类
事故类型	学生引发的事故 气象引发的事故 动植物引发的事故 教师引发的事故 他人引发的事故	器材装备引发的事故 食物引发的事故 其他环境因素引发的事故	社团负责人引发的事故 场地设施引发的事故 地形地貌引发的事故 基地线路引发的事故 其他因素引发的事故 他物引发的事故 水源引发的事故 制度管理引发的事故

4.2.2.2 高校户外运动风险因素类型的帕累托分析评估

通过对所搜集150个事故案例进行分析，分别将每个案例存在的风险因素汇总归类，形成高校户外运动风险因素类型统计表（见表4-4）和示意图（见图4-3）。

表4-4 高校户外运动风险因素类型统计表

风险因素	A-a	A-b	A-c	A-d	B-a	B-b	B-c	B-d
频数	50	26	134	8	10	16	4	0
比重/%	14.79	7.69	39.64	2.37	2.96	4.73	1.18	0
风险因素	B-e	B-f	C-a	C-b	C-c	C-d	C-e	D
频数	6	0	19	21	27	11	2	4
比重/%	1.78	0	5.62	6.21	7.99	3.25	0.59	1.18

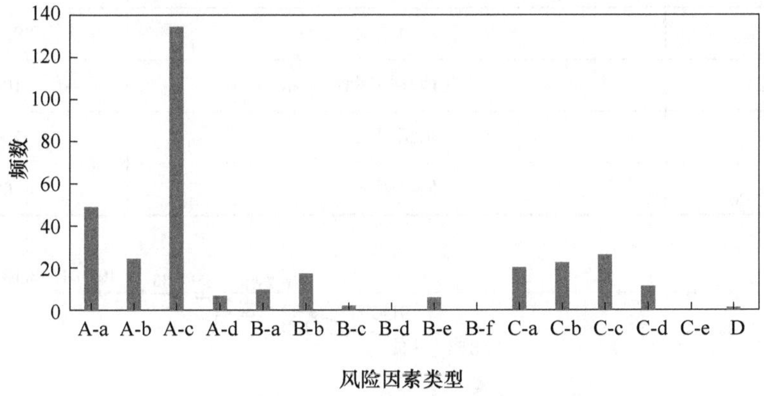

图4-3 高校户外运动风险因素类型示意图

根据高校户外运动风险因素类型统计表，绘制高校户外运动风险因素类型的累加百分比表（见表4-5），并转化为高校户外运动风险因素类型的帕累托分析图，如图4-4所示。

表4-5 高校户外运动风险因素类型累加百分比表

代码	风险因素类型	累加百分比/%
A-c	学生因素	39.64

续表 4-5

代码	风险因素类型	累加百分比/%
A-a	教师因素	54. 43
C-c	气象条件因素	62. 42
A-b	社团负责人因素	70. 11
C-b	地形地貌因素	76. 32
C-a	基地线路因素	81. 94
B-b	器材装备因素	86. 67
C-d	制度管理因素	89. 92
B-a	场地设施因素	92. 88
A-d	其他人因素	95. 25
B-e	动植物因素	97. 03
B-c	食物因素	98. 21
D	其他因素	99. 39
C-e	其他环境因素	100
B-d	水源因素	100
B-f	他物因素	100

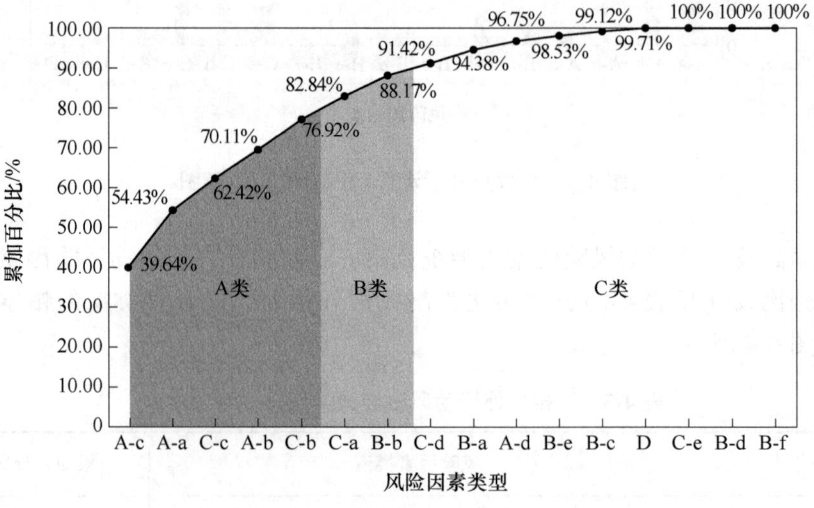

图 4-4 高校户外运动风险因素类型的帕累托分析图

根据“高校户外运动风险因素类型的帕累托分析图”（见图 4-4），可对高校户外运动的各类风险因素按照 A 类（0%~80%，深灰色区域）、B 类（80%~90%，浅灰色区域）、C 类（90%~100%）3 大类进行分类，结果见表 4-6。从分析表可清楚看出：A-c 学生因素、A-a 教师因素、C-c 气象条件因素、A-b 社团负责人因素、C-b 地形地貌因素是高校户外运动的主要风险因素；C-a 基地线路因素、B-b 器材装备因素、C-d 制度管理因素是高校户外运动的次要风险因素；B-a、A-d、B-e、B-c、D、C-e、B-d、B-f 则是高校户外运动的一般风险因素。

表 4-6　高校户外运动风险因素类型分析表

划分类别	A 类	B 类	C 类
因素类型	A-c A-a C-c A-b C-b	C-a B-b C-d	B-a　D A-d　C-e B-e　B-d B-c　B-f

4.2.3　高校户外运动主要风险因素的具体分析评估

上述分析虽使我们对高校户外运动风险因素的重要程度有了一定的了解，但仍有必要运用帕累托分析法，进一步对每小类风险因素的具体条目的主次程度进行逐一分析。参考其他行业风险管理者使用帕累托分析法的通用做法，笔者仅对处于 A 部分（主要、重要）和 B 部分（次要、较重要）的风险因素的具体条目进行主次分析。

4.2.3.1　A-c 类高校户外运动风险因素的帕累托分析评估

在 150 个案例中，A-c 类（学生类）因素在每一个案例的发生原因中，均或多或少、或轻或重有所体现，总频数所占比例也超过了三分之一，这与诸多专家、高校户外运动一线教师的信息反馈高度一致。由此可见，在高校户外运动的风险因素中要突出强调学生的重要性，加强对学生的安全教育和安全管理。为尽量避免因 A-c 类风险因素导致高校户外运动风险事故的发生，本书首先对其进行具体分析。

关于学生的高校户外运动风险因素条目多达 21 条，表 4-7 分别列出了 21 个风险因素条目的发生频数和所占比重，然后借助示意图（见图 4-5）清晰呈现。

表 4-7 A-c 类高校户外运动风险因素条目统计表

因素条目	A-c(1)-01	A-c(1)-02	A-c(1)-03	A-c(1)-04	A-c(2)-01	A-c(2)-02	A-c(2)-03
频数	51	53	45	26	36	16	71
比重/%	11.135	11.572	9.825	5.677	7.861	3.493	15.502
因素条目	A-c(2)-04	A-c(2)-05	A-c(2)-06	A-c(2)-07	A-c(2)-08	A-c(2)-09	A-c(3)-01
频数	0	23	9	3	3	3	4
比重/%	0	5.022	1.965	0.655	0.655	0.655	0.873
因素条目	A-c(3)-02	A-c(3)-03	A-c(3)-04	A-c(4)-01	A-c(4)-02	A-c(4)-03	A-c(4)-04
频数	24	2	20	42	2	3	22
比重/%	5.24	0.437	4.367	9.171	0.437	0.655	4.803

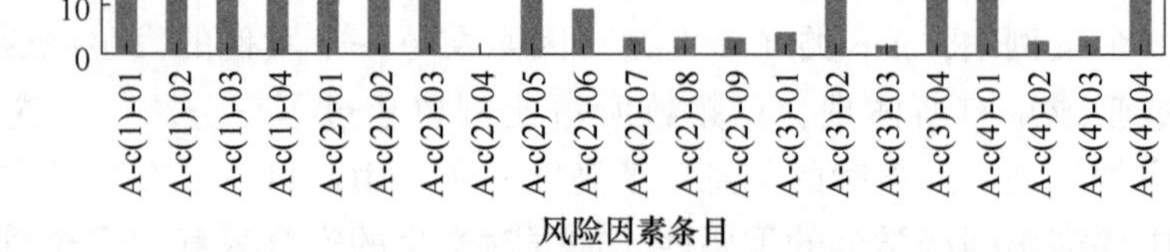

图 4-5 A-c 类高校户外运动风险因素条目频数示意图

根据表 4-7 所列的具体风险条目频数占比大小依次排序，并将百分比依次累加，形成“A-c 类高校户外运动风险因素条目累加百分比表（见表 4-8）”，然后再据此绘制 A-c 类高校户外运动风险因素条目的帕累托分析图，如图 4-6 所示。

表 4-8 A-c 类高校户外运动风险因素条目累加百分比表

因素条目	累加百分比/%	因素条目	累加百分比/%	因素条目	累加百分比/%
A-c(2)-03	15.50	A-c(3)-02	75.99	A-c(2)-07	97.17
A-c(1)-02	27.07	A-c(2)-05	81.01	A-c(2)-08	97.83
A-c(1)-01	38.21	A-c(3)-04	85.81	A-c(2)-09	98.49
A-c(1)-03	48.04	A-c(4)-04	90.18	A-c(4)-03	99.15
A-c(4)-01	57.21	A-c(2)-02	93.67	A-c(3)-03	99.59
A-c(2)-01	65.07	A-c(2)-06	95.64	A-c(4)-02	100
A-c(1)-04	70.75	A-c(3)-01	96.51	A-c(2)-04	100

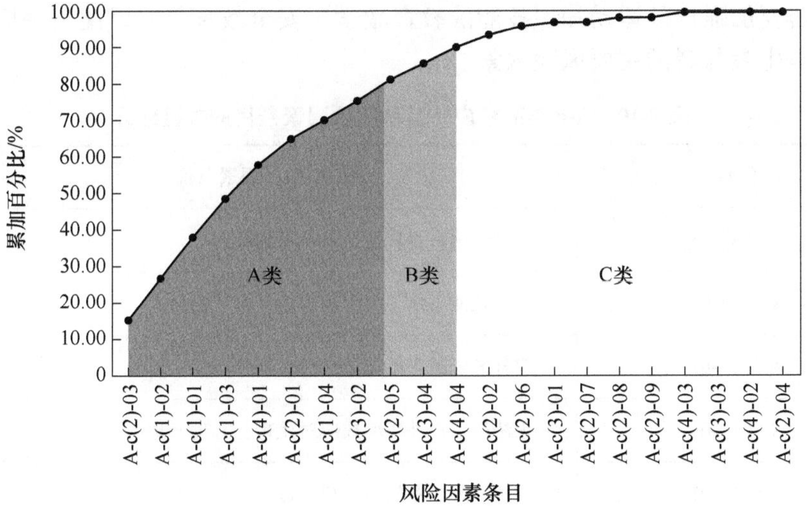

图 4-6 A-c 类高校户外运动风险因素条目的帕累托分析图

结合帕累托分析图不难看出，图 4-6 中深灰色区域为 A 类的主要风险因素，浅灰色区域为 B 类的次要风险因素，其他区域为 C 类的一般风险因素，具体风险因素条目的分类情况见表 4-9。

表 4-9 A-c 类高校户外运动风险因素条目分析表

划分类别	A 类	B 类	C 类
风险因素条目	A-c(2)-03 A-c(4)-01 A-c(1)-02 A-c(2)-01 A-c(1)-01 A-c(1)-04 A-c(1)-03 A-c(3)-02	A-c(2)-05 A-c(3)-04	A-c(4)-04 A-c(2)-09 A-c(2)-02 A-c(4)-03 A-c(2)-06 A-c(3)-03 A-c(3)-01 A-c(4)-02 A-c(2)-07 A-c(2)-04 A-c(2)-08

在表 4-9 中，A 类因素是本类高校户外运动风险因素的关键因素和主要矛盾。见表 4-10，“过度自信盲目冒险，安全意识薄弱”“户外技能不熟、技术动作不规范或错误”“户外知识匮乏不能胜任活动任务”分别排在学生相关因素的前 3 位，是由学生引发户外运动风险事故最常见的因素，既验证了“大学生户外风险意识薄弱”的专家观点，也充分说明了户外运动是一门综合学问，需要学生在参与活动前掌握户外运动项目及环境等相关知识技能。排在第 4～第 8 位的关键因素，大多同样来自学生对户外环境、户外经验、户外装备等方面的认知和掌握情况。由此可见，在风险管理资源条件有限的情况下，高校户外运动风险管理者首先需要加强户外运动知识技能的教育教学、安全教育等，以此着手应对和防范来自学生参与者的主要风险因素。

表 4-10 A-c 类高校户外运动风险因素条目的关键部分

代码	风险因素条目
A-c(2)-03	过度自信盲目冒险，安全意识薄弱
A-c(1)-02	户外技能不熟、技术动作不规范或错误
A-c(1)-01	户外知识匮乏不能胜任活动任务
A-c(1)-03	无法辨识户外环境或应对生理、心理变化
A-c(4)-01	准备不足，贸然参加户外运动
A-c(2)-01	知识经验不足无法识别判断风险
A-c(1)-04	不了解装备性能及方法而操作不当
A-c(3)-02	身体不适或体力不符合户外活动要求

4.2.3.2 A-a 类高校户外运动风险因素的帕累托分析评估

A-a 类教师因素在高校户外运动风险因素中排在第 2 位，说明了教师在高风险的高校户外运动中的重要性。几乎在所有的高校户外运动活动中，教师都发挥着至关重要的主导作用，即便是学生自发组织的户外运动活动，教师在对学生的户外运动安全教育方面仍承担不可推卸的责任和义务。可见，教师的重要性不仅只是体现在活动过程当中，而且在活动开展前后均有体现。笔者参考文献资料和专家意见设计了 24 条与教师相关的风险条目，对各风险因素条目发生频数及所占比例进行了分别统计（见表 4-11），绘制了示意图，如图 4-7 所示。

表 4-11 A-a 类高校户外运动风险因素条目统计表

因素条目	A-a(1)-01	A-a(1)-02	A-a(1)-03	A-a(1)-04	A-a(1)-05	A-a(1)-06
频数	1	12	3	4	3	0
比重/%	0.98	11.77	2.94	3.92	2.94	0
因素条目	A-a(1)-07	A-a(1)-08	A-a(2)-01	A-a(2)-02	A-a(2)-03	A-a(2)-04
频数	1	1	11	10	8	8
比重/%	0.98	0.98	10.79	9.8	7.84	7.84
因素条目	A-a(2)-05	A-a(2)-06	A-a(3)-01	A-a(3)-02	A-a(3)-03	A-a(3)-04
频数	0	0	5	19	4	0
比重/%	0	0	4.9	18.63	3.92	0
因素条目	A-a(3)-05	A-a(3)-06	A-a(3)-07	A-a(4)-01	A-a(4)-02	A-a(4)-03
频数	0	2	10	0	0	0
比重/%	0	1.96	9.8	0	0	0

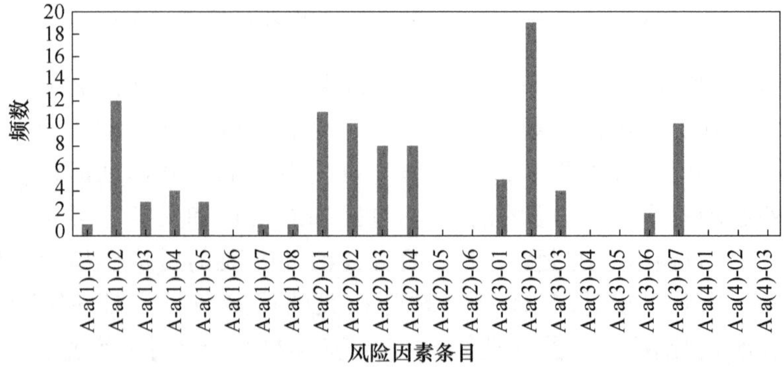

图 4-7　A-a 类高校户外运动风险因素条目频数示意图

根据教师相关风险因素条目占比大小依次排序并累加百分比，绘制出累加百分比表（见表 4-12），进一步绘制出帕累托图，如图 4-8 所示。

表 4-12　A-a 类高校户外运动风险因素条目累加百分比表

因素条目	累加百分比/%	因素条目	累加百分比/%	因素条目	累加百分比/%
A-a(3)-02	18.63	A-a(1)-04	85.29	A-a(1)-06	100.00
A-a(1)-02	30.40	A-a(3)-03	89.21	A-a(2)-05	100.00
A-a(2)-01	41.19	A-a(1)-03	92.15	A-a(2)-06	100.00
A-a(2)-02	50.99	A-a(1)-05	95.09	A-a(3)-04	100.00
A-a(3)-07	60.79	A-a(3)-06	97.05	A-a(3)-05	100.00
A-a(2)-03	68.63	A-a(1)-01	98.03	A-a(4)-01	100.00
A-a(2)-04	76.47	A-a(1)-07	99.01	A-a(4)-02	100.00
A-a(3)-01	81.37	A-a(1)-08	100.00	A-a(4)-03	100.00

根据上面的帕累托分析图，可对关于教师的各种类型高校户外运动风险因素条目进行分类，将其划分为 A 类（深灰色区域）、B 类（浅灰色区域）、C 类 3 类，见表 4-13。其中，A 部分因素是 A-a 类高校户外运动风险因素的关键部分。“缺乏对学生危险行为的监管”“无法维持良好的户外运动教学秩序”“户外运动

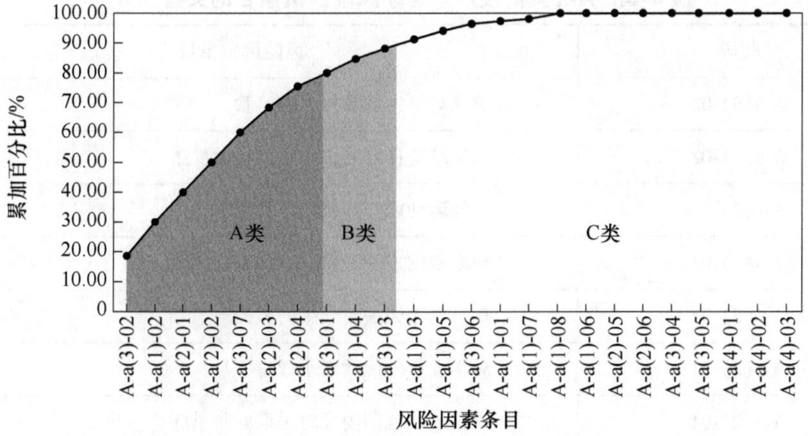

图 4-8 A-a 类高校户外运动风险因素条目的帕累托分析图

风险预判防范意识薄弱”列在教师相关因素条目的前 3 位，见表 4-14，说明当前教师的户外运动风险意识还有待加强。结合工作实际，笔者发现该分析结果反映了当前我国高校开展户外运动课程、活动存在教师配备不足的实情。虽然许多高校通行做法是师生比为 1∶8~1∶10，即按“8 至 10 名学生配备 1 名教师”的比例组织教学团队。但事实上，因在野外开放环境中，教师大多将注意力放至正在进行项目的学生（风险更高）身上，而较少顾及其他学生是否处于危险环境或者是否存在危险行为。其余 4 个风险条目与教师的风险意识、责任感等相关，也直接关系到学生在高校户外运动中的人身安全问题。综上所述，与教师相关的风险因素条目很多，风险管理者应该首先从上述 8 个关键风险因素条目进行干预，以利于教师有效发挥主导作用，从教师角度在一定程度上确保高校户外运动的安全有序进行。

表 4-13 A-a 高校户外运动风险因素条目分析表

划分类别	A 类	B 类	C 类
风险因素条目	A-a(3)-02 A-a(1)-02 A-a(2)-01 A-a(2)-02 A-a(3)-07 A-a(2)-03 A-a(2)-04	A-a(3)-01 A-a(1)-04 A-a(3)-03	A-a(1)-03 A-a(2)-05 A-a(1)-05 A-a(2)-06 A-a(3)-06 A-a(3)-04 A-a(1)-01 A-a(3)-05 A-a(1)-07 A-a(4)-01 A-a(1)-08 A-a(4)-02 A-a(1)-06 A-a(4)-03

表 4-14 A-a 类高校户外运动风险因素条目的关键部分

代码	风险因素条目
A-a(3)-02	缺乏对学生危险行为的监管
A-a(1)-02	无法维持良好的户外运动教学秩序
A-a(2)-01	户外运动风险预判防范意识薄弱
A-a(2)-02	缺乏常见户外风险识别知识和经验
A-a(3)-07	擅自离岗失去对学生的监控
A-a(2)-03	对学生户外运动安全教育不足
A-a(2)-04	未在活动范围内及时采取安防措施

4.2.3.3 C-c 类高校户外运动风险因素的帕累托分析评估

环境是指围绕某一事物并对该事物会产生某些影响的所有外界事物。人类一切行为都存在于一定的环境之中，都会受到来自其他事物各种因素的影响，包括生产安全风险管理、项目风险管理等较为特殊的实践活动。高校户外运动的实施同样受到各种环境因素的制约和影响，但其具有一定的特征，首先表现在气象环境。关于 C-c 类气象条件因素，本书归纳提炼了 5 个风险因素条目，其发生频数和百分比见表 4-15，图 4-9 是频数示意图。

表 4-15 C-c 类高校户外运动风险因素条目统计表

因素条目	C-c-01	C-c-02	C-c-03	C-c-04	C-c-05
频数	4	6	7	13	1
比重/%	12. 90	19. 35	22. 58	41. 94	3. 23

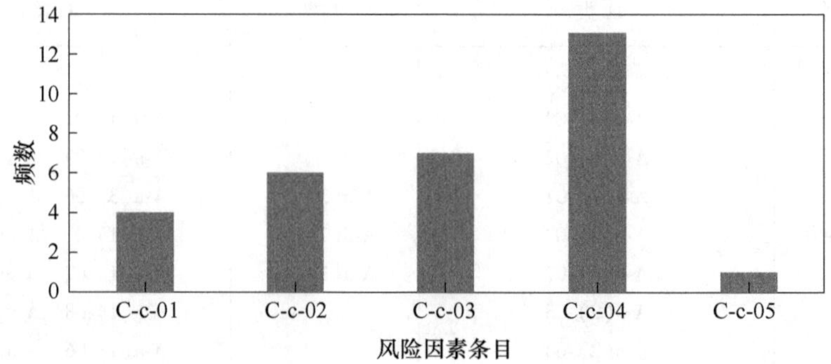

图 4-9 C-c 类高校户外运动风险因素条目频数示意图

根据C-c类气象条件因素相关条目占比大小，依次排序并累加百分比，绘制出累加百分比表（见表4-16），进一步绘制出帕累托图，如图4-10所示。

表4-16 C-c类高校户外运动风险因素条目累加百分比表

代码	累加百分比/%
C-c-04	41.94
C-c-03	64.52
C-c-02	83.87
C-c-01	96.77
C-c-05	100.00

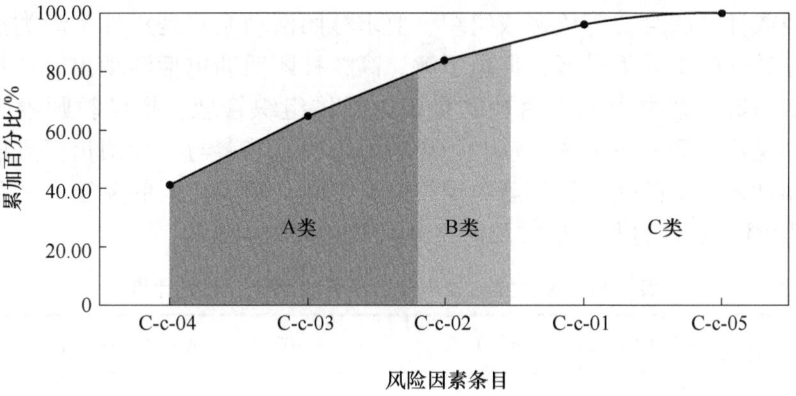

图4-10 C-c类高校户外运动风险因素条目的帕累托分析图

根据上面的帕累托分析图，可对C-c类气象条件风险因素进行A类（深灰色区域）、B类（浅灰色区域）、C类3种分类（见表4-17），其中A类因素是C-c类高校户外运动风险因素条目的关键部分（见表4-18），“天气变化造成活动难度增加”“气象或地质灾害造成线路或环境变化”两个条目因素在其他安全生产或者学校体育活动中几乎不可能发生，但在户外运动中十分常见，比如雨雪造成线路湿滑、起雾影响方向辨识、洪水冲毁线路等，而且这些因素通常导致的风险事故的后果也较严重，因此上述两个条目因素是气象环境因素中首先需要重点防范的高校户外运动风险因素。

表 4-17 C-c 类高校户外运动风险因素条目分析表

划分类别	A 类	B 类	C 类
风险因素条目	C-c-04 C-c-03	C-c-02	C-c-01 C-c-05

表 4-18 C-c 类高校户外运动风险因素条目的关键部分

代码	风险因素条目
C-c-04	天气变化造成活动难度增加
C-c-03	气象变化造成线路或环境变化

4.2.3.4 A-b 类高校户外运动风险因素的帕累托分析评估

本书中的“社团负责人”特指高校户外运动社团活动的具体负责人。尽管高校团委或社团联合会等机构或组织，要求社团活动尤其是户外运动类活动必须要在指导教师的指导下进行，但据了解，高校社团活动包括活动内容选择、计划制定和实施等，基本上完全由社团负责人具体组织管理，指导教师极少详细过问，尤其是户外运动一类的活动，指导教师极少直接参与，社团负责人成为高校户外运动社团活动的实际管理者。通过分析汇总，笔者所列的关于社团负责人的15 个风险因素条目的发生频数及占比见表 4-19 和图 4-11。

表 4-19 A-b 类高校户外运动风险因素条目统计表

因素条目	A-b(1)-01	A-b(1)-02	A-b(1)-03	A-b(1)-04	A-b(1)-05
频数	17	8	5	4	0
比重/%	18.68	8.79	5.49	4.40	0
因素条目	A-b(1)-06	A-b(2)-01	A-b(2)-02	A-b(2)-03	A-b(2)-04
频数	0	17	13	9	9
比重/%	0	18.68	14.29	9.89	9.89
因素条目	A-b(2)-05	A-a(2)-06	A-b(3)-01	A-b(3)-02	A-b(3)-03
频数	6	0	2	1	0
比重/%	6.59	0	2.20	1.10	0

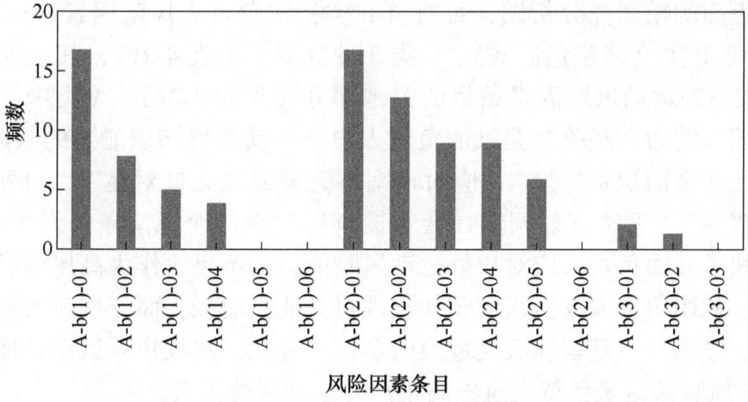

图 4-11 A-b 类高校户外运动风险因素条目频数示意图

根据 A-b 类社团负责人相关风险因素条目占比大小，依次排序并累加百分比，绘制出累加百分比表（见表 4-20），进一步绘制出帕累托分析图，如图 4-12 所示。

表 4-20 A-b 类高校户外运动风险因素条目累加百分比表

因素条目	累加百分比/%	因素条目	累加百分比/%	因素条目	累加百分比/%
A-b(1)-01	18.68	A-b(1)-02	80.22	A-b(3)-02	100.00
A-b(2)-01	37.36	A-b(2)-05	86.81	A-b(1)-05	100.00
A-b(2)-02	51.65	A-b(1)-03	92.30	A-b(1)-06	100.00
A-b(2)-03	61.54	A-b(1)-04	96.70	A-b(2)-06	100.00
A-b(2)-04	71.43	A-b(3)-01	98.90	A-b(3)-03	100.00

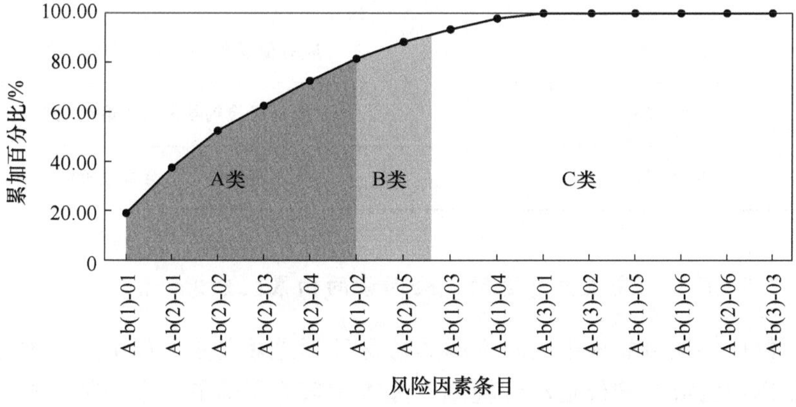

图 4-12 A-b 类高校户外运动风险因素条目的帕累托分析图

根据上面的帕累托分析图，可对 A-b 类社团负责人风险因素进行 A 类（深灰色区域）、B 类（浅灰色区域）、C 类 3 种分类（见表 4-21），其中 A 类因素是 A-b 类高校户外运动风险因素条目的关键部分（见表 4-22）。A 类中，除了“缺乏户外知识、能力和经验”是社团负责人户外运动项目知识能力的缺陷，“知识经验不足无法全面识别风险”“应对预案不充分或缺乏针对性”“户外风险判断失误决策错误”“无法有效调动社会救援资源”等 4 个风险条目发生频数较高，均普遍反映了社团负责人应对户外运动风险能力的不足。作为高风险类活动的实际组织者，社团负责人仅凭兴趣驱使忽视自身能力短板，而开展较大规模的户外运动活动，显然是不理智和极度危险的事情。显然，高校户外运动社团负责人这 5 个方面的风险条目是亟待规避的高校户外运动风险因素。

表 4-21　A-b 类高校户外运动风险因素条目分析表

划分类别	A 类	B 类	C 类
风险因素条目	A-b(1)-01 A-b(2)-01 A-b(2)-02 A-b(2)-03 A-b(2)-04	A-b(1)-02 A-b(2)-05	A-b(1)-03　A-b(1)-05 A-b(1)-04　A-b(1)-06 A-b(3)-01　A-b(2)-06 A-b(3)-02　A-b(3)-03

表 4-22　A-b 类高校户外运动风险因素条目的关键部分

代码	风险因素条目
A-b(1)-01	缺乏户外知识、能力和经验
A-b(2)-01	知识经验不足无法全面识别风险
A-b(2)-02	应对预案不充分或缺乏针对性
A-b(2)-03	户外风险判断失误决策错误
A-b(2)-04	无法有效调动社会救援资源

4.2.3.5　C-b 类高校户外运动风险因素的帕累托分析评估

因多数户外项目要利用山地资源的特殊地形地貌开展，C-b 类“地形地貌因素”也得以成为高校户外运动环境因素大类中较为特殊的一个小类。特殊的地形地貌既是户外运动开展的必要条件，但因其本身具有危险性因此也是需要重点防范的风险点。笔者根据专家意见，参考文献资料，归纳的6个风险因素条目在150个风险事故案例中的发生频数及所占比重见表4-23和图4-13。

表4-23 C-b类高校户外运动风险因素条目统计表

因素条目	C-b-01	C-b-02	C-b-03	C-b-04	C-b-05	C-b-06
频数	0	3	3	13	0	6
比重/%	0	12.00	12.00	52.00	0	24.00

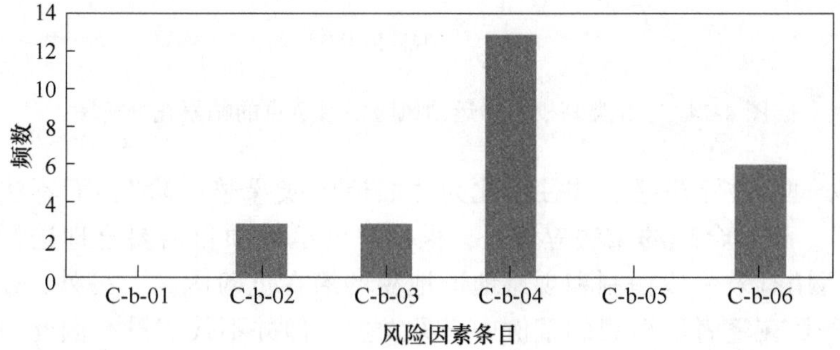

图4-13 C-b类高校户外运动风险因素条目频数示意图

根据C-b类地形地貌相关风险因素条目占比大小，依次排序并累加百分比，绘制出累加百分比表（见表4-24），进一步绘制出帕累托分析图，如图4-14所示。

表4-24 C-b类高校户外运动风险因素条目累加百分比表

因素条目	累加百分比/%	因素条目	累加百分比/%
C-b-04	52.00	C-b-03	100.00
C-b-06	76.00	C-b-01	100.00
C-b-02	88.00	C-b-05	100.00

结合上面的帕累托分析图，可对C-b类地形地貌风险因素进行A类（深灰色区域）、B类（浅灰色区域）、C类3种分类（见表4-25），其中A类因素是C-b类高校户外运动风险因素条目的关键部分（见表4-26）。“地形地貌本身具有危险因素”“地形地貌不能满足户外项目需要”两个风险因素条目辩证说明了同一个问题，即具有一定风险的地形地貌才能满足高校开展户外运动的需要，但同时这个“一定风险”能够人为控制和预防。在高校开展户外运动的实践活动中，

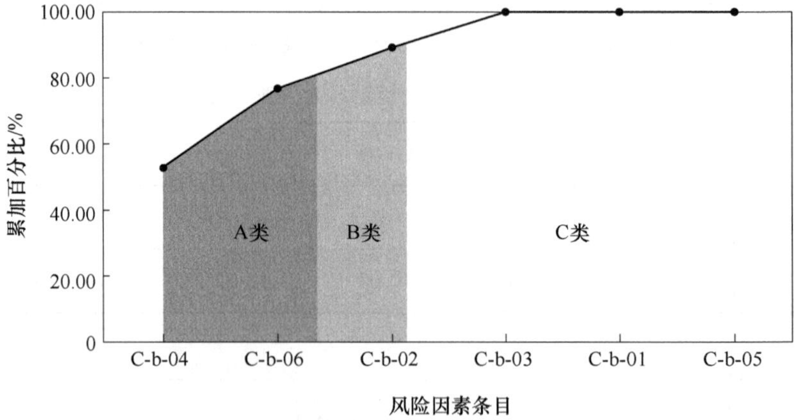

图 4-14 C-b 类高校户外运动风险因素条目的帕累托分析图

这个矛盾处理得并不理想，往往异化为片面追求或躲避“险”，而不注意防范或利用“险”。科学合理的做法应该是，根据户外运动项目需要合理选择利用地形地貌，并运用有效手段控制和规避地形地貌的潜在危险因素。另外，C 类的 3 个风险因素条目在笔者所搜集的案例中未见发生，但并不代表没有因此引发风险的可能，反倒是在高校户外运动活动中应该特别注意排查类似风险因素，避免因此发生后果严重的风险事故。

表 4-25 C-b 类高校户外运动安全风险因素条目分析表

划分类别	A 类	B 类	C 类
风险因素条目	C-b-04 C-b-06	C-b-02	C-b-03 C-b-05 C-b-01

表 4-26 C-b 类高校户外运动风险因素条目的关键部分

代码	风险因素条目
C-b-04	地形地貌本身具有危险因素
C-b-06	地形地貌不能满足户外项目需要

4.2.3.6 C-a 类高校户外运动风险因素的帕累托分析评估

高校户外运动根据教学目标和活动目的设置的户外营地和设计的户外线路，

通常对自然环境有一定要求，因此笔者将 C-a 类“基地线路因素”也列为高校户外运动的环境风险因素的一个类别，这也是影响高校户外运动安全较为特殊的一类风险因素。归纳的 8 个风险因素条目在 150 个风险事故案例中的发生频数及所占比重见表 4-27 和图 4-15。

表 4-27　C-a 类高校户外运动风险因素条目统计表

因素条目	C-a-01	C-a-02	C-a-03	C-a-04
频数	5	13	7	0
比重/%	19.23	50.00	26.92	0
因素条目	C-a-05	C-a-06	C-a-07	C-a-08
频数	0	1	0	0
比重/%	0	3.85	0	0

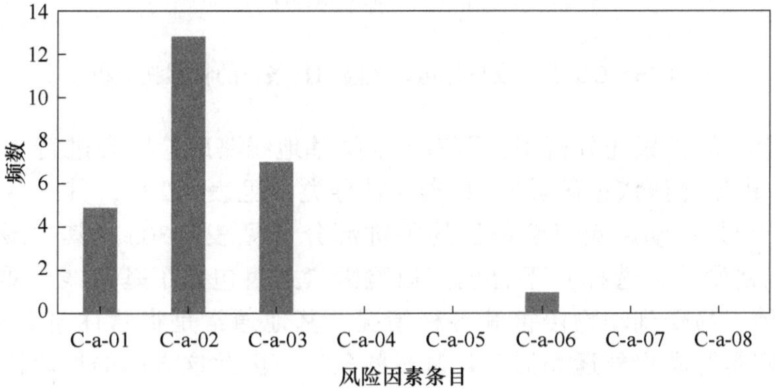

图 4-15　C-a 类高校户外运动风险因素条目频数示意图

根据 C-a 类基地线路相关风险因素占比大小，依次排序并累加百分比，绘制出累加百分比表（见表 4-28），进一步绘制出帕累托分析图，如图 4-16 所示。

表 4-28　C-a 类高校户外运动风险因素条目累加百分比表

因素条目	累加百分比/%	因素条目	累加百分比/%
C-a-02	50.00	C-a-04	100.00
C-a-03	76.92	C-a-05	100.00

续表 4-28

因素条目	累加百分比/%	因素条目	累加百分比/%
C-a-01	96. 15	C-a-07	100. 00
C-a-06	100. 00	C-a-08	100. 00

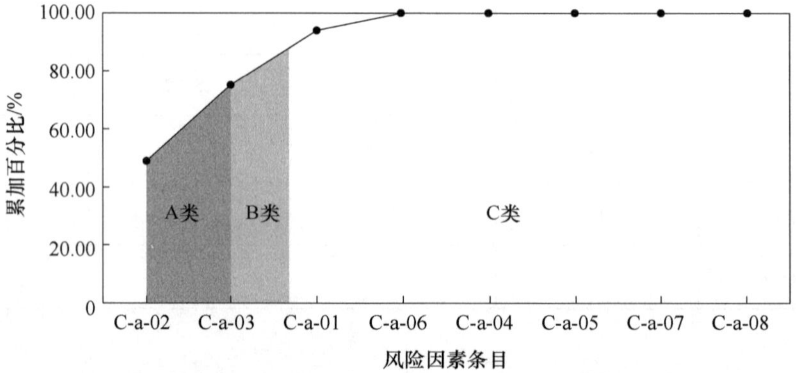

图 4-16　C-a 类高校户外运动风险因素条目的帕累托分析图

结合上面的帕累托分析图，可对 C-a 类基地线路风险因素进行 A 类（深灰色区域）、B 类（浅灰色区域）、C 类 3 种分类（见表 4-29），其中 A 类因素是 C-a 类高校户外运动风险因素条目的关键部分（见表 4-30）。其中最为关键的“基地、线路设计（选择）不合理”风险因素条目包括了基地线路难度大、处于危险区域、易受到动物侵害等各种情况，基地通常是宿营休息调整的地方，户外线路则是开展户外运动活动最基本的条件，因此这方面的风险因素是“基地线路因素”中首先要加以规避和防范的。而“基地、线路缺乏应急救援基础设施”对于事故发生后开展紧急救援和治疗，以减缓事故损失的严重程度尤为重要。

表 4-29　C-a 类高校户外运动风险因素条目分析表

划分类别	A 类	B 类	C 类
风险因素条目	C-a-02 C-a-03		C-a-01　C-a-05 C-a-06　C-a-07 C-a-04　C-a-08

表 4-30 C-a 类高校户外运动风险因素条目的关键部分

代码	风险因素条目
C-a-02	基地、线路设计（选择）不合理
C-a-03	基地、线路缺乏应急救援基础设施

4.2.3.7 B-b 类高校户外运动风险因素的帕累托分析评估

户外运动器材装备尤其是技术装备，不仅用于项目开展，而且还具有保护参与者身体免受伤害的特殊功能，这一点区别于常见的体育器材。笔者从性能、质量、操作、穿戴等方面共提炼了 B-b 类器材装备因素 13 个风险条目，发生频数和占比统计见表 4-31 和图 4-17。

表 4-31 B-b 类高校户外运动风险因素条目统计表

因素条目	B-b-01	B-b-02	B-b-03	B-b-04	B-b-05	B-b-06	B-b-07
频数	0	1	0	1	6	0	1
比重/%	0	5.56	0	5.56	33.33	0	5.56
因素条目	B-b-08	B-b-09	B-b-10	B-b-11	B-b-12	B-b-13	
频数	1	0	2	0	1	5	
比重/%	5.56		11.11	0	5.56	27.78	

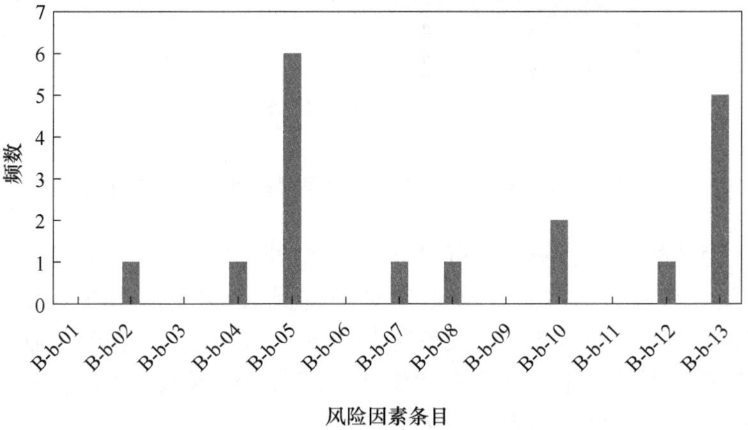

图 4-17 B-b 类高校户外运动风险因素条目频数示意图

根据 B-b 类器材装备因素相关风险因素条目占比大小，依次排序并累加百分比，绘制出累加百分比表（见表 4-32），进一步绘制出帕累托分析图，如图 4-18 所示。

表 4-32 B-b 类高校户外运动风险因素条目累加百分比表

因素条目	累加百分比/%	因素条目	累加百分比/%
B-b-05	33.33	B-b-12	100.00
B-b-13	61.11	B-b-01	100.00
B-b-10	72.22	B-b-03	100.00
B-b-02	77.78	B-b-06	100.00
B-b-04	83.34	B-b-09	100.00
B-b-07	88.90	B-b-11	100.00
B-b-08	94.46		

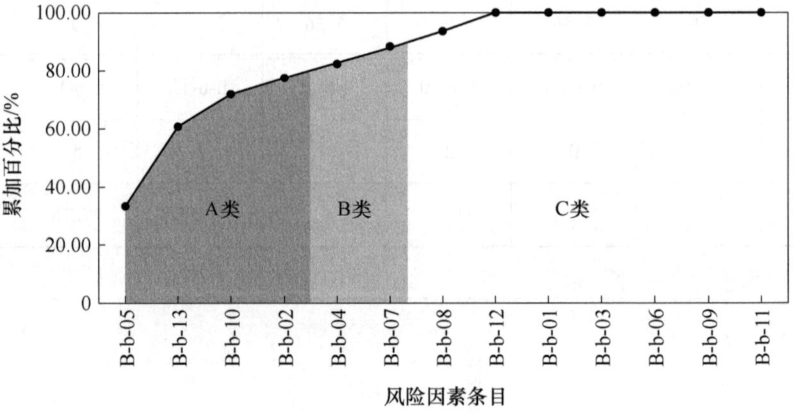

图 4-18 B-b 类高校户外运动风险因素条目的帕累托分析图

结合上面的帕累托分析图，可对 B-b 类器材装备风险因素进行 A 类（深灰色区域）、B 类（浅灰色区域）、C 类 3 种分类（见表 4-33），其中 A 类因素是 B-b 类高校户外运动风险因素条目的关键部分（见表 4-34）。“缺乏专业装备或救援装备”是关系到事故发生后能否立即展开救援的关键因素，可能会直接影响事故后果的严重程度；“性能差或存在设计缺陷使用不便”“使用不科学超过了承载负荷”“使用年限过长功能失效”3 个风险因素条目均是户外运动器材使用方面的潜在风险因素，性能不好、设计缺陷、负荷过载、功能失效等都是引发高校户外运动事故器材装备方面的主因。

表 4-33 B-b 类高校户外运动安全风险因素条目分析表

划分类别	A 类	B 类	C 类
风险因素条目	B-b-05 B-b-13 B-b-10 B-b-02	B-b-04 B-b-07	B-b-08 B-b-06 B-b-12 B-b-09 B-b-01 B-b-11 B-b-03

表 4-34 B-b 类高校户外运动风险因素条目的关键部分

代码	风险因素条目
B-b-05	缺乏专业装备或救援装备
B-b-13	性能差或存在设计缺陷使用不便
B-b-10	使用不科学超过了承载负荷
B-b-02	使用年限过长功能失效

4.3 基于层次分析法的高校户外运动风险评估

4.3.1 层次分析法介绍

层次分析法（AHP）是美国运筹学家托马斯·塞蒂（T. L. Satty）提出的一种定性和定量分析相结合的多准则决策和综合评价方法[82]，在经济学、管理学及其他学科领域应用十分广泛。该法的基本思想是，把复杂问题逐层分解为若干个层次，每层可含有多个因素，在最底层通过两两对比得出各因素的相对重要性（即权重），通过由低到高的递阶层次结构，汇总计算得出各方案相对于总目标的权重指数，为管理者提供决策依据。就风险管理而言，层次分析法首先要对最底层的风险因素进行两两对比并赋出权重，然后通过层层分析计算得出风险因素大类对项目风险发生可能性的权数。

运用层次分析法的基本步骤共分 4 步。

4.3.1.1 建立层次分析的结构模型

建立所研究问题的层次结构模型是运用该法的第一步工作，也是最重要的一步，具体做法是：把复杂的问题分解成多个部分（元素），并按元素的相互关系及其隶属关系建立各不相同的层次。基本要求是同一层次的元素作为准则应对下一层次的元素发挥支配作用，同时又被上一层次的元素所支配。首先，最高层次为目标层（仅有一个元素），表示决策者所要达到的目标；其次，中间层为准则层，表示衡量是否达到目标的判断准则；最后，最低一层表示解决问题的各种备选措施、决策、方案等。

4.3.1.2 构造判断矩阵

建立层次分析结构模型后，第二步是对各层次元素进行两两比较，判断每一层次中各元素的相对重要性，并选择引入合适的标度用数值表示判断结果，构造出判断矩阵（见图 4-19）。判断矩阵代表层次分析法最基本的信息，它表示针对上一层次因素，本层次与之有关因素之间的相对重要性。

B_k	C_1	C_2	$\cdots$	C_n
C_1	C_{11}	C_{12}	$\cdots$	C_{1n}
C_2	C_{21}	C_{22}	$\cdots$	C_{2n}
$\vdots$	$\vdots$	$\vdots$	$\vdots$	$\vdots$
C_n	C_{n1}	C_{n2}	$\cdots$	C_{nn}

图 4-19　比较判断矩阵示意图

如图 4-19 所示，假定以上一层次的元素 B_k 为准则，它对下一层次元素 C_1，C_2，…，C_n 均有支配关系。C_{ij} 表示因素 i 和因素 j 相对于目标重要性（见表 4-35）。

表 4-35　判断矩阵标度及其含义

序号	重要性等级	C_{ij} 赋值
1	i 元素与 j 元素同等重要	1
2	i 元素比 j 元素稍重要	3
3	i 元素比 j 元素明显重要	5
4	i 元素比 j 元素强烈重要	7
5	i 元素比 j 元素极端重要	9

注：C_{ij} = {2、4、6、8} 表示重要性等级介于 C_{ij} = {1、3、5、7、9} 之间。

因此，可得判断矩阵有如下性质：

（1）$C_{ij}>0$；

（2）$C_{ij}=1/C_{ji}$；

（3）$C_{ij}=1$（i，$j=1$，2，…，n）。

4.3.1.3 判断矩阵的一致性检验

为保证运用层次分析法分析问题的结论科学合理，必须对已构造的判断矩阵进行一致性检验。同时，矩阵内因素的层次单排序也需要完成，可转化为计算判断矩阵的最大特征根及其特征向量。

$$\boldsymbol{CW}=\lambda_{\max}\boldsymbol{W}$$

式中，$\lambda_{\max}$为$\boldsymbol{C}$的最大特征值；$\boldsymbol{W}$为对应于$\lambda_{\max}$的特征向量。

对于特征向量和最大特征根，在实际应用中可采用方根法或者和法来计算，其中和法的计算过程如下。

（1）计算判断矩阵每一列的和M_j：

$$M_j=\sum_{i=1}^{n}C_{ij}\quad(j=1，2，\cdots，n)$$

（2）按列向量进行归一化（正规化）处理判断矩阵：

$$\overline{W_{ij}}=\frac{C_{ij}}{M_j}\quad(j=1，2，\cdots，n)$$

（3）将归一化（正规化）处理后的判断矩阵按行求和：

$$\overline{W_i}=\sum_{j=1}^{n}\overline{W_{ij}}\quad(i=1，2，\cdots，n)$$

（4）对按行求和后得到的矩阵再进行归一化（正规化）处理：

$$W_i=\frac{\overline{W}_i}{\sum_{i=1}^{n}\overline{W}_i}\quad(i=1，2，\cdots，n)$$

则$\boldsymbol{W}=[W_1，W_2，\cdots，W_n]^{\mathrm{T}}$即为所求的特征向量。

（5）计算判断矩阵的最大特征根$\lambda_{\max}$：

$$\lambda_{\max}=\sum_{i=1}^{n}\frac{(\boldsymbol{CW})_i}{nW_i}$$

其中$(\boldsymbol{CW})_i$表示向量$\boldsymbol{CW}$的第i个元素。

则一致性指标CI为：
$$CI=\frac{\lambda_{\max}-n}{n-1}$$

随机一致性比CR为：
$$CR=\frac{CI}{RI}$$

其中，*RI* 为平均随机一致性指标，对于 1~9 阶判断矩阵，*RI* 的值见表 4-36。

表 4-36 平均随机一致性指标

矩阵阶数	1	2	3	4	5	6	7	8	9
RI	0. 00	0. 00	0. 58	0. 90	1. 12	1. 24	1. 32	1. 41	1. 45

在表 4-36 中，因为 1、2 阶判断矩阵总是具有完全一致性，所以其 *RI* 仅为形式上。当阶数大于 2 时，若 $CR<0.10$，则认为判断矩阵具有满意的一致性。否则，就需要调整判断矩阵，使之具有满意的一致性。

4. 3. 1. 4 汇总计算

汇总计算各因子相对于总目标的综合重要度。

4. 3. 2 基于层次分析法的高校户外运动风险因素分析

4. 3. 2. 1 高校户外运动风险因素的层次分析

帕累托分析法在本书中的使用是以高校户外运动风险事故案例的事实分析为基础，通过定量计算得出各类风险因素的排序结果，一定程度上客观性较强。但是，有时囿于案例数量较少或分析不充分，可能会造成分析结果出现不足或与事实情况不完全相符。为了使分析结果更加充分、有效，下面将使用层次分析法对上述结果进行验证。结合高校户外运动风险事故案例分析，首先构造层次分析结构图，如图 4-20 所示。

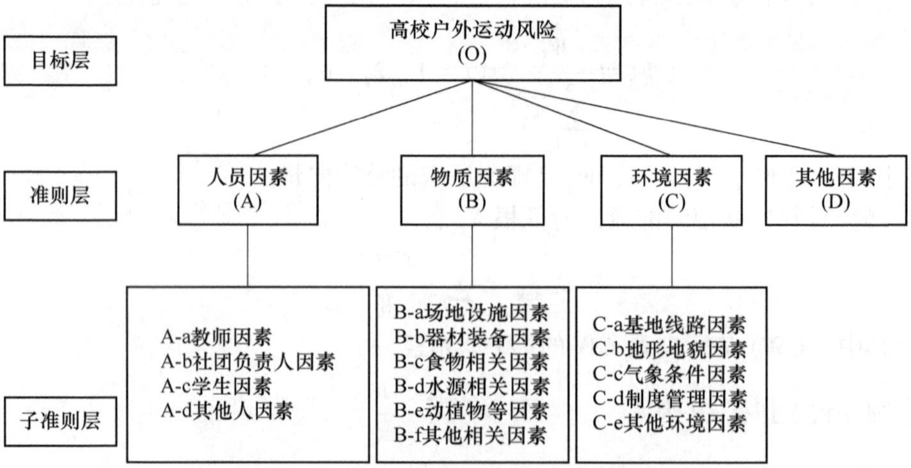

图 4-20 高校户外运动风险层次结构图

通过建立判断矩阵，借助判断尺度，根据 AHP 理论，确定权重和法的计算公式，笔者选择了 3 位高校户外运动专家对目标层、准则层相互比较，确定判断矩阵，并确定各准则层指标对目标层高校户外运动风险的权重，确定目标层的权重（见表 4-37），并进行一致性检验。

表 4-37　一级指标判断矩阵

O	A	B	C	D
A	1	5	3	9
B	1/5	1	1/3	7
C	1/3	3	1	7
D	1/9	1/7	1/7	1

对上述判断矩阵进行一致性检验，可得

$$\lambda_{max} = 4.2757,\ CI = 0.0919,\ CR = 0.1021 > 0.10$$

结果显示，上述判断矩阵不满足一致性检验，需要进行一定的调整。

在上述判断矩阵中，

$$O_{AB} = \frac{O_A}{O_B} = 5,\ O_{AC} = \frac{O_A}{O_C} = 3$$

所以

$$O_{BC} = \frac{O_B}{O_C} = \frac{3}{5}$$

取 $O_{BC}=1$ 可得；同理可得：$O_{BD}=2$；$O_{CD}=3$

所以，调整后的矩阵如表 4-38 所示。

表 4-38　调整后的一级指标判断矩阵

O	A	B	C	D
A	1	5	3	9
B	1/5	1	1	2
C	1/3	1	1	3
D	1/9	1/2	1/3	1

一致性检验：$\lambda_{max}=4.2757$，$W_o=(0.609,0.144,0.181,0.066)^T$，$CI=0.0092$，$CR=0.0102<0.10$。

对准则层、子准则层相互比较确定各子准则层对准则层的权重，即各方案对每一子准则层指标的权重，将上述两组权重进行综合（见表4-39~表4-41），确定各子准则层指标对目标层指标的权重，并进行一致性检验。

表 4-39 人员因素中各指标判断矩阵

A	A-a	A-b	A-c	A-d
A-a	1	1/3	1/5	2
A-b	3	1	1/2	5
A-c	5	2	1	7
A-d	1/2	1/5	1/7	1

表 4-40 物质因素中各指标判断矩阵

B	B-a	B-b	B-c	B-d	B-e	B-f
B-a	1	1/3	5	5	4	7
B-b	3	1	7	7	7	9
B-c	1/5	1/7	1	3	7	7
B-d	1/5	1/7	1/3	1	3	7
B-e	1/4	1/7	1/7	1/3	1	3
B-f	1/7	1/9	1/7	1/7	1/3	1

表 4-41 环境因素中各指标判断矩阵

C	C-a	C-b	C-c	C-d	C-e
C-a	1	1/3	1/5	2	3
C-b	3	1	1/3	1/3	3
C-c	5	3	1	1	7
C-d	1/2	3	1	1	7
C-e	1/3	1/3	1/7	1/7	1

对上述判断矩阵分别进行一致性检验，所得结果见表4-42。

表 4-42　风险因素一致性检验结果表

因素类型	λ_{max}	权　重	*CI*	*CR*
A	4.020	$W_A=(0.110,\ 0.301,\ 0.525,\ 0.063)^T$	0.007	0.008
B	6.945	$W_B=(0.240,\ 0.446,\ 0.149,\ 0.091,\ 0.049,\ 0.025)^T$	0.189	0.15
C	5.877	$W_C=(0.162,\ 0.156,\ 0.366,\ 0.275,\ 0.042)^T$	0.219	0.196

由上面检验结果可知，B 类因素、C 类因素的判断矩阵不满足一致性检验，需对判断矩阵进行调整，根据上述结果可得调整后的判断矩阵，见表 4-43 和表 4-44。

表 4-43　物质因素中各指标判断矩阵

B	B-a	B-b	B-c	B-d	B-e	B-f
B-a	1	1/3	5	5	4	7
B-b	3	1	9	9	9	9
B-c	1/5	1/9	1	1	1	2
B-d	1/5	1/9	1	1	1	2
B-e	1/4	1/9	1	1	1	2
B-f	1/7	1/9	1/2	1/2	1/2	1

一致性检验：$\lambda_{max}=6.094$，$W_o=(0.252,\ 0.525,\ 0.061,\ 0.061,\ 0.063,\ 0.037)^T$，$CI=0.018$，$CR=0.014<0.10$，满足一致性检验。

表 4-44　环境因素中各指标判断矩阵

C	C-a	C-b	C-c	C-d	C-e
C-a	1	1/3	1/5	2	3
C-b	3	1	1	6	9
C-c	5	1	1	9	9
C-d	1/2	1/6	1/9	1	2
C-e	1/3	1/9	1/9	1/2	1

一致性检验：$\lambda_{max}=5.054$，$W_o=(0.109,\ 0.360,\ 0.433,\ 0.060,\ 0.038)^T$，$CI=0.014$，$CR=0.012<0.10$，满足一致性检验。

4.3.2.2 基于层次分析法的高校户外运动风险因素分析结果

根据高校户外运动风险的层次分析结果，可以得到如下结论：

（1）高校户外运动风险事故主要由人员相关的风险因素造成；

（2）在引发高校户外运动风险事故的A类人员风险因素中，主要的因素是A-c类（学生因素），其次为A-a类（教师因素）、A-b类（社团负责人因素）和A-d类（其他人员因素）；

（3）在引发高校户外运动风险事故的B类物质风险因素中，主要的因素是B-b类（器材装备因素），其次为B-a类（场地设施因素）、B-e类（动植物因素）、B-c类（食物因素）、B-d类（水源因素）、B-f类（其他物质因素）；

（4）在引发高校户外运动风险事故的C类风险因素（即环境因素）中，主要的因素是C-c类（气象条件因素），其次为C-b类（地形地貌因素）、C-a类（基地线路）、C-d类（制度管理因素）、C-e类（其他环境因素）。

从上述研究结果可以看出，通过层次分析法得到的引发高校户外运动风险事故的主要因素与帕累托分析结果基本相同，但在相对次要的影响因素上，与帕累托分析有一些差别，其原因有两点：一方面可能是所搜集案例的数量不足够多，造成结果分析的不充分；另一方面，个人评价标准的不同，导致基于主观判断的层次分析结果与基于事实案例的帕累托分析结果之间有所差别。

4.4 基于列表排序法和风险矩阵图法的高校户外运动风险评估

4.4.1 列表排序法和风险矩阵图介绍

列表排序法，是一种通过逐项评分对风险大小进行量化的风险评估方法。[83] 运用该方法评估某种风险，实际上是对风险因素引发事故的可能性和严重性进行评估。因此，采用列表排序法评估风险，风险管理者首先要为风险因素确定其引发事故的可能性和严重性两种评估标准，提请专家对各项风险因素据此两项指标进行逐一赋分，两项分值相乘的值就是各风险因素的风险量（R）。通常，风险量值越高表示风险越大，则需采取一定措施加以应对和处理。一般而言，列表排序法采取10级评判，即每一项风险因素有10个可供专家选择的分值。

风险矩阵图法（risk matrix）是一种呈现多个风险的可能性和影响程度的图形表示法，既可用于分析项目潜在风险，也可用于分析采用某种方法存在的潜在风险，能为确定处理风险因素的优先级别提供较直观的信息，为风险决策提供了一个新视角。列表排序法根据风险量大小能解决风险因素的排序问题，但无法确定各风险因素的重要性，也无法为风险应对提供“轻重缓急”的参考依据，而风险矩阵图法正好与之互为补充，通过将各种风险因素列于风险矩阵图当中，明确反映出各风险的重要性程度。

4.4.2 高校户外运动风险列表排序和 2×2 风险矩阵图分析

运用列表排序法评估高校户外运动风险因素，实际就是对高校户外运动风险量的大小进行排序，风险量计算公式为 $R=P \cdot I$（其中 R 为风险量；P 代表风险发生的可能性；I 代表风险后果的严重性）。为了计算各类高校户外运动风险的量值大小，更加准确地对其进行定量评估，笔者依据列表排序法的基本程序，按照确定评估标准、编制发放专家调查问卷、数据统计和结果分析等步骤对高校户外运动风险进行评估。在评估结果分析环节，使用 2×2 矩阵图根据评估结果绘制矩阵风险地图，为风险应对提供直观的决策依据。本书主要采用“2×2 矩阵图法”解决高校户外运动风险应对的优先级别问题，从“可能性”和“严重性”两方面分别给每个可能引发风险事故的风险因素赋予一个二维值，通过专家评价赋分确定每个风险因素在风险矩阵图中的位置，再根据每个风险的度量值利用“2×2 矩阵法”绘制成风险矩阵图（见图 4-21）。风险矩阵图的 4 个区间分别表示严重程度大可能性大、严重程度大可能性小、严重程度小可能性小、严重程度小可能性大等类风险因素所对应的坐标位置，一一对应高度优先、做好准备、定期评估、日常监控 4 种风险因素处理的优先级别。

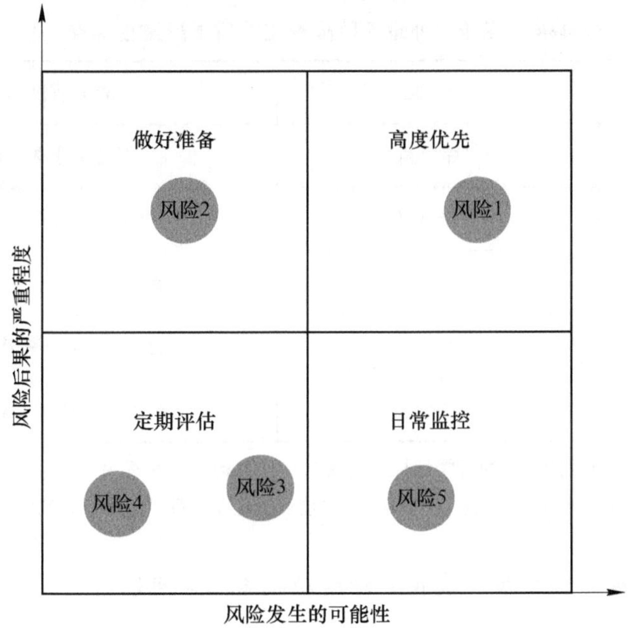

图 4-21 风险矩阵图[59]

4.4.2.1 选择确定高校户外运动风险可能性标准和严重性标准

鉴于本书研究对象的隐私性，笔者未完全获取相关风险事故伤害程度的原始资料，为精确量化高校户外运动风险，首先对可能性标准和严重性标准进行确定。列表排序法通常采用10级评判标准，本书采用5级评判标准（见表4-45和表4-46），这是基于方便专家对高校户外运动风险发生可能性和严重性进行评判而进行的一种改良。其中风险发生的可能性是指风险事件发生的概率，风险的严重性尺度则反映了风险结果对高校户外运动人身伤害的严重程度。

表4-45 高校户外运动风险量化的可能性标准[71]

分值	可能性	发生的概率描述
5	非常可能	发生的概率很高，几乎肯定发生
4	可能	发生的概率较高，经常发生
3	一般	发生的概率中等，有时会发生
2	不太可能	发生的概率低，偶尔可能发生
1	不可能	发生的概率很低，极少情况下发生

表4-46 高校户外运动风险量化的后果严重性标准[71]

分值	严重性	严重程度描述
5	非常严重	死亡或永久性残疾
4	严重	住院治疗6周以上恢复
3	一般	流血、骨折等1~6周恢复
2	不太严重	挫伤、扭伤等一周内恢复
1	没影响	皮外擦伤、碰伤无需恢复时间

注："高校户外运动风险量化的可能性标准与后果严重性标准"系笔者结合高校户外运动风险实情，参考董国永的著作中所列的"危险事件的可能性标准及严重性等级"改编而成。

4.4.2.2 编制和发放《高校户外运动风险评估问卷》

在高校户外运动风险识别的基础上，笔者编制了《高校户外运动风险评估问卷》，供专家从风险发生的可能性和风险后果的严重性两个维度对所列出的高校户外运动风险因素进行评分，以供计算出各类风险因素的风险量大小。

为了保障问卷填写的有效性，笔者从户外运动从业年限、对高校户外运动的了解程度、高校户外运动参与经历等方面综合考虑，最终选择高校户外运动管理者、教师、学者及部分户外运动方向的研究生作为问卷调查填写对象，发放《高校户外运动风险评估表》120 份（见表 4-47），回收 115 份，有效问卷 111 份，有效率达 92.5%。调查对象的受教育经历和从业经历反映，他们不仅熟知高校户外运动的实施过程，还对高校户外运动安全问题有十分清晰的了解和较深入的思考，问卷发放对象的结构和问卷回收情况确保了本次调查的可靠性和有效性。

表 4-47 高校户外运动风险评估表

风险源	序号	风险因素	风险发生的可能性（P）					风险后果的严重性（I）				
教师	01	户外知识和技能不够全面	1	2	3	4	5	1	2	3	4	5
	02	无法维持良好的户外运动教学秩序	1	2	3	4	5	1	2	3	4	5
	03	不当使用户外运动场地设施及器材	1	2	3	4	5	1	2	3	4	5
	04	户外运动教学方法不当	1	2	3	4	5	1	2	3	4	5
	05	教学内容超出学生承受能力	1	2	3	4	5	1	2	3	4	5
	06	对学生完成户外项目过于严苛	1	2	3	4	5	1	2	3	4	5
	07	传授不规范或错误的户外技术动作	1	2	3	4	5	1	2	3	4	5
	08	缺乏户外教学经验无法预见风险事件	1	2	3	4	5	1	2	3	4	5
	09	户外运动风险预判防范意识薄弱	1	2	3	4	5	1	2	3	4	5
	10	缺乏常见户外风险识别知识和经验	1	2	3	4	5	1	2	3	4	5
	11	对学生户外运动安全教育不足	1	2	3	4	5	1	2	3	4	5
	12	未在活动范围内及时采取安防措施	1	2	3	4	5	1	2	3	4	5
	13	未掌握户外事故急救方法	1	2	3	4	5	1	2	3	4	5
	14	缺乏户外专业救援技能	1	2	3	4	5	1	2	3	4	5

续表 4-47

风险源	序号	风 险 因 素	风险发生的可能性（P）					风险后果的严重性（I）				
教师	15	缺乏对学生的责任感和爱心	1	2	3	4	5	1	2	3	4	5
	16	缺乏对学生危险行为的监管	1	2	3	4	5	1	2	3	4	5
	17	疏于检查户外场地设施及器材	1	2	3	4	5	1	2	3	4	5
	18	心存侥幸使用破损器材装备	1	2	3	4	5	1	2	3	4	5
	19	贪图省事减少操作环节	1	2	3	4	5	1	2	3	4	5
	20	未对不宜参加户外运动的学生采取措施	1	2	3	4	5	1	2	3	4	5
	21	擅自离岗失去对学生的监控	1	2	3	4	5	1	2	3	4	5
	22	存在道德品质问题	1	2	3	4	5	1	2	3	4	5
	23	数量配备不足不能满足教学需要	1	2	3	4	5	1	2	3	4	5
	24	岗位分配不当不能满足教学需要	1	2	3	4	5	1	2	3	4	5
社团负责人	01	缺乏户外知识、能力和经验	1	2	3	4	5	1	2	3	4	5
	02	计划工作缺乏预案	1	2	3	4	5	1	2	3	4	5
	03	户外活动流程安排不合理	1	2	3	4	5	1	2	3	4	5
	04	缺乏突发情况的临场应变能力	1	2	3	4	5	1	2	3	4	5
	05	缺乏违规行为的有效监督	1	2	3	4	5	1	2	3	4	5
	06	人员、物质配备不足	1	2	3	4	5	1	2	3	4	5
	07	知识经验不足无法全面识别风险	1	2	3	4	5	1	2	3	4	5
	08	应对预案不充分或缺乏针对性	1	2	3	4	5	1	2	3	4	5
	09	户外风险判断失误决策错误	1	2	3	4	5	1	2	3	4	5
	10	无法有效调动社会救援资源	1	2	3	4	5	1	2	3	4	5
	11	缺乏户外专业救援技能	1	2	3	4	5	1	2	3	4	5

续表 4-47

风险源	序号	风 险 因 素	风险发生的可能性（P）					风险后果的严重性（I）				
社团负责人	12	缺少团队成员的户外安全教育	1	2	3	4	5	1	2	3	4	5
	13	对团队缺乏责任感疏于监管	1	2	3	4	5	1	2	3	4	5
	14	功利性强随意增减内容和环节	1	2	3	4	5	1	2	3	4	5
	15	自控能力差影响团队氛围	1	2	3	4	5	1	2	3	4	5
学生	01	户外知识匮乏不能胜任活动任务	1	2	3	4	5	1	2	3	4	5
	02	户外技能不熟、技术动作不规范或错误	1	2	3	4	5	1	2	3	4	5
	03	无法辨识户外环境或应对生理、心理变化	1	2	3	4	5	1	2	3	4	5
	04	不了解装备性能及方法而操作不当	1	2	3	4	5	1	2	3	4	5
	05	知识经验不足无法识别判断风险	1	2	3	4	5	1	2	3	4	5
	06	欠缺保护、自救或救援等知识技能	1	2	3	4	5	1	2	3	4	5
	07	过度自信盲目冒险，安全意识薄弱	1	2	3	4	5	1	2	3	4	5
	08	自救或救援不当导致更大危险或伤害加重	1	2	3	4	5	1	2	3	4	5
	09	违规从事超出技术水平和身体条件的动作	1	2	3	4	5	1	2	3	4	5
	10	注意力不集中导致身体失去控制或者平衡	1	2	3	4	5	1	2	3	4	5
	11	缺乏沟通造成团队分化导致行动不统一	1	2	3	4	5	1	2	3	4	5
	12	无法判断自身行为的风险后果	1	2	3	4	5	1	2	3	4	5
	13	缺乏团队精神独立行动	1	2	3	4	5	1	2	3	4	5
	14	身体有生理缺陷或伤病	1	2	3	4	5	1	2	3	4	5
	15	身体不适或体力不符合户外活动要求	1	2	3	4	5	1	2	3	4	5
	16	遇特殊生理期	1	2	3	4	5	1	2	3	4	5
	17	心理素质较差或者存在心理障碍	1	2	3	4	5	1	2	3	4	5

续表 4-47

风险源	序号	风 险 因 素	风险发生的可能性（P）					风险后果的严重性（I）				
学生	18	准备不足，贸然参加户外运动	1	2	3	4	5	1	2	3	4	5
	19	因惊吓等做出错误或不当选择	1	2	3	4	5	1	2	3	4	5
	20	隐瞒疾病	1	2	3	4	5	1	2	3	4	5
	21	恶意违纪不服从安排擅自行动	1	2	3	4	5	1	2	3	4	5
其他人	01	保护员不了解器材设施而使用不当	1	2	3	4	5	1	2	3	4	5
	02	保护员欠缺风险识别能力	1	2	3	4	5	1	2	3	4	5
	03	保护员救援知识不足或技术不熟练	1	2	3	4	5	1	2	3	4	5
	04	相关人员救援方式不正确导致二次伤害	1	2	3	4	5	1	2	3	4	5
	05	保护员应对突发事件临场应变不足	1	2	3	4	5	1	2	3	4	5
	06	相关人员缺乏急救知识与技能	1	2	3	4	5	1	2	3	4	5
	07	医疗员体能受限不能接近事故发生地	1	2	3	4	5	1	2	3	4	5
	08	保护员盲目干扰组织者判断和决策	1	2	3	4	5	1	2	3	4	5
	09	保护员违规行动	1	2	3	4	5	1	2	3	4	5
	10	相关管理人员蓄意阻止活动进行	1	2	3	4	5	1	2	3	4	5
	11	与活动地居民产生冲突和矛盾	1	2	3	4	5	1	2	3	4	5
	12	不法武装人员袭击	1	2	3	4	5	1	2	3	4	5
	13	其他人员恶意干扰	1	2	3	4	5	1	2	3	4	5
	14	保护员户外保护技能欠缺	1	2	3	4	5	1	2	3	4	5
	15	组织者防护措施不到位	1	2	3	4	5	1	2	3	4	5

续表 4-47

风险源	序号	风 险 因 素	风险发生的可能性（*P*）					风险后果的严重性（*I*）				
场地设施	01	年久失修损坏	1	2	3	4	5	1	2	3	4	5
	02	无法禁止违规活动	1	2	3	4	5	1	2	3	4	5
	03	管理疏漏	1	2	3	4	5	1	2	3	4	5
	04	使用频繁负荷过载	1	2	3	4	5	1	2	3	4	5
	05	与活动要求不符，造成伤害事故	1	2	3	4	5	1	2	3	4	5
	06	攀爬下降线路设置不合理	1	2	3	4	5	1	2	3	4	5
	07	位置不合理	1	2	3	4	5	1	2	3	4	5
	08	缺少保护与救援设施	1	2	3	4	5	1	2	3	4	5
	09	设计存在漏洞	1	2	3	4	5	1	2	3	4	5
器材装备	01	遗忘、丢失、破损不能及时补充	1	2	3	4	5	1	2	3	4	5
	02	使用年限过长功能失效	1	2	3	4	5	1	2	3	4	5
	03	受损导致功能失效	1	2	3	4	5	1	2	3	4	5
	04	穿戴不当	1	2	3	4	5	1	2	3	4	5
	05	缺乏专业装备或救援装备	1	2	3	4	5	1	2	3	4	5
	06	规格与使用者体型不符	1	2	3	4	5	1	2	3	4	5
	07	数量、种类不能满足需要	1	2	3	4	5	1	2	3	4	5
	08	操作使用程序不当	1	2	3	4	5	1	2	3	4	5
	09	保护站设计不合理	1	2	3	4	5	1	2	3	4	5
	10	使用不科学超过承载负荷	1	2	3	4	5	1	2	3	4	5
	11	存在严重质量问题	1	2	3	4	5	1	2	3	4	5
	12	不符合安全标准或有明显不安全因素	1	2	3	4	5	1	2	3	4	5
	13	性能差或存在设计缺陷导致使用不便	1	2	3	4	5	1	2	3	4	5

续表 4-47

风险源	序号	风 险 因 素	风险发生的可能性（*P*）					风险后果的严重性（*I*）				
食物	01	数量、种类和营养不能满足需要	1	2	3	4	5	1	2	3	4	5
	02	缺乏针对性与个人饮食禁忌冲突	1	2	3	4	5	1	2	3	4	5
	03	种类和饮食方式与当地饮食文化不符	1	2	3	4	5	1	2	3	4	5
	04	存储不当引发动物偷食或人畜冲突	1	2	3	4	5	1	2	3	4	5
	05	保存不当导致腐败变质	1	2	3	4	5	1	2	3	4	5
	06	烹饪不当导致营养不能满足需要	1	2	3	4	5	1	2	3	4	5
	07	烹饪不当导致食用后中毒或身体不适	1	2	3	4	5	1	2	3	4	5
	08	误食有毒野菜、野果	1	2	3	4	5	1	2	3	4	5
	09	食量与活动需要不符	1	2	3	4	5	1	2	3	4	5
	10	属于假冒伪劣产品	1	2	3	4	5	1	2	3	4	5
	11	不符合相关卫生标准	1	2	3	4	5	1	2	3	4	5
	12	缺乏应急食品	1	2	3	4	5	1	2	3	4	5
水源	01	水源位置不合理	1	2	3	4	5	1	2	3	4	5
	02	水源量少、单一不能满足需要	1	2	3	4	5	1	2	3	4	5
	03	水源分布与营地分布不相符	1	2	3	4	5	1	2	3	4	5
	04	水质不符合相关规定	1	2	3	4	5	1	2	3	4	5
	05	水源易遭破坏与污染	1	2	3	4	5	1	2	3	4	5
	06	水源为动物水源无法保证水质	1	2	3	4	5	1	2	3	4	5
	07	水源取水困难	1	2	3	4	5	1	2	3	4	5
	08	饮用方式不当导致供应不足	1	2	3	4	5	1	2	3	4	5

续表 4-47

风险源	序号	风险因素	风险发生的可能性（*P*）					风险后果的严重性（*I*）				
动植物	01	野生动物造成装备损坏	1	2	3	4	5	1	2	3	4	5
	02	植物划伤或者刺伤人体	1	2	3	4	5	1	2	3	4	5
	03	动植物引发过敏并发症	1	2	3	4	5	1	2	3	4	5
	04	蚊、虫、蛇叮咬中毒引发并发症	1	2	3	4	5	1	2	3	4	5
	05	误入动物迁徙通道引发人畜冲突	1	2	3	4	5	1	2	3	4	5
	06	处特殊期动物被扰引发人畜冲突	1	2	3	4	5	1	2	3	4	5
	07	遭到大型野生动物袭击	1	2	3	4	5	1	2	3	4	5
	08	营地设施遭到大型动物破坏	1	2	3	4	5	1	2	3	4	5
	09	动物阻拦被迫更改计划路线	1	2	3	4	5	1	2	3	4	5
	10	动植物造成食品污染或短缺	1	2	3	4	5	1	2	3	4	5
其他物质	01	交通工具故障造成行程更改	1	2	3	4	5	1	2	3	4	5
	02	交通工具发生意外事故	1	2	3	4	5	1	2	3	4	5
	03	交通工具不能接近事故地点影响救援	1	2	3	4	5	1	2	3	4	5
	04	马匹、牦牛等驮运导致装备损坏	1	2	3	4	5	1	2	3	4	5
	05	马匹、牦牛等驮运导致物资器材丢失	1	2	3	4	5	1	2	3	4	5
	06	马匹、牦牛等驮运受阻影响活动行程	1	2	3	4	5	1	2	3	4	5
	07	缺乏急救药品或者医疗器械	1	2	3	4	5	1	2	3	4	5

续表 4-47

风险源	序号	风险因素	风险发生的可能性（P）					风险后果的严重性（I）				
基地线路	01	线路复杂、难度高超过人类能力范围	1	2	3	4	5	1	2	3	4	5
	02	基地、线路设计（选择）不合理	1	2	3	4	5	1	2	3	4	5
	03	基地、线路缺乏应急救援基础设施	1	2	3	4	5	1	2	3	4	5
	04	基地、线路容量小造成拥堵或者踩踏	1	2	3	4	5	1	2	3	4	5
	05	基地、线路遭人为或地质灾害破坏	1	2	3	4	5	1	2	3	4	5
	06	线路有新变化导致无法辨识	1	2	3	4	5	1	2	3	4	5
	07	基地、线路自然恢复能力差	1	2	3	4	5	1	2	3	4	5
	08	线路位于或涉及军事、地区热点等区域	1	2	3	4	5	1	2	3	4	5
地形地貌	01	活动环境处于地质灾害频发区	1	2	3	4	5	1	2	3	4	5
	02	地形变化快增加不可控因素	1	2	3	4	5	1	2	3	4	5
	03	地貌地形特殊非人力可以通过	1	2	3	4	5	1	2	3	4	5
	04	地形地貌本身具有危险因素	1	2	3	4	5	1	2	3	4	5
	05	误用装备或人为破坏引发地质灾害	1	2	3	4	5	1	2	3	4	5
	06	地形地貌不能满足户外项目需要	1	2	3	4	5	1	2	3	4	5
气象条件	01	天气变化引起地质灾害	1	2	3	4	5	1	2	3	4	5
	02	高温、热浪、暴风雨、雷电等气象灾害	1	2	3	4	5	1	2	3	4	5
	03	气象变化造成线路或环境变化	1	2	3	4	5	1	2	3	4	5
	04	天气变化造成活动难度增加	1	2	3	4	5	1	2	3	4	5
	05	气象变化加大救援难度	1	2	3	4	5	1	2	3	4	5

续表 4-47

风险源	序号	风险因素	风险发生的可能性（P）					风险后果的严重性（I）				
制度管理	01	高校监管户外社团违规行为效果不佳	1	2	3	4	5	1	2	3	4	5
	02	户外目的地管理缺位无法约束违规行为	1	2	3	4	5	1	2	3	4	5
	03	高校管理不严导致不够资质的社团获批	1	2	3	4	5	1	2	3	4	5
	04	公共救援体系欠缺造成紧急事故后果加重	1	2	3	4	5	1	2	3	4	5
	05	高校户外运动风险管理制度不健全	1	2	3	4	5	1	2	3	4	5
	06	高校相关部门学生户外运动安全教育不够	1	2	3	4	5	1	2	3	4	5
	07	高校缺乏学生自发户外活动的管理制度	1	2	3	4	5	1	2	3	4	5
其他环境	01	目的地政治环境变化	1	2	3	4	5	1	2	3	4	5
	02	突发环境污染事件	1	2	3	4	5	1	2	3	4	5
	03	突发卫生医疗事件	1	2	3	4	5	1	2	3	4	5
	04	目的地生态环境承载量不足	1	2	3	4	5	1	2	3	4	5
	05	超越人类生理和心理极限	1	2	3	4	5	1	2	3	4	5
	06	目的地社会治安混乱	1	2	3	4	5	1	2	3	4	5
其他	01	文化冲突影响活动实施	1	2	3	4	5	1	2	3	4	5
	02	不当行为引发舆论危机导致活动终止	1	2	3	4	5	1	2	3	4	5
	03	高校户外社团不理智的攀比行为	1	2	3	4	5	1	2	3	4	5
	04	无法预计的其他偶发情况	1	2	3	4	5	1	2	3	4	5
	05	户外运动特有的不可避免的风险性	1	2	3	4	5	1	2	3	4	5
	06	户外运动参与者突发无征兆疾病	1	2	3	4	5	1	2	3	4	5
	07	运动性猝死	1	2	3	4	5	1	2	3	4	5

4.4.3 高校户外运动风险评估结果分析

针对回收的调查问卷，根据风险量计算公式（$R=P\cdot I$）计算所有风险因素的量值大小并对各个风险因素进行排序，然后按照风险因素小类分别绘制2×2风险矩阵图用于体现各小类风险因素的重要程度和处置意见，并根据具体排序情况适当展开分析，作为对高校户外运动风险帕累托分析的补充。

4.4.3.1 高校户外运动人员风险因素评估结果分析

在高校户外运动中，教师、社团负责人、学生、其他人员等4类人员风险因素的评估结果详见表4-48。

表4-48 高校户外运动人员风险因素评估结果（$n=111$）

风险源	序号	风险因素	可能性均值	严重性均值	风险量均值	风险量排序
教师	01	户外知识和技能不够全面	3.12	4.23	13.20	14
	02	无法维持良好的户外运动教学秩序	4.67	4.86	22.70	2
	03	不当使用户外运动场地设施及器材	3.64	4.63	16.85	11
	04	户外运动教学方法不当	4.12	4.63	19.08	9
	05	教学内容超出学生承受能力	3.21	4.53	14.54	12
	06	对学生完成户外项目过于严苛	2.68	3.62	9.70	17
	07	传授不规范或错误的户外技术动作	3.01	3.64	10.96	15
	08	缺乏户外教学经验无法预见风险事件	2.96	3.48	10.30	16
	09	户外运动风险预判防范意识薄弱	4.63	4.69	21.71	3
	10	缺乏常见户外风险识别知识和经验	4.38	4.91	21.51	4
	11	对学生户外运动安全教育不足	4.12	4.96	20.43	6
	12	未在活动范围内及时采取安防措施	4.31	4.61	19.87	7
	13	未掌握户外事故急救方法	2.38	3.19	7.59	18
	14	缺乏户外专业救援技能	2.31	3.23	7.46	19

续表 4-48

风险源	序号	风 险 因 素	可能性均值	严重性均值	风险量均值	风险量排序
教师	15	缺乏对学生的责任感和爱心	4.21	4.68	19.70	8
	16	缺乏对学生危险行为的监管	4.89	4.92	24.06	1
	17	疏于检查户外场地设施及器材	4.11	4.36	17.92	10
	18	心存侥幸使用破损器材装备	1.96	3.56	6.98	20
	19	贪图省事减少操作环节	2.11	3.02	6.37	21
	20	未对不宜参加户外运动的学生采取措施	3.65	3.67	13.40	13
	21	擅自离岗失去对学生的监控	4.23	4.86	20.56	5
	22	存在道德品质问题	2.31	1.69	3.90	22
	23	数量配备不足不能满足教学需要	1.36	2.36	3.20	23
	24	岗位分配不当不能满足教学需要	2.16	1.35	2.91	24
社团负责人	01	缺乏户外知识、能力和经验	4.64	4.83	22.41	1
	02	计划工作缺乏预案	3.63	4.69	17.02	6
	03	户外活动流程安排不合理	3.21	4.53	14.54	8
	04	缺乏突发情况的临场应变能力	3.65	3.67	13.40	9
	05	缺乏违规行为的有效监督	2.96	3.48	10.30	12
	06	人员、物质配备不足	2.31	3.23	7.46	13
	07	知识经验不足无法全面识别风险	4.68	4.62	21.62	2
	08	应对预案不充分或缺乏针对性	4.91	4.31	21.16	3
	09	户外风险判断失误决策错误	4.23	4.86	20.55	4
	10	无法有效调动社会救援资源	4.12	4.63	19.08	5
	11	缺乏户外专业救援技能	3.67	4.26	15.63	7

续表 4-48

风险源	序号	风 险 因 素	可能性均值	严重性均值	风险量均值	风险量排序
社团负责人	12	缺少团队成员的户外安全教育	1.96	3.56	7.00	14
	13	对团队缺乏责任感疏于监管	3.12	4.23	13.19	10
	14	功利性强随意增减内容和环节	3.01	3.64	10.95	11
	15	自控能力差影响团队氛围	1.36	2.36	3.21	15
学生	01	户外知识匮乏不能胜任活动任务	4.54	4.83	21.93	3
	02	户外技能不熟、技术动作不规范或错误	4.88	4.91	24	2
	03	无法辨识户外环境或应对生理、心理变化	4.71	4.61	21.71	4
	04	不了解装备性能及方法而操作不当	4.21	4.68	19.7	7
	05	知识经验不足无法识别判断风险	4.12	4.96	20.44	6
	06	欠缺保护、自救或救援等知识技能	4.91	3.23	15.86	12
	07	过度自信盲目冒险，安全意识薄弱	4.11	4.36	24.06	1
	08	自救或救援不当导致更大危险或伤害加重	1.36	2.36	3.21	21
	09	违规从事超出技术水平和身体条件的动作	3.93	4.69	18.43	9
	10	注意力不集中导致身体失去控制或者平衡	3.65	3.66	13.36	13
	11	缺乏沟通造成团队分化导致行动不统一	4.16	1.35	10.83	15
	12	无法判断自身行为的风险后果	2.96	3.48	10.3	16
	13	缺乏团队精神独立行动	2.38	3.19	7.60	17
	14	身体有生理缺陷或伤病	3.15	4.23	13.34	14
	15	身体不适或体力不符合户外活动要求	4.12	4.63	19.08	8

续表 4-48

风险源	序号	风 险 因 素	可能性均值	严重性均值	风险量均值	风险量排序
学生	16	遇特殊生理期	4.89	4.92	5.6	19
	17	心理素质较差或者存在心理障碍	2.11	3.02	17.92	10
	18	准备不足，贸然参加户外运动	4.68	4.62	21.62	5
	19	因惊吓等做出错误或不当选择	2.31	2.32	5.4	20
	20	隐瞒疾病	1.96	3.56	6.98	18
	21	恶意违纪不服从安排擅自行动	3.67	4.36	16	11
其他人	01	保护员不了解器材设施而使用不当	2.96	3.48	10.3	15
	02	保护员欠缺风险识别能力	4.71	4.61	21.71	3
	03	保护员救援知识不足或技术不熟练	4.23	4.86	20.56	5
	04	相关人员救援方式不正确导致二次伤害	4.01	3.64	14.6	11
	05	保护员应对突发事件临场应变不足	4.68	4.62	21.62	4
	06	相关人员缺乏急救知识与技能	3.67	4.36	16.00	8
	07	医疗员体能受限不能接近事故发生地	3.93	4.69	18.43	7
	08	保护员盲目干扰组织者判断和决策	3.15	4.23	13.26	14
	09	保护员违规行动	4.54	4.83	21.92	2
	10	相关管理人员蓄意阻止活动进行	3.65	3.66	13.36	13
	11	与活动地居民产生冲突和矛盾	3.96	3.56	14.10	12
	12	不法武装人员袭击	4.91	3.23	15.86	9
	13	其他人员恶意干扰	3.36	4.36	14.65	10
	14	保护员户外保护技能欠缺	4.91	4.53	22.24	1
	15	组织者防护措施不到位	4.12	4.63	19.08	6

根据表 4-48 反映，每一个风险因素对应一个二维值，根据这个二维值可以确定该风险因素在风险矩阵图中的具体位置，由此可绘制出教师、社团负责人和学生的风险矩阵图（见图 4-22～图 4-24），然后应用 2×2 风险矩阵法对应的 4 个区间将各类人员风险因素进行归类（见表 4-49～表 4-51）。

A 教师因素的评估结果简析

从图 4-22 可以不难看出，在高校户外运动风险当中，教师相关的风险因素基本上全部集中在严重程度和可能性大或较大的区间，这说明教师角色在确保高校户外运动的安全实施方面发挥着关键作用。通过“教师因素的风险矩阵图”可将教师因素的重要程度分为 4 类（见表 4-49），这与前述帕累托分析中教师因素的累计百分比高居第二位的分析结果基本一致，但“不当使用户外运动场地设施及器材”“擅自离岗失去对学生的监控”“缺乏对学生的责任感和爱心”“疏于检查户外场地设施及器材”等风险因素条目排序与帕累托分析有一定出入，这样说明了问卷调查对象基于主观对风险量大小的判断存在局限性。

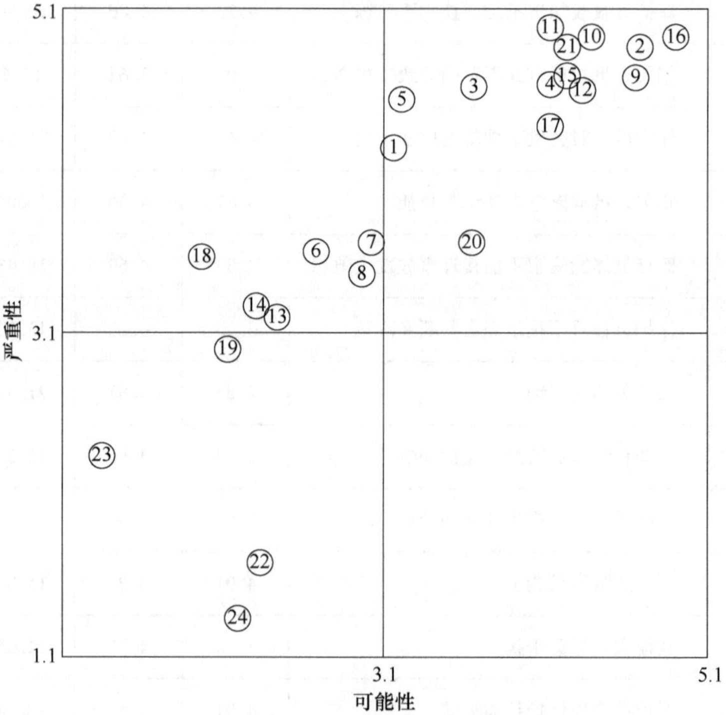

图 4-22　教师因素的风险矩阵图

表 4-49　教师因素风险重要程度分类

类别	风 险 因 素	序号
高度优先	户外知识和技能不够全面	1
	无法维持良好的户外运动教学秩序	2
	不当使用户外运动场地设施及器材	3
	户外运动教学方法不当	4
	教学内容超出学生承受能力	5
	户外运动风险预判防范意识薄弱	9
	缺乏常见户外风险识别知识和经验	10
	对学生户外运动安全教育不足	11
	未在活动范围内及时采取安防措施	12
	缺乏对学生的责任感和爱心	15
	缺乏对学生危险行为的监管	16
	疏于检查户外场地设施及器材	17
	未对不宜参加户外运动的学生采取措施	20
	擅自离岗失去对学生的监控	21
做好准备	对学生完成户外项目过于严苛	6
	传授不规范或错误的户外技术动作	7
	缺乏户外教学经验无法预见风险事件	8
	未掌握户外事故急救方法	13
	缺乏户外专业救援技能	14
	心存侥幸使用破损器材装备	18
定期评估	贪图省事减少操作环节	19
	存在道德品质问题	22
	数量配备不足不能满足教学需要	23
	岗位分配不当不能满足教学需要	24

B 社团负责人因素的评估结果简析

如图 4-23 所示，社团活动负责人相关风险因素大量集中在“严重程度大可能性大”区间，这充分反映了高校户外运动社团活动以高海拔登山和户外探险居多、活动负责人各种能力均显不足的实际情况，这一点得到了调查对象较为一致的认可。表 4-50 中，需要高度优先应对的各种风险因素，在现实中的确普遍存在且极易引发严重伤害事故。

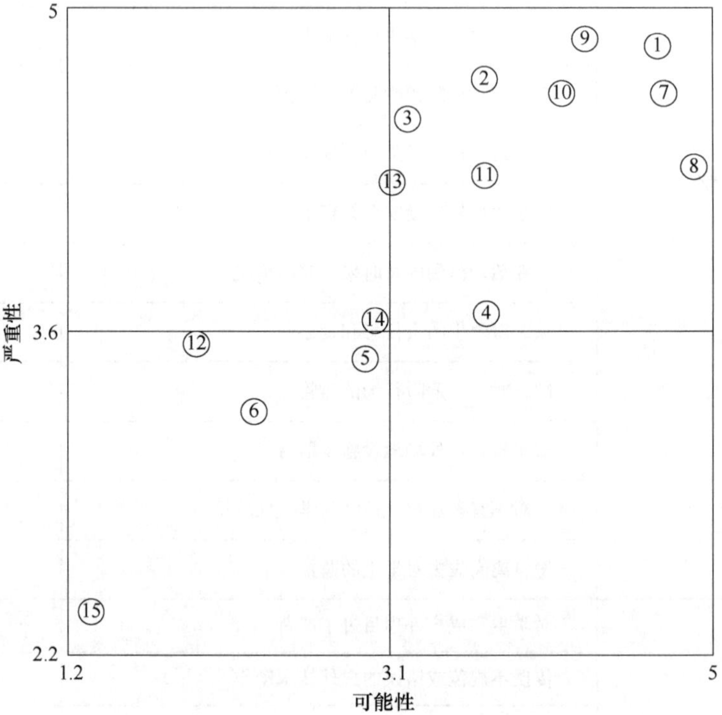

图 4-23 社团负责人因素的风险矩阵图

表 4-50 社团负责人因素风险重要程度分类

类别	风险因素	序号
高度优先	缺乏户外知识、能力和经验	1
	计划工作缺乏预案	2
	户外活动流程安排不合理	3

续表 4-50

类别	风 险 因 素	序号
高度优先	缺乏突发情况的临场应变能力	4
	知识经验不足无法全面识别风险	7
	应对预案不充分或缺乏针对性	8
	户外风险判断失误决策错误	9
	无法有效调动社会救援资源	10
	缺乏户外专业救援技能	11
	对团队缺乏责任感疏于监管	13
做好准备	功利性强随意增减内容和环节	14
定期评估	缺乏违规行为的有效监督	5
	人员、物质配备不足	6
	缺少团队成员的户外安全教育	12
	自控能力差影响团队氛围	15

C 学生因素的评估结果简析

在前面帕累托分析中，学生因素的累计百分比位居高校户外运动风险因素的第一位，由此可见学生参与者之于高校户外运动安全风险管理的重要性。如图 4-24 所示，学生相关因素多是潜在严重风险事故的诱因，体现了学生知识技能不足、安全意识薄弱、恶意违纪等事实。在这一点上，调查对象的主观判断与案例分析结果高度一致。学生因素风险重要程度分类见表 4-51。

表 4-51 学生因素风险重要程度分类

类别	风 险 因 素	序号
高度优先	户外知识匮乏不能胜任活动任务	1
	户外技能不熟、技术动作不规范或错误	2

续表 4-51

类别	风 险 因 素	序号
高度优先	无法辨识户外环境或应对生理、心理变化	3
	不了解装备性能及方法而操作不当	4
	知识经验不足无法识别判断风险	5
	欠缺保护、自救或救援等知识技能	6
	过度自信盲目冒险，安全意识薄弱	7
	违规从事超出技术水平和身体条件的动作	9
	注意力不集中导致身体失去控制或者平衡	10
	身体有生理缺陷或伤病	14
	身体不适或体力不符合户外活动要求	15
	遇特殊生理期	16
	准备不足，贸然参加户外运动	18
	恶意违纪不服从安排擅自行动	21
做好准备	无法判断自身行为的风险后果	12
	缺乏团队精神独立行动	13
	隐瞒疾病	20
定期评估	自救或救援不当导致更大危险或伤害加重	8
	心理素质较差或者存在心理障碍	17
	因惊吓等做出错误或不当选择	19
日常监控	缺乏沟通造成团队分化导致行动不统一	11

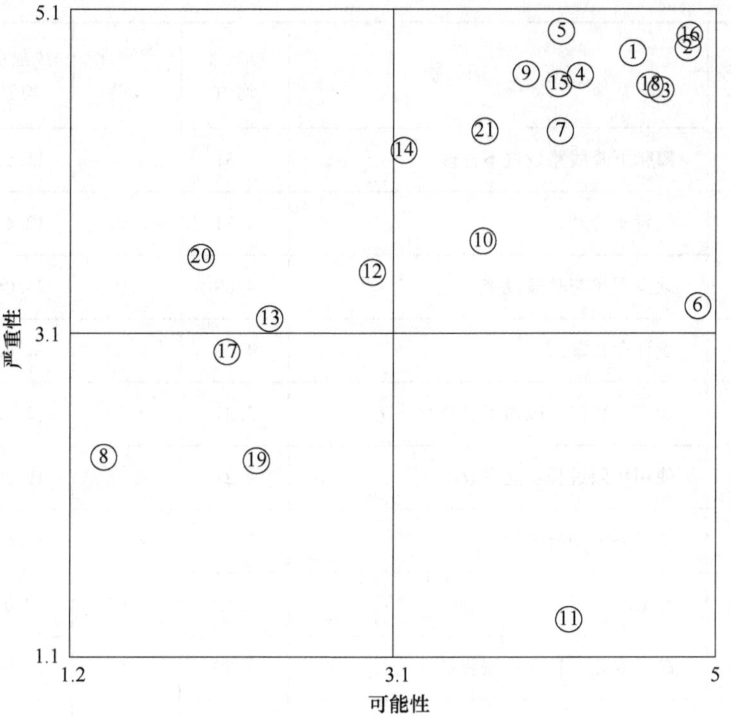

图 4-24 学生因素的风险矩阵图

4.4.3.2 高校户外运动物质风险因素评估结果分析

高校户外运动场地设施、器材装备、食物、水源、动植物、其他物等物质风险因素的评估结果详见表 4-52。

表 4-52 高校户外运动物质风险因素评估结果（*n*=111）

风险源	序号	风险因素	可能性均值	严重性均值	风险量均值	风险量排序
场地设施	01	年久失修损坏	3.48	4.21	14.65	6
	02	无法禁止违规活动	4.16	3.35	13.94	7
	03	管理疏漏	4.21	4.68	19.7	3
	04	使用频繁负荷过载	3.11	4.36	13.56	8
	05	与活动要求不符，造成伤害事故	4.12	4.56	18.79	4

续表 4-52

风险源	序号	风 险 因 素	可能性均值	严重性均值	风险量均值	风险量排序
场地设施	06	攀爬下降线路设置不合理	3.31	4.69	15.52	5
	07	位置不合理	4.11	3.02	12.41	9
	08	缺少保护与救援设施	4.89	4.92	24.06	1
	09	设计存在漏洞	4.38	4.89	21.42	2
器材装备	01	遗忘、丢失、破损不能及时补充	3.31	4.69	15.52	9
	02	使用年限过长功能失效	4.21	4.58	19.28	4
	03	受损导致功能失效	3.36	4.36	14.65	10
	04	穿戴不当	4.12	4.63	19.08	5
	05	缺乏专业装备或救援装备	4.89	4.92	24.06	1
	06	规格与使用者体型不符	4.51	3.02	13.62	11
	07	数量、种类不能满足需要	4.12	4.56	18.79	6
	08	操作使用程序不当	4.16	4.35	18.1	7
	09	保护站设计不合理	3.11	4.36	13.56	12
	10	使用不科学超过承载负荷	4.48	4.51	20.2	3
	11	存在严重质量问题	2.96	3.48	10.3	13
	12	不符合安全标准或有明显不安全因素	4.91	3.23	15.86	8
	13	性能差或存在设计缺陷导致使用不便	4.38	4.69	20.54	2
食物	01	数量、种类和营养不能满足需要	4.93	4.59	22.63	1
	02	缺乏针对性与个人饮食禁忌冲突	4.81	4.61	22.17	2
	03	种类和饮食方式与当地饮食文化不符	4.23	4.86	20.56	7
	04	存储不当引发动物偷食或人畜冲突	4.01	3.54	14.2	9

续表 4-52

风险源	序号	风 险 因 素	可能性均值	严重性均值	风险量均值	风险量排序
食物	05	保存不当导致腐败变质	4.61	4.53	20.88	4
	06	烹饪不当导致营养不能满足需要	3.67	4.36	16.00	8
	07	烹饪不当导致食用后中毒或身体不适	4.47	4.62	20.65	6
	08	误食有毒野菜、野果	3.15	4.23	13.32	12
	09	食量与活动需要不符	4.91	4.23	20.77	5
	10	属于假冒伪劣产品	3.65	3.66	13.36	11
	11	不符合相关卫生标准	3.96	3.56	14.10	10
	12	缺乏应急食品	4.54	4.83	21.93	3
水源	01	水源位置不合理	4.32	4.56	19.70	4
	02	水源量少、单一不能满足需要	4.45	3.51	15.62	7
	03	水源分布与营地分布不相符	4.21	4.58	19.28	5
	04	水质不符合相关规定	4.51	3.02	13.62	8
	05	水源易遭破坏与污染	4.91	4.86	23.82	1
	06	水源为动物水源无法保证水质	4.39	4.52	19.84	3
	07	水源取水困难	4.16	4.35	18.10	6
	08	饮用方式不当导致供应不足	4.31	4.69	20.21	2
动植物	01	野生动物造成装备损坏	3.61	3.58	12.92	9
	02	植物划伤或者刺伤人体	4.81	4.65	22.37	3
	03	动植物引发过敏并发症	4.64	4.86	22.55	2
	04	蚊、虫、蛇叮咬中毒引发并发症	4.69	4.86	22.80	1
	05	误入动物迁徙通道引发人畜冲突	4.53	4.59	20.80	5

续表 4-52

风险源	序号	风 险 因 素	可能性均值	严重性均值	风险量均值	风险量排序
动植物	06	处特殊期动物被扰引发人畜冲突	3. 15	3. 23	10. 17	10
	07	遭到大型野生动物袭击	4. 47	4. 62	20. 65	6
	08	营地设施遭到大型动物破坏	4. 01	3. 54	14. 2	8
	09	动物阻拦被迫更改计划路线	4. 23	3. 86	16. 33	7
	10	动植物造成食品污染或短缺	4. 65	4. 66	21. 67	4
其他物质	01	交通工具故障造成行程更改	4. 61	3. 58	16. 50	3
	02	交通工具发生意外事故	3. 01	4. 64	13. 97	5
	03	交通工具不能接近事故地点影响救援	4. 93	3. 86	19. 03	2
	04	马匹、牦牛等驮运导致装备损坏	3. 81	3. 65	13. 91	6
	05	马匹、牦牛等驮运导致物资器材丢失	3. 53	3. 59	12. 67	7
	06	马匹、牦牛等驮运受阻影响活动行程	4. 69	3. 16	14. 82	4
	07	缺乏急救药品或者医疗器械	4. 87	4. 72	22. 99	1

根据表 4-52 可绘制出场地设施、器材装备、食物、水源、动植物的风险矩阵图（见图 4-25～图 4-29），并进行重要程度归类（见表 4-53～表 4-57）。

A 场地设施因素的评估结果简析

本书中的“场地设施”主要指户外拓展基地、攀岩场（馆）等场地设施。在这些场地设施开展的户外项目以高空横向、纵向快速移动类项目居多，场地设施因素的评估结果较真实反映了依托户外运动场地设施开展的户外项目的高风险性（见图 4-25），因此也多属于“做好准备”“高度优先”的重要区间。“无法禁止违规活动”“位置不合理”等因素发生可能性较大，主要是因为户外拓展基地、攀岩场通常修建在室外或校园内山林等空旷地带，极有可能发生学生违规活动、落石滚木坠下等风险，因此属于日常监控一类。场地设施因素风险重要程度分类见表 4-53。

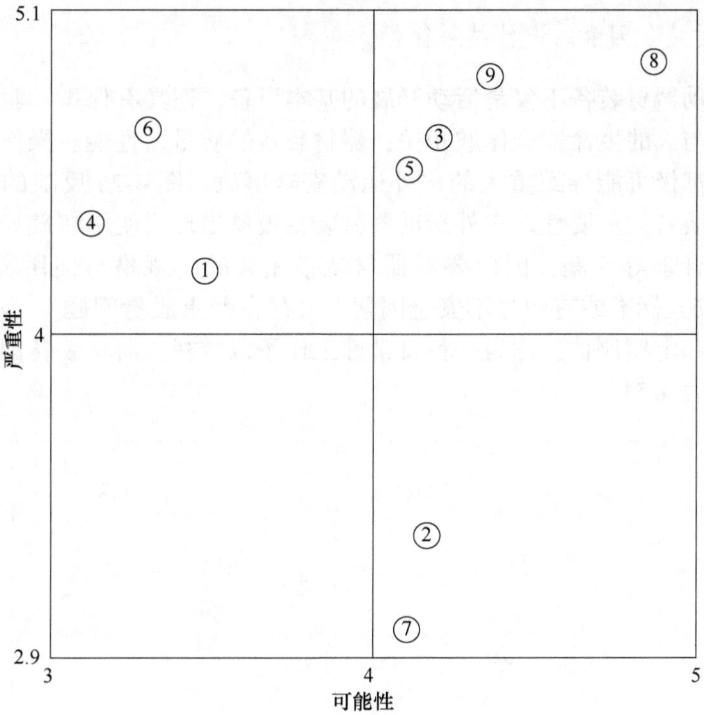

图 4-25 场地设施因素的风险矩阵图

表 4-53 场地设施因素风险重要程度分类

类别	风 险 因 素	序号
高度优先	管理疏漏	3
	与活动要求不符，造成伤害事故	5
	缺少保护与救援设施	8
	设计存在漏洞	9
做好准备	年久失修损坏	1
	使用频繁负荷过载	4
	攀爬下降线路设置不合理	6
日常监控	无法禁止违规活动	2
	位置不合理	7

B 器材装备因素的评估结果简析

户外运动器材装备不仅是活动开展的基本设备，还具有保护、救生、救险等特殊功能，与人的生命安全休戚相关，器材装备的质量、性能、操作、使用等存在丝毫问题都极可能导致重大的户外运动安全事故，图 4-26 反映的评估结果也说明了器材装备的重要性。户外运动器材装备极易出现因使用超载导致损坏或故障、穿戴不合理等问题，因此要对器材装备相关的“规格与使用者体型不符”“规格不符安全标准或有明显不安全因素”“存在严重质量问题”等风险因素进行日常监控和定期评估，作为一种日常性工作予以重视。器材装备因素风险重要程度分类见表 4-54。

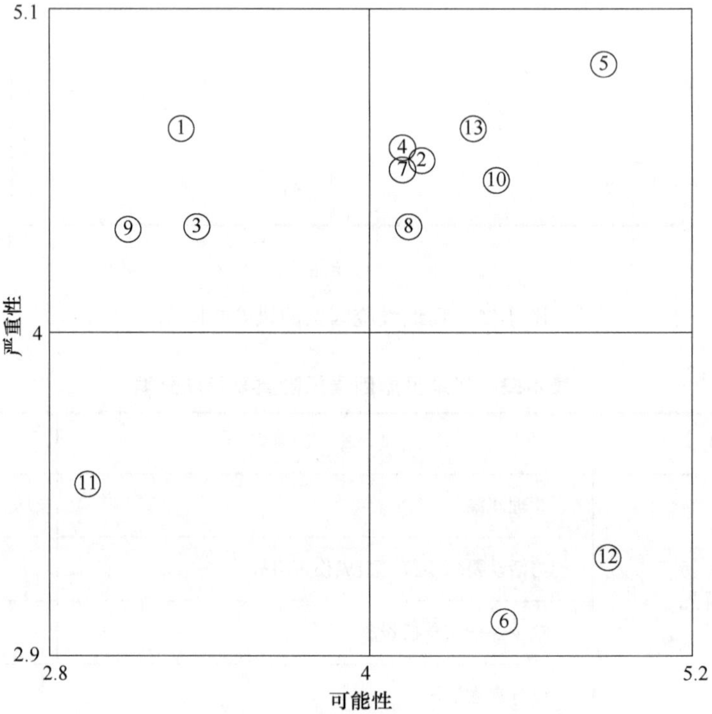

图 4-26 器材装备因素的风险矩阵图

表 4-54 器材装备因素风险重要程度分类

类别	风 险 因 素	序号
高度优先	使用年限过长功能失效	2
	穿戴不当	4

续表 4-54

类别	风 险 因 素	序号
高度优先	缺乏专业装备或救援装备	5
	数量、种类不能满足需要	7
	操作使用程序不当	8
	使用不科学超过承载负荷	10
	性能差或存在设计缺陷导致使用不便	13
做好准备	遗忘、丢失、破损不能及时补充	1
	受损导致功能失效	3
	保护站设计不合理	9
日常监控	规格与使用者体型不符	6
	不符合安全标准或有明显不安全因素	12
定期评估	存在严重质量问题	11

C 食物因素的评估结果简析

食物是开展户外运动的基本物质保障，尤其是在偏僻野外或高海拔山地开展户外运动，对食物数量、种类、营养结构等要求高，食物的配备、保存、食用方式显得尤为重要。在高校户外运动中，时常发生学生不按计划进食、保存不当被动物偷食而导致食物短缺的情况，在高校学生自发户外运动活动因迷路缺乏应急食物导致严重伤害事故的案例也时有所见。关于食品保管、营养、种类等方面影响因素被评估为高度优先处理的风险因素理所当然（见图 4-27），而饮食禁忌、不符卫生标准等风险因素则应列入日常监控和定期评估的任务。食物因素风险重要程度分类见表 4-55。

表 4-55 食物因素风险重要程度分类

类别	风 险 因 素	序号
高度优先	数量、种类和营养不能满足需要	1
	种类和饮食方式与当地饮食文化不符	3

续表 4-55

类别	风 险 因 素	序号
高度优先	存储不当引发动物偷食或人畜冲突	4
	保存不当导致腐败变质	5
	烹饪不当导致食用后中毒或身体不适	7
	食量与活动需要不符	9
	缺乏应急食品	12
做好准备	烹饪不当导致营养不能满足需要	6
	误食有毒野菜、野果	8
日常监控	缺乏针对性与个人饮食禁忌冲突	2
定期评估	属于假冒伪劣产品	10
	不符合相关卫生标准	11

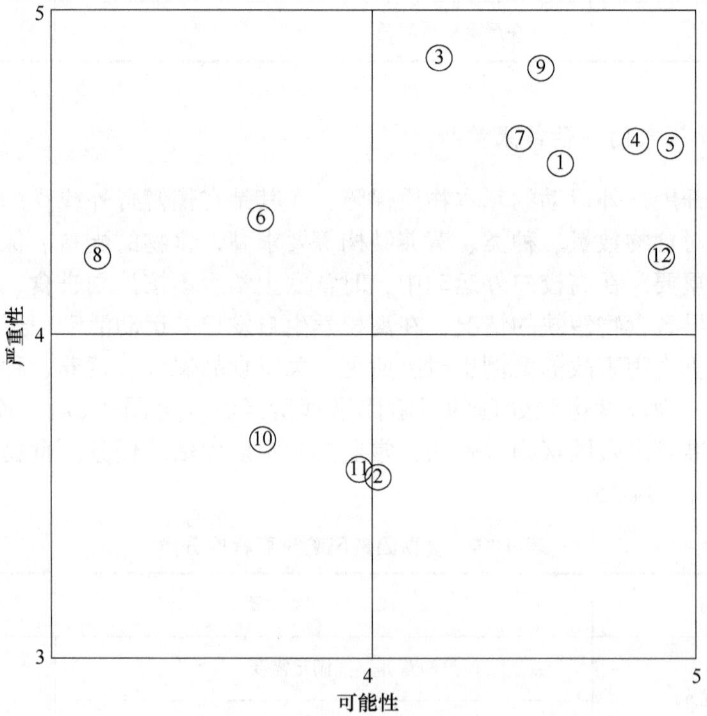

图 4-27 食物因素的风险矩阵图

D 水源因素的评估结果简析

水是包括人类在内所有生命生存的重要资源，人体一旦缺水，其后果将非常严重。对于户外运动者来说，确保水源安全尤为重要。由于参与高校户外运动的教师、社团负责人、学生等大都具有用水安全的基本常识，而且在野外水源污染的情况也不多见，因此关于水源的风险因素尽管后果程度较严重，但发生的可能性都不高（见图 4-28），这一点在帕累托分析中也得到了证实。但要特别指出的是，为了保证用水基本的安全，要对水质和水量定期进行评估（见表 4-56），以免导致用水中毒或水源短缺的风险。

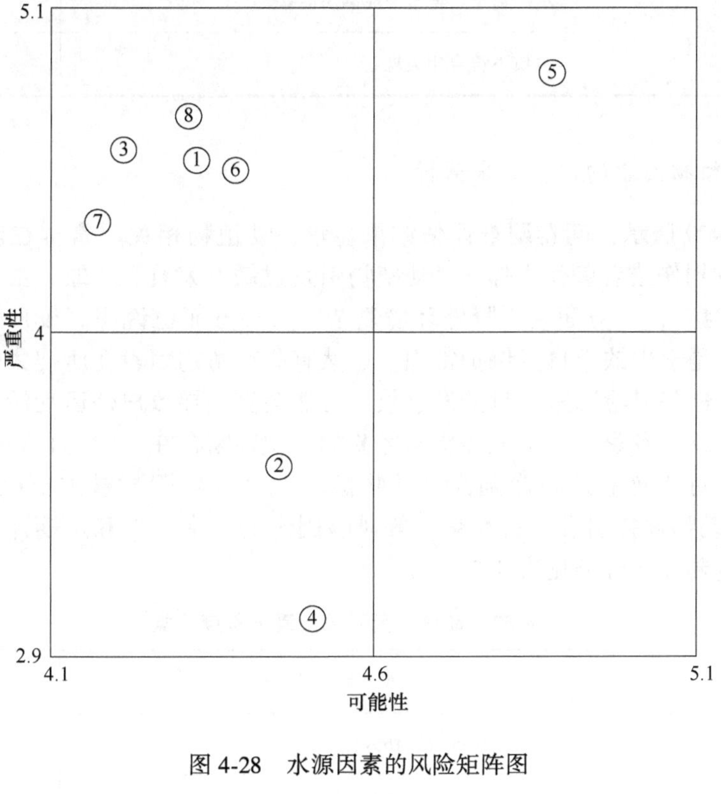

图 4-28 水源因素的风险矩阵图

表 4-56 水源因素风险重要程度分类

类别	风 险 因 素	序号
高度优先	水源易遭破坏与污染	5
做好准备	水源位置不合理	1

续表 4-56

类别	风 险 因 素	序号
做好准备	水源分布与营地分布不相符	3
	水源为动物水源无法保证水质	6
	水源取水困难	7
	饮用方式不当导致供应不足	8
定期评估	水源量少、单一不能满足需要	2
	水质不符合相关规定	4

E 动植物因素的评估结果简析

如图 4-29 所示，问卷调查评估结果显示，动植物相关因素排在前 3 位的分别是“植物划伤或者刺伤人体”“动植物引发过敏并发症”“蚊、虫、蛇叮咬中毒引发并发症”，一方面说明野外环境复杂，另一方面也说明高校户外运动参与人群中尤其是学生缺乏自我保护常识。虽然有些动植物因素在所搜集的案例中十分鲜见，但这些风险因素一旦诱发事故，可能会直接导致户外运动活动受阻进而引发其他事故，专家基于个人经历与经验的主观判断存在一定的合理性，因此不能忽视保持对“营地设施遭到大型动物破坏”“动物阻拦被迫更改计划路线”“处特殊期动物被扰引发人畜冲突”等风险因素的日常监控和定期评估。动植物因素风险重要程度分类见表 4-57。

表 4-57 动植物因素风险重要程度分类

类别	风 险 因 素	序号
高度优先	植物划伤或者刺伤人体	2
	动植物引发过敏并发症	3
	蚊、虫、蛇叮咬中毒引发并发症	4
	误入动物迁徙通道引发人畜冲突	5
	遭到大型野生动物袭击	7
	动植物造成食品污染或短缺	10

续表 4-57

类别	风险因素	序号
日常监控	营地设施遭到大型动物破坏	8
	动物阻拦被迫更改计划路线	9
定期评估	野生动物造成装备损坏	1
	处特殊期动物被扰引发人畜冲突	6

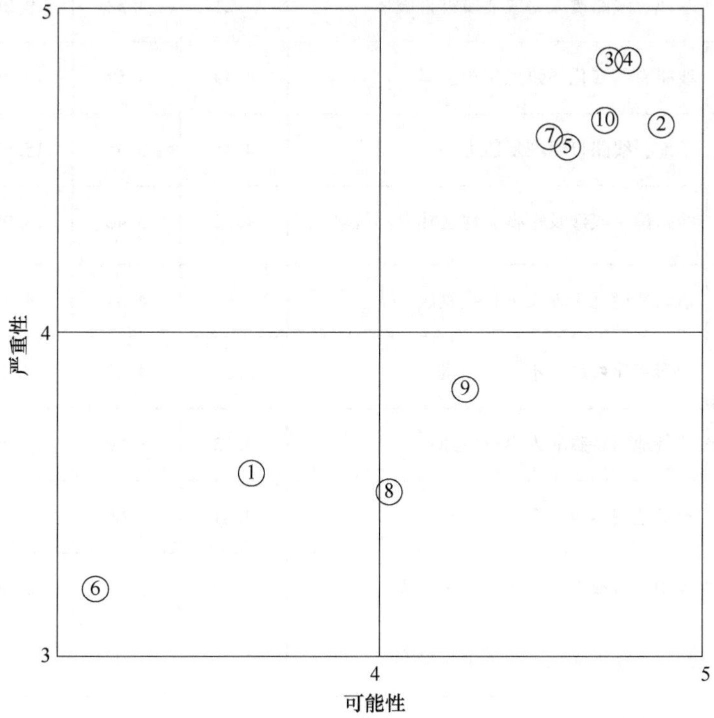

图 4-29　动植物因素的风险矩阵图

4.4.3.3　高校户外运动环境风险因素评估结果分析

高校户外运动基地线路、地形地貌、气象条件、制度管理等环境方面的风险因素评估结果详见表 4-58。

表 4-58 高校户外运动环境风险因素评估结果（$n=111$）

风险源	序号	风 险 因 素	可能性均值	严重性均值	风险量均值	风险量排序
基地线路	01	线路复杂、难度高超过人类能力范围	4.91	4.26	20.92	3
	02	基地、线路设计（选择）不合理	4.51	4.92	22.19	1
	03	基地、线路缺乏应急救援基础设施	4.86	4.35	21.14	2
	04	基地、线路容量小造成拥堵或者踩踏	4.31	4.59	19.78	5
	05	基地、线路遭人为或地质灾害破坏	4.21	4.58	19.28	6
	06	线路有新变化导致无法辨识	4.39	4.52	19.84	4
	07	基地、线路自然恢复能力差	4.45	3.51	15.62	7
	08	线路位于或涉及军事、地区热点等区域	4.32	3.46	14.95	8
地形地貌	01	活动环境处于地质灾害频发区	3.01	4.84	14.57	5
	02	地形变化快增加不可控因素	3.53	4.59	16.2	3
	03	地貌地形特殊非人力可以通过	4.13	3.86	15.95	4
	04	地形地貌本身具有危险因素	4.81	4.65	22.37	1
	05	误用装备或人为破坏引发地质灾害	3.69	3.16	11.66	6
	06	地形地貌不能满足户外项目需要	3.61	4.98	18	2
气象条件	01	天气变化引起地质灾害	3.55	3.98	14.12	4
	02	高温、热浪、暴风雨、雷电等气象灾害	4.11	4.65	19.11	3
	03	气象变化造成线路或环境变化	4.53	4.59	20.79	2
	04	天气变化造成活动难度增加	4.81	4.84	23.28	1
	05	气象变化加大救援难度	3.13	3.86	12.08	5

续表 4-58

风险源	序号	风 险 因 素	可能性均值	严重性均值	风险量均值	风险量排序
制度管理	01	高校监管户外社团违规行为效果不佳	4.45	4.51	20.07	4
	02	户外目的地管理缺位无法约束违规行为	4.86	4.35	21.14	3
	03	高校管理不严导致不够资质的社团获批	4.51	4.39	19.80	5
	04	公共救援体系欠缺造成紧急事故后果加重	3.21	4.58	14.70	7
	05	高校户外运动风险管理制度不健全	4.39	3.52	15.45	6
	06	高校相关部门学生户外运动安全教育不够	4.81	4.86	23.38	1
	07	高校缺乏学生自发户外活动的管理制度	4.51	4.92	22.19	2

根据表 4-58，可以绘制出基地线路、地形地貌、气象条件、制度管理的风险矩阵图（见图 4-30~图 4-33），并进行重要程度归类（见表 4-59~表 4-62）。

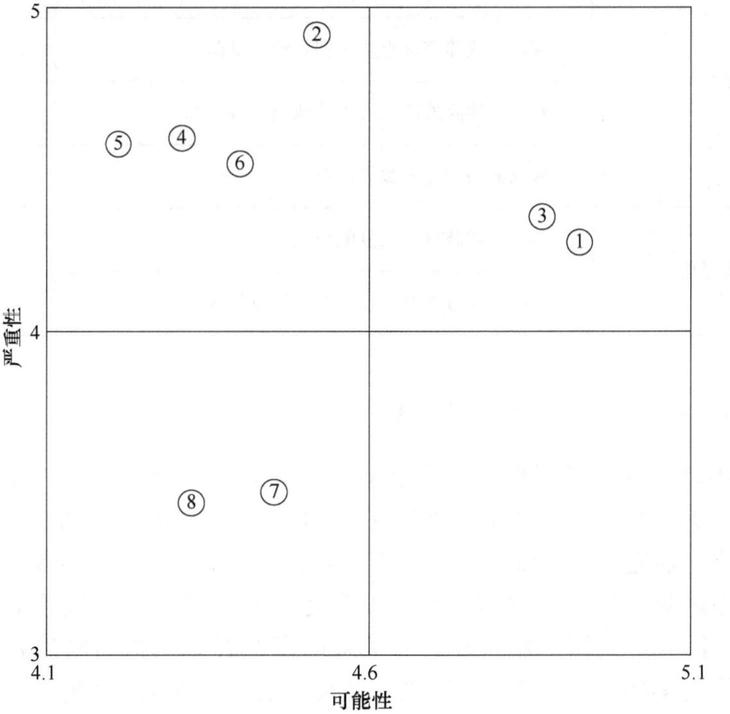

图 4-30 基地线路因素的风险矩阵图

A 基地线路因素的评估结果简析

本书所言的“基地线路”主要是指户外运动活动中徒步、穿越、探险、攀登、攀爬等线路和在开展营地式户外运动活动的宿营基地。线路和营地基地的安全同样十分重要，因大多经过科学设计与论证，通常发生风险事故的可能性较小，但一旦出事其后果程度可能就很严重，比如线路过难导致滑倒事故频发、线路易改变无法辨识等（详见图 4-30），这些方面的风险因素都必须高度优先和做好准备着手处理。其他如“基地、线路自然恢复能力差”“线路位于或涉及军事、地区热点等区域”等极为罕见（见表 4-59），予以定期评估即可。

表 4-59 基地线路因素风险重要程度分类

类别	风 险 因 素	序号
高度优先	线路复杂、难度高超过人类能力范围	1
	基地、线路缺乏应急救援基础设施	3
做好准备	基地、线路设计（选择）不合理	2
	基地、线路容量小造成拥堵或者踩踏	4
	基地、线路遭严重人为或地质灾害破坏	5
	线路有新变化导致无法辨识	6
定期评估	基地、线路自然恢复能力差	7
	线路位于或涉及军事、地区热点等区域	8

B 地形地貌因素的评估结果简析

如图 4-31 所示，地形地貌因素总体上属于后果严重性较大、发生可能性偏小的因素种类。实施开展户外运动必须依托具有一定风险的特殊地形地貌，但这种潜在风险必须适度，是仅限于可控范围的适度风险。但地形地貌的潜在风险往往会因其他因素（比如人的疏忽或气象变化等）的叠加，导致后果程度较大的伤害事故，因此“地形地貌本身具有危险因素”被评估为高度优先处理的风险因素。根据表 4-60 所列，“活动环境处于地质灾害频发区”“地形变化快增加不可控因素”“地形地貌不能满足户外项目需要”等基本属于无法预测或预测失误的风险因素，因此高校户外运动风险管理者要事先做好准备，以便灵活处理应对风险。“地貌地形特殊非人力可以通过”“误用装备或人为破坏引发地质灾害”则通过加强监控和评估即可确保安全。

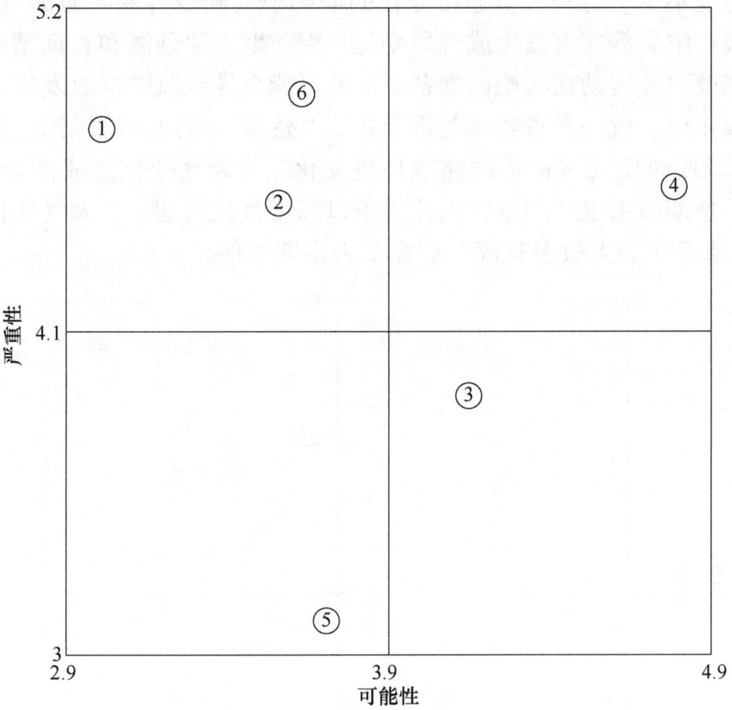

图 4-31 地形地貌因素的风险矩阵图

表 4-60 地形地貌因素风险重要程度分类

类别	风 险 因 素	序号
高度优先	地形地貌本身具有危险因素	4
做好准备	活动环境处于地质灾害频发区	1
	地形变化快增加不可控因素	2
	地形地貌不能满足户外项目需要	6
日常监控	地貌地形特殊非人力可以通过	3
定期评估	误用装备或人为破坏引发地质灾害	5

C 气象条件因素的评估结果简析

本书归纳的气象条件类风险因素条目虽然不多，但其隐含的潜在风险尤其诱发的风险还是不少。野外环境通常存在的局部小气候极容易导致暴雨雪、狂风、山洪、滑坡、浓雾等灾害发生或气象变化，因前期无法预测和查询精确详实的天气信息，高校户外运动在实施前准备不足就可能会导致风险事故发生。如图 4-32 所示和见表 4-61，气象条件类风险因素中，“高温、热浪、暴风雨、雷电等气象灾害”“气象或地质灾害造成线路或环境变化”“天气变化造成活动难度增加”较为常见，预期后果也较严重，因此要予以高度优先处理，“天气变化引起地质灾害”“气象变化加大救援难度”则需加强定期评估。

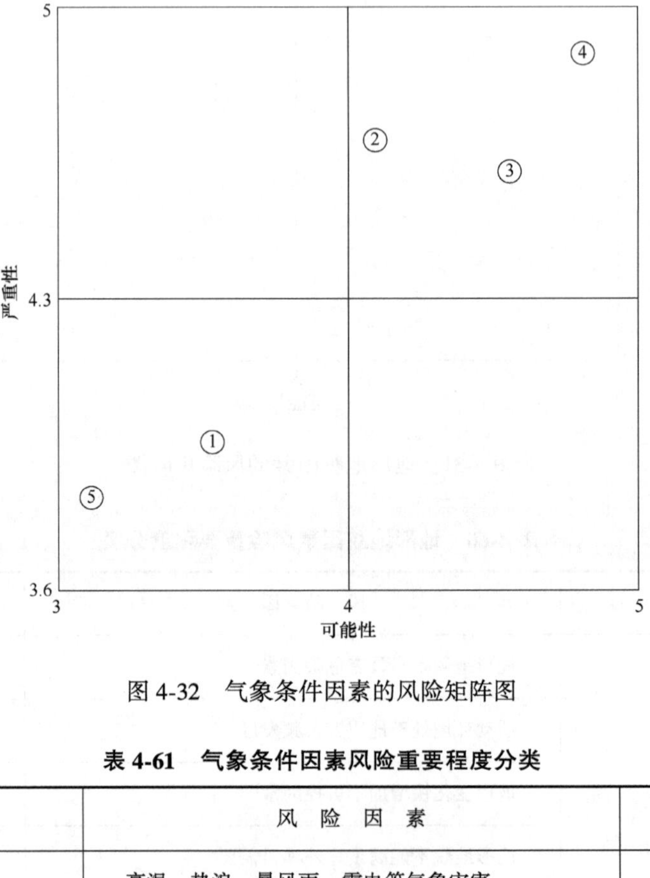

图 4-32 气象条件因素的风险矩阵图

表 4-61 气象条件因素风险重要程度分类

类别	风 险 因 素	序号
高度优先	高温、热浪、暴风雨、雷电等气象灾害	2
	气象变化造成线路或环境变化	3
	天气变化造成活动难度增加	4

续表 4-61

类别	风险因素	序号
定期评估	天气变化引起地质灾害	1
	气象变化加大救援难度	5

D 制度管理因素的评估结果简析

从前面所述的案例事故分析来看，制度管理因素是极少导致事故发生的直接因素，但它事关对人的不安全行为的约束、人的正确行为的引导，往往有许多因人的失误和人的犯错而导致的事故，就是制度管理因素起到了间接诱发的负面作用。从图 4-33 来看，“高校监管户外社团违规行为效果不佳”“高校管理不严导致不够资质的社团获批”“高校相关部门学生户外运动安全教育不够”“高校缺乏学生自发户外活动的管理制度”等风险因素的存在，均会导致社团负责人、学生的冒险、违规、失误等行为的大面积出现，因此要予以高度优先，提前预防。

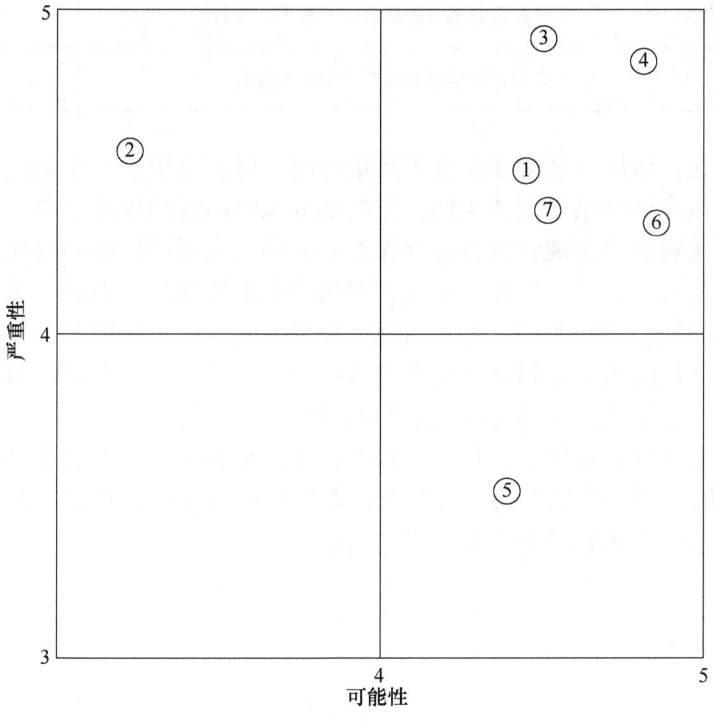

图 4-33 制度管理因素的风险矩阵图

另外作为事故发生后的减损措施，公共救援体系欠缺也可能导致后果程度加重，因此十分有必要呼吁有关政府部门和机构予以重视。户外运动目的地也要从辖区山地、林地管理入手，做好查处和制止违规的户外运动行为的准备。有关高校则要健全完善课程、社团活动、学生自发活动等多种类型户外运动活动的风险管理制度并狠抓落实，加强日常监控。其中制度管理因素风险重要程度分类见表4-62。

表 4-62 制度管理因素风险重要程度分类

类别	风险因素	序号
高度优先	高校监管户外社团违规行为效果不佳	1
	高校管理不严导致不够资质的社团获批	3
	公共救援体系欠缺造成紧急事故后果加重	4
	高校相关部门学生户外运动安全教育不够	6
	高校缺乏学生自发户外活动的管理制度	7
做好准备	户外目的地管理缺位无法约束违规行为	2
日常监控	高校户外运动风险管理制度不健全	5

综上所述，运用列表排序法和风险矩阵图、层次分析法与帕累托分析法对高校户外运动风险评估结果大体相同，但在部分风险因素的排序上有所差别，这一方面说明了调查对象主观评价标准存在差异，导致主观评价结果与实际案例分析结果之间有所差别；另一方面，也说明案例收集不够充分。但是，主要风险因素排序的大体相同，则说明了人们对引起事故发生的主要风险因素的认知与事实相符。由于有些风险因素条目对应的案例数目为零，以致无法对其进行相对准确的帕累托分析，而导致排序的结果无法与帕累托分析进行比较。

总之，基于列表排序法、风险矩阵图、层次分析法与帕累托分析法“4种方法、3类评估”得出的结果对思考和选择高校户外运动风险应对策略与构建高校户外运动风险防控体系具有较大的参考价值。

5 高校户外运动风险应对

5.1 风险应对概述

风险应对又称风险处置、风险对付，是指风险管理者或组织为了消除和减少风险发生的可能性或风险事故的损失，在识别风险、分析风险概率和风险影响程度的基础上，综合考虑风险性质和决策主体的风险承受能力，而制定采取的各种风险防范措施。结合本书的研究对象，高校户外运动风险应对是指风险管理者为了消除和减少高校户外运动风险事件的发生概率，有效控制和降低户外运动给高校、教师、学生、家长等主体带来的伤害和损失，在识别高校户外运动的风险因素、分析潜在风险的发生概率和风险事故的严重程度的前提下，综合考虑风险本身的特异性和风险管理技术的特殊性而采取的一系列风险防范对策。风险应对是风险管理的关键环节，并不孤立存在。在风险管理程序中，风险应对是风险管理的根本目的和落脚点，风险识别、风险评估是风险应对的基础和前提，为风险应对提供依据。

高校户外运动风险管理是一种管理活动，涉及效果、效率问题，因此处理和控制风险会受到一些因素的制约和限制。(1) 所选择的风险应对策略的适用性、可操作性、成本可接受性及有效性等是首先要考虑的问题。(2) 还要考虑在特定环境下或场合中风险本身的一些性质，比如可规避性、可转移性、可缓解性、可接受性等。(3) 风险管理者或风险管理部门是组织实施风险管理的主体，他们对风险的偏好和抗风险能力也是必须要考虑的因素。综合上述因素，风险管理主体可以选择一种或多种风险应对策略配合使用，以取得最优的风险管理效果，达到成本最优且价值最大化的风险管理目标。

关于风险应对策略的分类问题，不同专家持有大致相似的观点。郑希文等[84]认为，处理风险的方法可分为风险控制性处理方法和风险融资性处理方法两大类，具体包括风险预防、风险规避、风险分散、风险转嫁、风险补偿等措施。刘钧[39]提出“风险控制技术主要包括风险规避（avoidance）、损失控制（loss control）和风险转移（transfer-control type）3 种”，他认为“损失控制包括风险预防和风险分散两种方式，风险转移包括保险转移和非保险转移”。陈赟[62]提出，工程项目风险常用的应对策略有风险规避、风险转移、风险缓解、风险自留及这些方法的组合。James F. Broder，Eugene Tucker[85]认为，通过避免、消除、减少或者转移风险，能够在损失发生之前尽可能地减少损失发生概率以及减轻损失程度，做到“防患于未然”。但如果风险损失由不确定变为确定的事实之后，风险处置还要采取另外一种方法，即风险自留的资金筹措与安排。综合上述学者的观点，风险回避、风险减缓、风险承受、风险转移是各领域应对风险的常用策略，这也是本书选择高校户外运动风险应对策略所参考和借鉴的分析范式。部分学者提出的保险转移、非保险转移、风险预防、损失控制及资金筹措等方法，基本都包括在上述4种风险应对策略之内。

风险管理还涉及投入产出问题，即成本和效益问题。高校户外运动人身安全风险事关学校社会声誉、学生身体健康、社会稳定等社会效益，各种风险的发生概率、危害程度各不相同，对某些风险的合理利用能有效提高学生身体素质、学科建设发展、培养学生休闲意识甚至扩大学校影响力，但某些风险危害程度大（如发生严重伤害伤亡事故的风险）则会适得其反。因此，要在对高校户外运动风险科学评估和预测的前提下，要根据风险发生概率和风险后果程度等具体情况遵循如下基本原则（见表5-1），合理选择应对策略，如图5-1所示。

表5-1 高校户外运动风险应对策略选择的基本原则

风险的具体情况	基本原则	应对策略
后果危害大，发生概率大	坚决避免	风险规避
后果危害小，发生概率大	设法降低	风险降低
后果危害大，发生概率小	协议转移	风险转移
后果危害小，发生概率小	控制利用	风险承担

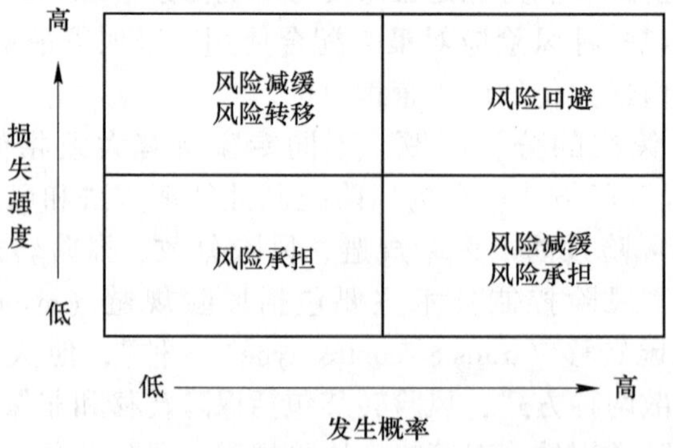

图5-1 高校户外运动风险应对策略矩阵

5.2 高校户外运动的风险回避

风险回避也称风险避免，是指当某项风险预计发生损失的可能性很大，不利后果也很严重时，又无其他合适规避策略可以使用（甚至保险公司拒绝承保），而采取主动放弃项目或活动，拒绝承担该种风险的行动方案[66]，即通过放弃某种任务断绝风险的来源。如果仅单一从处置特定风险的角度考量，对风险管理者而言，风险回避能够将风险事故及损失发生的可能性降低为零[86]，完全规避了风险事故发生的可能及可能造成的各种损失，无疑是一种最彻底的风险应对方法。比如我国保险公司均将地震灾害列为财产保险保单的除外责任的做法，就是采取了回避巨额赔偿风险的风险应对策略。高校户外运动面临的风险种类繁多，有些风险事故甚至能造成十分严重的后果和损失。在中国登山协会每年发布的《中国大陆登山户外运动事故报告书》中，人员伤亡案例比比皆是。针对高校户外运动的风险管理工作，风险回避同样是一种最为简单且成本较低的风险应对策略。

通常而言，当在高校户外运动活动发生某一类（种）风险的可能性很大且可能导致的后果也很严重，而又无其他更佳的应对策略可以采用时，就较适合采取风险回避策略[87]。简便易行的做法就是或主动果断放弃该项活动，或改变降低活动目标，或改变实施方案，以将风险完全规避在高校户外运动活动系统之外，确保师生人身安全。比如，在高海拔登山探险活动中，若根据天气预报可能遭遇暴风、暴雪等恶劣气候时，则应果断取消或推迟既定的攀登计划，将暴风雪引发山难事故的可能性完全规避掉。2002 年 7 月，北大登山队（由学校社团山鹰社组队）攀登位于西藏境内的希夏邦马（取自藏语“气候严寒、天气恶劣多变”之意），该峰本就是登山界公认的高难度山峰，且 7 月也非该峰最佳的攀登期，最终因雪崩直接造成 5 名队员遇难的严重后果，不仅 5 名同学失去了生命，也给家庭带来了沉痛的伤害，给学校也造成声誉和经济方面的损失。反思这一山难，如果该登山队的管理者能够预先全面搜集雪山所处地区的季节气象特征、征求经验丰富的登山专家的建议，在事先预测到暴风雪、雪崩等自然灾害发生的可能性，并主动采取放弃或变更攀登计划，即可成功回避这一后果极其严重的风险，避免灾难事故。

在国内高校登山活动中，也不乏回避风险并实现活动目的的成功案例。2012 年 5 月，中国地质大学登山队在攀登珠穆朗玛峰的过程中，根据原定计划一直未遇到冲顶的最佳气象条件，总指挥在经过科学研判后主动改变冲顶时间，经过 10 余天的等待，终于迎来一个有利天气并成功登顶。一反一正两个案例，充分说明了在特定的时间、环境条件下，是否选择回避风险的应对策略，果断改变或调整活动计划，有时往往能带来截然不同的风险后果。

高校户外运动风险回避策略的使用，需要辩证看待。全国近两百所高校经过考察论证并最终决定开设户外课程，看中的就是户外运动区别于一般、传统体育运动项目的特殊育人功能，其不同之处在于：户外运动传授的不仅有运动技能还有生存技能；增强的不仅是体质还包括心理；收获的不仅有快乐还有与大自然的亲密接触；培养的不仅是坚韧的意志品质还包括团队精神和社会适应能力；习得的不仅有知识技能还有休闲意识……这些都可以被看作是高校开展户外运动的效益（社会效益），如果高校采取风险回避的应对策略，“一刀切”停止所有户外运动活动，或放弃引进户外运动项目，户外运动特殊的育人功能就无从发挥，这部分失去的价值和功能（社会效益）即选择风险回避策略要付出的机会成本。如果因为害怕风险而放弃户外运动，将这一时尚、实用且极具教育意义的创新体育课程内容束之高阁，使学校失去了一种行之有效的教育方式，使学生失去了一个极富锻炼价值的学习机会，这样的机会成本代价实在太大，显然不是高校户外运动风险应对的积极上策。

5.3 高校户外运动的风险承担

风险承担又称风险自留，是指风险管理者在制定风险应对策略时，将一些发生频率高但预计后果相对较轻的风险自留于组织内部，通过采取控制措施化解风险或者不采取任何措施的应对方法[88]。简而言之，就是风险管理者将风险损失留给自己承担。风险承担有主动和被动之分，主动承担是指经过事先充分识别与评估风险、权衡各种风险应对策略的优缺点，最终主动选择将风险全部或部分损失留由自己承担的做法，这是一种有经过周全考虑、充分准备和周密计划的积极应对风险的方式。被动承担则完全相反，它是由于对风险的存在和风险后果的严重程度评估不力、认识不全或疏忽大意，没有采取回避、减缓等风险控制措施，只得最终由自己承担风险损失的做法，它是一种被动消极的风险处理方式。在风险管理中，通常有3种情况适于采用风险承担策略：（1）通过事前分析和研判，某些风险无法回避或转移，通过风险减缓也无法完全杜绝时，只能接受这些风险；（2）经过风险评估确认某些风险对工作任务总体不会造成太大影响，将这些风险主动地保留下来；（3）无法准确把握风险，于是保留风险。高校户外运动同样存在上述3种情况，也必定要通过主动或者被动的风险自留，由风险管理主体承担某些风险的损失。因此，高校户外运动风险承担策略通常适用于后果损失小、发生频率低的风险，或者是风险发生频率高而损失较小的风险。

在高校开展户外运动活动中，留由风险管理者自己主动承担的风险应该是户外运动与生俱来的，不能剔除和抛弃的本质和精髓的元素。英国探险活动管理部门认为，适当平衡危险与控制的关系，会使户外探险活动收获惊人的效果。如果清除了户外活动中的一切危险因素，那么这项活动的意义和效果会遭到根本性的破坏[89]。高校户外运动同样应该适当保留一些可以控制的风险，将学生置于这种陌生并确保安全的风险环境，使他们适度历经风险以达到锻炼学生的目的。本书将其称为“适度风险”，它是将户外运动区别于常规传统体育运动的核心要素，就是高校户外运动应该坚守的，风险管理者应该承担的风险。比如，学生攀爬陡峭的自然岩壁，虽然事先充分的保护措施大大降低了风险事故的发生概率，不过发生滑坠和跌落的风险仍然存在，但不能由此为了回避风险而取消攀岩活动，这种可能发生的风险损失是高校户外运动管理者应该主动承担的。在丛林穿越中，荆棘划伤、崴脚、蚊虫叮咬等轻微伤害的风险事故造成的损失也应由风险管理者主动承担。

需要风险管理者自担的高校户外运动风险还包括那些无法把握的、可能会发生的风险损失。风险识别已经将高校户外运动面临的风险源、风险因素、可能发生的风险事故等尽可能全面地做了一一排查，风险管理者依据风险评估结果，通过风险回避、风险减缓等措施可以杜绝和降低部分风险的发生概率，但仍可能存在少量未知的、尚无法感知的风险，这些风险也需要风险管理者自己承担。

5.4 高校户外运动的风险转移

综合考量各种风险应对策略，风险转移不失为一计良策。风险转移又叫作合伙分担风险，它是风险管理主体通过合同或非合同的方式将风险转嫁给另一个人或单位以减轻损失的风险处理方式。从减损的内在机理来看，风险转移不同于风险规避。风险规避策略是通过放弃、终止或变更活动计划使风险因素灭失以达到减轻损失的目的，而风险转移则是允许风险因素继续存在，而将可能出现的风险损失通过保险或非保险的形式转移给保险公司或其他人（或单位）。

风险转移通常有保险转移和非保险转移两种做法。前者是通过购买保险的方式将风险转移给保险公司，由保险公司承担风险损失。后者则指将某些风险可能造成的全部或部分损失通过事先的合同、协议约定等转移给其他人或组织。在风险管理中，通过保险转移可以将一些由不可抗力、非故意因素导致的风险事故损失转嫁给保险公司，还有一些无法通过保险转移的损失（如人为故意犯错导致的事故损失），则可采取免责协议等非保险形式转移给其他人（如当事人）。对比保险和非保险两种风险转移方式，前者需要负担经济成本，后者通过合同、协议形式在事先划定责任并形成约定，几乎不需要承担成本。相比其他几种风险应对策略，风险转移在一定程度上保留了风险，而且更加简便易行。

现实生活充满未知，风险无时不在、无处不有，高校实施户外运动同样如此。在高校户外运动课程教学、活动组织、赛事举办时，学生必将面临陌生的自然环境、生疏的人际关系、复杂的技术技能等情况，这些场景都暗藏诸多未知，风险因素种类多涉及范围广，风险事故发生概率也会陡然上升。因此，无论运用何种预防、减缓措施来控制应对风险，但高校户外运动风险一定不可能被完全避免。当风险后果程度非常严重、预计损失数额巨大时，而高校户外运动风险管理主体又无法承担时，风险转移就不失为一种上佳的风险应对策略。风险转移通常适用于风险发生频率低而损失较大的风险，对高校户外运动而言特别适用于应对一些极少发生的重大伤害伤亡事故。据调查，我国相关高校在开展各种各类的户外运动课程和活动时，均有为全体组织者和参与者购买保险的良好意识。部分高校要求登山户外运动类社团组织活动、学校代表队参加山地户外运动类比赛时签订免责协议书与风险提示书，也有高校要求告知学生家长，事先征得家长的同意。总之，当前我国高校户外运动活动采用保险和非保险等两种风险转移策略都较多，且已成为高校管理户外运动风险的通行做法。

5.5 高校户外运动的风险减缓

风险减缓又称风险控制，是一种预防或减少损失的风险应对策略，它是指根据识别出的关键风险因素逐一提出技术上可行的、经济上合理的预防措施，其实质是以尽可能低的成本降低风险发生的可能性，并将风险损失控制在最低程度。其作用机理在于通过一定举措降低风险事故的发生概率或缓解风险事故的后果程度，达到减轻损失的目的。风险减缓包含两层意思：一是损失预防，即尽量减少风险事故的发生概率；二是损失减少，即在损失发生后尽量设法减缓损失的严重程度。结合上节分析，有些高校户外运动风险是必须要面对而不能回避的，而能够承担和转移的风险种类和数量又极为有限，大多数风险仍需靠预防和减少加以应对，因此风险减缓是风险管理主体主要采用的措施。

风险减缓的本质是通过改变或影响人的行为、改善物的状态，减少降低风险的发生概率和风险事故的后果程度。海因里希通过研究认为：人的不安全行为和物的不安全状态主要源于4点：（1）态度不正确——风险管理对象忽视安全，甚至故意选择不安全行为；（2）知识技术缺陷——风险管理对象的安全知识和经验不足，技术不熟练；（3）身体不适——生理状态不佳；（4）工作环境不良——工作场所的物理环境不良，设备工具缺陷。

根据对美国工业事故发生的深层原因和基本规律的研究，海因里希在归纳上述4方面原因的基础上提出了防止工业生产事故的3E原则[86]。

Engineering（技术）：采用工程技术手段消除不安全因素，实现生产环节、机械设备等的本质安全。

Education（教育）：通过培训、指导、训练等教育方式，使职工掌握安全生产的知识、技术和能力，提升安全意识。

Enforcement（法制）：通过建章立制，运用制度、规范、条例等必要的行政或法律手段约束人们的生产行为。

该原则经过后人的不断充实与发展，风险管理实践领域在事故预防的3E原则指导下，逐步形成了工程物理法、人类行为法和规章制度法3种风险减缓的基本方法，这3种方法对高校户外运动风险减缓具有一定的参考价值。

5.5.1 工程物理法

工程物理法，该法基于“人们极少注意个人人身安全”的理论假设，管理者要尽力采取一定的措施使其免受因个人不安全行为导致的人身伤害。从某种程度而言，这非常适合高校大学生，因为他们年轻勇敢、富有激情、精力充沛、敢于冒险，但又受到户外运动风险认知能力和行为技能的限制，使得他们极容易忽视个人的安全问题。根据哈顿避免能量破坏性释放的策略，运用工程物理法减缓生产风险可从如下10个方面着手（见表5-2）。

表5-2 工程物理法减缓风险的一般措施[90]

<table>
<tr><th>序号</th><th>工程物理法的一般措施</th><th>风险减缓类型</th></tr>
<tr><td>1</td><td>预防控制风险因素的产生</td><td rowspan="8">损失预防</td></tr>
<tr><td>2</td><td>减少已经存在的风险因素</td></tr>
<tr><td>3</td><td>防止已经存在的风险因素释放能量</td></tr>
<tr><td>4</td><td>改善风险因素的空间分布和限制风险因素能量的释放速度</td></tr>
<tr><td>5</td><td>在时间和空间上将风险因素与可能遭受损害的对象隔离</td></tr>
<tr><td>6</td><td>借助物质障碍将风险因素与可能遭受损害的对象隔离</td></tr>
<tr><td>7</td><td>改变风险因素的基本性质</td></tr>
<tr><td>8</td><td>加强可能遭受损害的对象的防护能力</td></tr>
<tr><td>9</td><td>救护被风险事故损害的对象</td><td rowspan="2">损失减少</td></tr>
<tr><td>10</td><td>修理或者复原被损害的风险单位</td></tr>
</table>

注：根据王迪迪博士论文《学校体育安全风险管理探究》改编，内容有删减。

上述措施中，措施1~8属于损失预防的方法，措施9、措施10属于损失减少的方法。具体到高校户外运动风险，特别要关注活动目的地的地形地貌特征、地质气象灾害历史；器材装备的质量、性能；上升或下降保护站固定点的选择；食品和水源安全等问题，避免发生因户外运动相关物质的不安全状态导致人员伤亡和经济损失。

5.5.2 人类行为法

人类行为法也称“教育法”。“人是构成风险管理系统的关键元素，当人作为系统的一部分发挥功能时，难免会发生失误和不安全的行为”[91]的理论假设为该法提供了理论支撑，多米诺骨牌理论认为“大量风险事故发生的直接诱因都是人的不安全行为”证实了这一假设的合理性。人失误是指人的行为的结果偏离了规定目标或超出了可接受的界限，并产生不良后果。人的不安全行为是操作者在生产过程中发生的、直接导致事故的人失误行为，比如任务超过人的能力负荷、人对外界刺激做出不一致的反应、人不知道正确方法或故意采取不恰当的行为等[92]。人类行为法就是要通过安全教育纠正人的动机，尽可能地减少人的失误[93]。采用人类行为法这一风险减缓措施，目标就是通过教育、培训等方式规范人们的行为和提高人们的意识。风险教育可以从培养和强化风险意识与指导学习安全规范的操作方法两方面来展开。由于高校大学生身份的特殊性和户外运动活动的特异性，通过加强户外运动安全风险意识教育培养，传授规范户外运动技术动作，对于预防高校户外运动风险十分重要，当然对高校户外运动的其他人群比如活动管理者、课程教师、助理教练、协助人员、社团负责人等，更有必要加强风险意识。可见，人类行为法特别适用于高校户外运动风险减缓，十分值得高校户外运动风险管理者借鉴和推广。

5.5.3 规章制度法

该法又称“强制法”，其基本理念源于管理学理论中的行政管理方法和法律管理方法，是指通过制定法规制度对组织成员行为进行规范和约束，预防风险事故的发生。从法的位阶来说，规章制度方法中的“法规制度”既可以是高位阶的国家层面的政策法规，也可以是低位阶的组织内部的规章制度。规章制度法具有强制性、普遍性、延续性等特征，也就是说无论是否愿意，无论是谁，任何组织成员都应该受到规章制度的强制和普遍约束。另外，规章制度具有延续性，不能朝令夕改，否则会让组织成员不知所措，不知道个人行为边界在哪里。运用工程物理法可以在一定程度上预防损失发生和减少损失后果，实施人类行为法可以提高安全意识规范安全行为，但因为高校户外运动涉及人员种类较多，通过这两种方法往往不足以保证他们选择正确的行为，此时就十分有必要借助规章制度法，通过事先明确提出正确、合理、规范的行为标准，对他们的各种户外运动行为进行强制、统一的约束，进一步预防事故的发生。这些行为标准须尽可能全面，比如户外运动技术操作规范、高校户外运动社团活动的审批制度、户外运动器材装备管理制度、户外运动基地线路的检查巡查制度、户外运动事故调解制度、户外运动安全责任追究制度、户外运动突发事故应急救援制度等。上述诸多规章制度应该分别就户外运动的技术操作、社团活动开展、器材装备检查报废、基地线路的巡查养护、事故调解、安全责任划定、突发事故应急处理等方面事宜，作出明确而细致的规定，为高校户外运动管理者、实施者及参与者提供行动指南与参考标准。

综上所述，工程物理法、人类行为法、规章制度法的出发点和着力点各不相同，有的倾向于解决物的不稳定状态，有的倾向于改善人的思想和行为，有的则致力于约束人的行为，应该说各有优点。就高校户外运动风险管理中某一种具体的风险来说，应该结合实际情况针对可能出现的不安全行为和不安全状态因地制宜地灵活选择风险减缓的方法，有时可能需要多种方法并用。通常来讲，因为开展户外运动必须依托野外地形，依靠专业器材装备等，山川丛林、江河湖海等地形地貌，绳索、铁锁、安全带、头盔等专业设施，甚至大树、岩石、灌木、水泥桩等物质（体）是否处于安全状态，应该首先要通过工程技术措施（工程物理法）逐一排查和清点。但是，管理者、组织者和参与者户外运动安全意识淡薄、专业知识和技能缺陷及体力不足等问题极易导致人的思想麻痹大意、行为选择错误，导致户外运动风险事故的发生，因此仍然需要通过教育和制度进行规范。总之，将上述 3 种风险减缓方法运用到高校户外运动风险减缓中，可以采取一法为主他法为辅，做到综合使用优势互补，如图 5-2 所示。

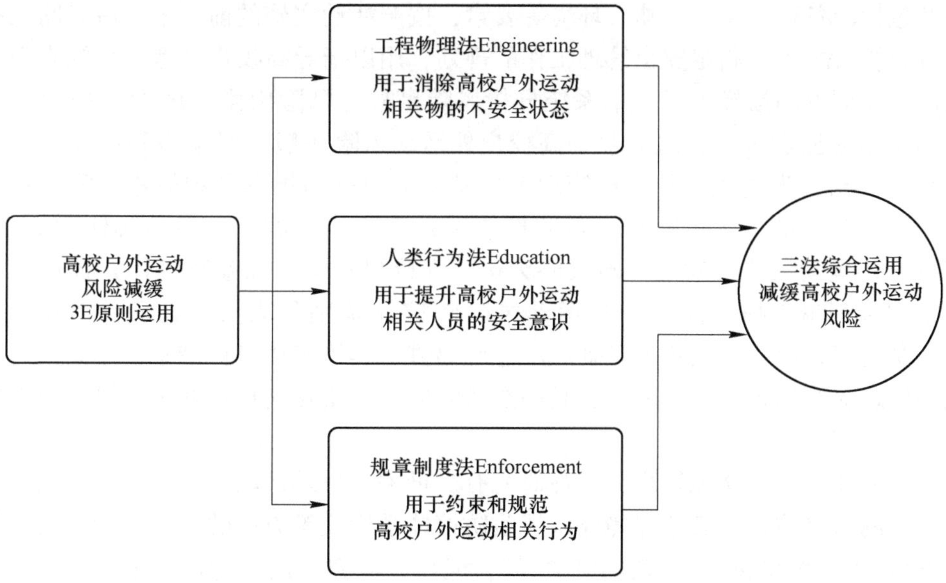

图 5-2 海因里希 3E 原则在高校户外运动风险减缓中的运用

6 高校户外运动风险防控体系构建

诸多严重的高校户外运动风险事故不仅给许多家庭造成了无法消弭的伤害，给相关高校带来了无法挽回的声誉和财产损失，也给予了高校户外运动相关管理部门惨痛的教训。即便是在本书中呈现的大部分轻微或较重伤害事故案例，在事后分析看来其实与人身死亡只是一线之隔。全球首支独立组队的“7+2”（7+2，是指攀登七大洲最高峰，且徒步到达南北两极点的极限探险活动。在全球登山户外界看来，这九个点代表地球上各个坐标系的极点，九个极限点代表着极限探险的最高境界）大学登山队总指挥、国内知名登山户外运动专家董范教授，有着30余年的登山户外运动的组织管理经历，他用“户外运动安全无小事”揭示了高校户外运动风险的不确定性、可转化性、社会性等特征，也是对高校户外运动风险管理工作重要性的高度概括。户外运动具有探险性质，其本质上就是有风险的，无论怎么强调安全，都不可能抹杀其中的风险[93]。具体到高校户外运动，同样如此，我们唯一能做的就是尽可能地在客观上认识把握风险，并在主观上积极主动地防范和控制风险。

根据系统安全管理理论，为了确保高校户外运动这个系统的安全，应在事前对其包括的各种各类人、物、环境等要素，按照活动实施的前、中、后时间流程进行分析，并预先制定安全管理工作的规划，用以指导高校户外运动系统安全开展。在该理论的指导下，本书系统分析风险事故、风险因素、风险概率等，其目的也是为探索较为行之有效的高校户外运动风险一般应对策略和防控体系提供科学依据，为高校户外运动管理者规避风险损失提供参考和借鉴。第5章论述的风险应对的一般策略与风险防控体系是理论与实践、一般与具体的关系。高校户外运动风险应对的一般策略为构建高校户外运动风险防控体系提供了基本框架和理论支撑，高校户外运动风险防控体系则从人员、物质、信息、保险、制度等方面为高校户外运动风险应对提供了具体实践操作措施，是高校户外运动风险应对的延伸和实践，更是一般风险应对策略在高校户外运动风险应对中的具体运用。

笔者通过查阅文献发现，以往研究有少量关于户外运动、户外旅游或高校户外运动的风险防控、安全保障体系风险防控体系构建等方面的论述，如齐震[94]、周红伟[95]、黄亨奋[96]、黄小凤[97]等，但相关研究提出的防控体系或是忽视了高校户外运动特殊性，或是仅关注于其中部分环节而缺乏对户外运动全过程的全面观照。本书尝试构建的高校户外运动风险防控体系，是基于对多所高校多年的户外运动风险管理实践工作成功经验的总结和概括，是在全面确保师生人身安全的理念指导下，形成的一套较为成熟、系统的关于高校户外运动风险管理的思维模式和行为模式。这种体系化的思维、行为模式对高校户外运动风险管理具有明确的针对性，预期能被高校户外运动界广为接受，可以被复制运用。有鉴于此，笔者采用了专家访谈法，对国内开设户外运动类课程、开展户外运动类活动较早的贵阳医科大学、中国地质大学（武汉）、沈阳体育学院、湖北科技学院、成都体育学院、广西科技大学的体育部门负责人或户外运动课程骨干教师就所在单位户外运动安全管理的具体做法、高校户外运动风险管理建议等核心问题进行了访谈，形成了构建高校户外运动风险防控体系的基本思路和主要素材。

6.1 高校户外运动风险防控体系框架及结构功能

“系统”一词源于英文 system 的音译，泛指由一群有关联的个体组成且根据预先编排好的规则工作，能完成个别元件不能单独完成的工作的群体[98]。钱学森认为，系统是由相互作用、相互依赖的若干部分结合而成且具有特定功能的有机整体，这个有机整体又是它从属的更大系统的组成部分[99]。系统分为自然系统与人为系统两大类。前者指系统内的个体按自然法则存在或演变、产生或形成一种群体的自然现象。后者指系统内的部分根据人为预先编排好的规则或计划好的方向运作，以实现或完成系统内各部分不能单独实现的功能、性能与结果[100]。本书拟构建的“高校户外运动风险防控体系”属于人为系统范畴。

根据系统论的基本观点，高校户外运动风险管理涉及的人员、物质、财物、信息、时间等都属于高校户外运动风险防控体系最基本的构成要素，笔者认为相关风险管理者根据高校户外运动风险应对工作的需要，按照预先编排好的规则将它们分别组合形成识别评估、事前预防、现场监控、事后减损、责任转移等 5 个系统（见图 6-1），使其按照事先预定的计划和要求运行，分别发挥各自系统的整体功能。这 5 个系统同时又从属于“高校户外运动风险防控体系”这个更大的系统，是这个大系统的构成部分（子系统）。

为了体现防控体系的科学性、逻辑性和实用性，本书参照欧美等国外户外冒险项目“preactivity phase-activity phase-postactivity phase（活动前—活动中—活动后）”[101]的风险防范思路，在时间上按照风险应对的逻辑思路将 5 个子系统呈先后顺序排列，在空间上分别与风险应对的一般策略对应，其中识别评估与风险应对的所有策略、事前预防和现场监控及事后减损与风险减缓策略、责任转移与风险转移策略均呈现出一种立体交互和一一对应的关系（见图 6-1）。在高校户

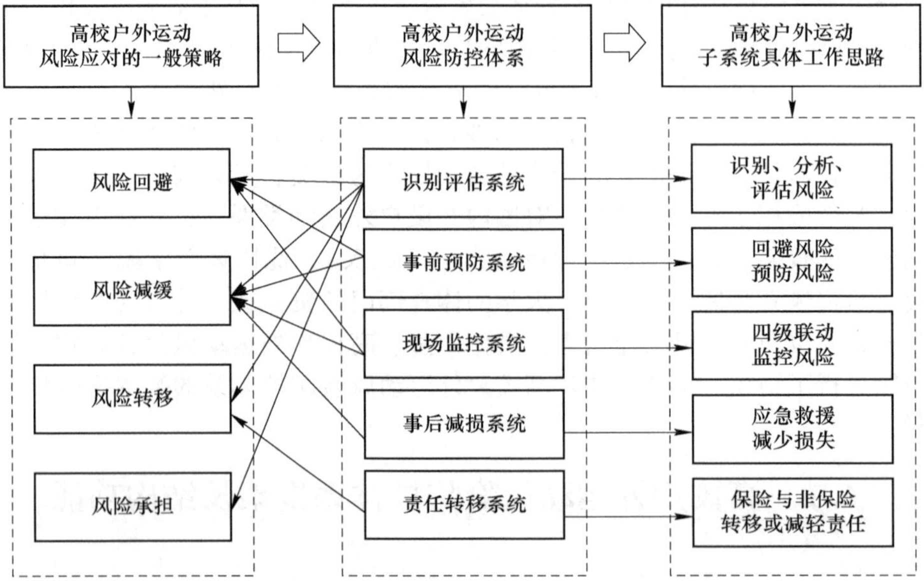

图 6-1 高校户外运动风险防控体系及其与一般风险应对策略关系

外运动具体的风险应对中，这 5 个子系统相互作用、相互依赖，分别发挥出优于或大于单个子系统所不具备的风险防控功能，与系统论强调的“整体效应”核心思想高度契合。

就系统最微观、最基本的构成要素而言，人员要素既是风险管理的主体也是客体，即既需要人来构建各子系统并实施执行，同时人也是识别评估风险、事前预防风险、现场监控风险、事后减少损失及转移责任的对象客体。物质、经费、信息、时间等要素也同样如此，都是实施高校户外运动的风险防控工作必不可少的管理资源。

（1）成立负责高校户外运动安全和实施风险管理的工作机构或组织，配备风险管理工作人员。如由学校体育管理部门牵头，由学校分管体育工作或安全工作的校领导或体育管理（教学）部门的有关领导担任安全责任人，协同学校团委等其他管理部门，成立以教研室负责人、户外运动教师、户外活动学生参与者（担任活动小组安全员）为主要成员的高校户外运动安全临时工作小组（非常设机构），由他们共同实施各类高校户外运动活动的风险管理工作。非日常的、大型的户外运动活动或赛事必须成立安全保障组，日常课程教学可以指定或临时成立安全工作小组，学生自发性户外运动活动也应参照成立有类似组织。

（2）配备实施高校户外运动风险管理必须具备的物质资源，如办公用房、桌椅、电脑、风险管理软件书籍等。

(3) 匹配一定的风险管理经费。

(4) 提供一定的信息保障，如学生的身心素质、户外运动知识技能、户外运动经历以及教师户外经验、风险识别应对能力等方面的详实信息。5个子系统的基本构成要素均涉及上述所列的各类管理资源，只是在不同的子系统和不同的工作环节，人员要所担任的角色和职责不一样，所需调动的资源侧重点不同。需要特别指出的是，本书研究的“户外运动及其风险管理问题”边界是高校，因此本书构建的防控体系主要用于为高校实施户外运动风险管理工作提供参考，关于政府部门、景区、公园、山峰管理区等主体对户外运动行为的监管、对登山户外运动线路的巡查值守和山地资源的管理规划等方面的管理行为不是本书关注的重点。

按照系统论和系统安全理论，在确保明确高校户外运动风险防控体系的要素、结构与功能之后，需要对每一个子系统分别阐述，尤其是要对每个子系统的从属要素开展风险管理工作的具体要求进行详细分析。

6.2 高校户外运动风险识别评估系统

识别评估系统是高校开展户外运动风险管理工作的起点，其主要功能在于，通过成立高校户外运动风险管理组织，由高校户外运动风险管理责任人通过定性定量评价方法，对高校户外运动系统存在的风险进行辨识、分析与评估，直至识别评估出风险因素种类、风险发生的可能性、风险发生的条件、风险对系统可能产生的后果损失程度，并由此确定风险减缓和控制的优先等级，即哪些风险必须回避，哪些风险要进行转移，哪些风险要减缓（事前预防和事后减损），以便为进一步的风险预防、风险监控、风险减缓及风险转移等工作提供详实可靠的参考依据，即采取哪一种或哪几种风险应对策略。

识别评估高校户外运动风险的重要性不言而喻，需要十分熟悉高校户外运动安全问题且具有丰富经验的人负责完成此项工作，识别评估的形式可以通过填写高校户外运动风险检查表、填写高校户外运动风险评估表的形式逐一展开分析和排查，为所有风险因素及其可能引发的风险确定风险应对策略提供依据。

6.3 高校户外运动风险事前预防系统

风险的客观性、多变性等特征，说明它是一种不以人的意志为转移的客观存在，并随着事情的发展变化而转化，高校户外运动风险同样如此甚至体现得更加明显。近些年，社会公众自发性户外运动活动发展迅猛但伴随而来的还有事故频发，户外运动管理机构、社会公共服务部门十分重视事后救援，既是为了最大化减轻事故损失同时也是职责所在，但事前预防工作稍显薄弱。高校户外运动参与者主要是学校教育教学的对象即大学生（他们在校期间的行为选择应该得到学校的引导和规范），高校户外运动的形式通常又以课程、赛事、有组织的活动等为主，保障学生的人身安全理应成为学校的第一要务，如果因严重的户外运动伤害伤亡事故引发法律纠纷甚至影响学校声誉就得不偿失了。因此，在风险应对方面，高校户外运动与社会公众户外运动应有所区别，应强调事前预防为主，事后救援为辅。

6.3.1 高校户外运动风险事前预防系统的基本功能

古人云，凡事预则立，不预则废。事前风险预防就是要通过事前的有关风险管理工作，做到防患于未然，将风险因素消灭在萌芽状态，它是一种事前的、积极的风险应对技术，即在事前尽力考虑周全，采用各种措施努力消除各种潜在风险因素，达到降低风险事故发生的概率、减少损失发生的频次或是不发生风险事故的目的。

高校户外运动包括的各类项目大多是借助专业技术装备，在风险较高的野外自然环境开展，具有一定的探险性质，这不同于一般体育运动项目和户外活动（比如旅游、农业生产等）。高校开展户外运动，包括高校学生自发组织户外运动活动，均是复杂烦琐的系统工程，户外出行前必须在知识、技能、心理、生理、装备、食品、环境等方面做足相应的准备工作。这些准备工作的目的本质上就是预防风险。高校户外运动风险事前预防就是依靠相关人员事前的排查、预警及其他预防工作，尽可能地周详考虑并提前应对，将高校户外运动的风险因素控制在萌芽状态或可控范围，尽力规避和消弭某些极有可能发生的风险因素，以降低可能发生的风险事故的发生概率，保障师生的人身安全。

不过需要特别说明的是，惊险刺激、神秘莫测是户外运动不同于其他体育项目或休闲活动的特有元素，高校户外运动风险预防应该是一种“适当保留可控风险”的相对“预防”，而不是“完全规避”的绝对“预防”。

6.3.2 高校户外运动风险事前预防的具体工作思路

结合风险识别和评估，高校户外运动风险管理者加强事前预防的做法主要有回避风险和预防风险，前者主要针对那些极有可能发生的风险，后者则针对有可能发生有可能不发生的风险。

6.3.2.1 回避风险

直接回避某种风险是对可能造成损失的活动采取规避或回避的态度和行为，当风险概率大且后果程度严重时，采取此法简洁、彻底、易行且无后顾之忧，显然是明智之举。但风险回避的做法也有其局限性，因为回避某种风险可能意味着同时放弃获得某种收益的机会，即风险回避需要付出机会成本，从此角度而言，风险回避也未必“经济”。况且，在事先经过科学分析、评估，最终放弃或改变活动计划，可能还是会发生风险事故。

结合高校户外运动风险来说，选择风险回避策略的首要工作是辩证考虑、综合考量回避某种风险的预期效果、风险转化的可能以及转化成本等问题。

（1）当取消或变更原定活动计划后，某些风险仍可能无法避免[41]。比如天气突然出现降雨、起雾会影响计划的实施，但除此之外，仍有地震、海啸、飓风、冰雹等其他地质或气象灾害发生的可能。因此，即使风险管理者因为下雨、起雾将各种高校户外运动活动全部取消以回避风险，仍有无法阻止风险事故发生的可能。

（2）回避某种风险极可能需要支付“高昂”的机会成本。毋庸置疑，高校户外运动存在极大的人身安全风险，要想完全避免风险及损失，最简单粗暴的做法就是取消一切具有丝毫风险发生概率的户外运动活动。国内某高校登山队发生山难事故后，决定10年内不再攀登6000米以上雪山，这种“一朝被蛇咬十年怕井绳”的态度未免有讳疾忌医之嫌。“一刀切”的做法规避的不仅是风险，还有户外运动的教育、社会、经济、环保等方面的特殊价值与功能。

（3）为回避户外运动高风险，“变户外运动项目为其他体育项目”可能也无法避免其他风险的产生。比如，因恐惧风险而放弃户外运动，但选择其他运动也有可能出现其他的人身安全风险。风险无处不在，只要存在未知的事物，便有风险的存在。风险不仅时时处处存在于我们的现实生活中，也存在于各种各样的体育运动中。体育运动自身的特点决定了学校体育活动中存在这发生伤害事故的可能性和诸多的不确定因素[102]。由此可见，高校即使不开展户外运动，风险仍然会存在于其他体育活动中。

（4）为避险变更或取消原计划，会造成一定浪费。筹备组织实施户外运动，事先必定会调动大量资源，但为了回避风险取消原定计划导致活动目的无法达成，意味着先前投入的成本被浪费。2016年，武汉市体育局筹备“纪念毛主席畅游长江”国际渡江节，最后因“长江水位达到武汉防汛警戒水位27.3米，防汛形势严峻”被取消[103]；某高校前期组织报名、训练、购买设备等花费了大量人力、物力和财力，因活动取消造成了这些资源的浪费。出于确保人身安全的目的，取消风险较大的活动无疑是正确的选择，但客观而言也造成了前期成本投入的浪费。

综合考虑上述因素，回避策略较适用于高校户外运动风险及风险因素的3种情况。

（1）某种特定风险所致的损失频率和损失幅度相当高。众所周知，雪崩灾害对登山者的伤害极其严重，因暴雨导致的泥石流对在河谷穿越的徒步者的人身威胁同样不可小觑。在不合适的天气条件下坚持攀登雪山、在雨季开展丛林和峡谷穿越等，极易导致雪崩山难和泥石流户外事故，这些情况应果断放弃或改变计划以避免风险。

（2）应用其他应对策略所需成本超过其产生的收益。

（3）损失频率不高但损失后果很严重且无法得到补偿的风险。

本书结合前述风险评估结果，将建议回避的高校户外运动风险类型列表如下（见表6-1）。

表6-1 建议回避的高校户外运动风险类型

风险源类型	风险（或风险因素）类型
人员	教学内容超出学生承受能力引发的事故
	学生户外技术动作不规范或错误引发的事故
	学生身体有生理缺陷或伤病引发的事故
	学生遇特殊生理期引发的事故
物质	器材装备损坏引发的事故
	器材装备存在严重质量问题引发的事故
	器材装备不符合标准或明显存在不安全因素引发的事故
环境	高温、热浪、暴风雨、雷电等引发的事故
	气象或地质灾害造成线路或环境变化引发的事故
	在非人力可以通过的特殊地貌地形区域活动引发事故

需要补充的是，某些情况下风险回避策略是一种虽然简单但却是较为消极的风险处理方式。除非是确定面临着伤亡较大的灾难风险，高校采用户外运动风险回避策略通常是无奈之举，是一种不得已而为之的办法。

6.3.2.2 预防风险

在排除了那些实属需要回避的风险之后，高校户外运动风险管理者还需要采取一些事前预防措施，对一定条件下可能转化进而引发事故的风险及风险因素进行防范。结合高校户外运动风险评估结果，本书按照人员、物质、环境3类风险源，分别列出如下需要预防的风险及风险因素（见表6-2~表6-4）。

表6-2 建议预防的高校户外运动风险类型（人员）

序号	风险（或风险因素）类型
1	教师户外知识和技能不够全面引发的事故
2	教师户外风险识别、预判、防范知识和经验不足
3	教师对学生户外安全教育不足
4	教师缺乏对学生的责任感和爱心
5	教师缺乏户外专业救援技能
6	教师户外事故急救能力不足
7	因教师数量不足引发的事故
8	因教师岗位分配不当引发的事故
9	因教师道德品质存在问题引发的事故
10	社团负责人缺乏户外知识、能力和经验引发的事故
11	社团负责人缺乏救援技能
12	社团负责人户外风险识别、应对能力不足
13	社团负责人对团队成员安全教育不足
14	社团负责人户外活动组织能力不足引发的事故
15	社团负责人户外知识、能力和经验不足引发的事故
16	社团活动人员、物质配备不足引发的事故
17	学生户外运动知识技能、风险判断能力不足引发的事故
18	学生欠缺保护、自救或救援等知识技能
19	医疗人员体能受限不能接近事故发生地
20	保护员救援知识不足或技术不熟练引发的事故
21	相关人员救援方式不正确导致二次伤害
22	相关人员缺乏急救知识与技能

表 6-3 建议预防的高校户外运动风险类型（物质）

序号	风险（或风险因素）类型
1	场地设施与活动要求不符，造成伤害事故
2	场地设施设计存在漏洞引发的事故
3	场地设施年久失修损坏引发的事故
4	场地设施使用频繁负荷过载引发的事故
5	场地设施攀爬下降线路设置不合理引发的事故
6	场地设施无法禁止违规活动引发的事故
7	场地设施位置不合理引发的事故
8	场地缺少保护与救援设施
9	器材装备使用年限过长功能失效引发的事故
10	器材装备性能差或存在设计缺陷引发的事故
11	保护站设计不合理引发的事故
12	器材装备规格与使用者体型不符引发的事故
13	缺乏专业装备或救援装备
14	缺乏急救药品或者医疗器械
15	误购假冒伪劣或不符合卫生标准食品导致误食中毒
16	食物数量、种类和营养不能满足需要
17	水源地形不合理导致取水引发事故
18	无法保证水源供应量或水质引发事故

表 6-4 建议预防的高校户外运动风险类型（环境）

序号	风险（或风险因素）类型
1	在环境复杂、难度高的线路活动引发的事故

续表 6-4

序号	风险（或风险因素）类型
2	基地、线路设计（选择）不合理
3	基地、线路自然恢复能力差
4	线路位于或涉及军事、地区热点等区域
5	基地、线路缺乏应急救援基础设施
6	地形地貌本身具有危险因素导致事故
7	高校监管户外社团违规行为效果不佳
8	高校管理不严导致不够资质的社团获批
9	高校相关部门学生户外运动安全教育不够
10	高校缺乏学生自发户外活动的管理制度
11	户外目的地管理缺位无法约束违规行为
12	高校户外运动风险管理制度不健全
13	公共救援体系欠缺造成紧急事故后果加重

面对庞大的户外运动系统，严密科学的组织安排是保证安全的基本前提。本书认为，高校户外运动风险管理者要做到有效预防活动中的风险，可按照人员预防、物质预防及环境预防 3 方面展开工作。

A 人员预防

a 确保学生的身体健康和心理健全

一方面，对参与户外运动的学生进行全面的身体检查或由学生提供体检合格证明，身体存在不适于开展户外运动的某些疾病的同学一律不允许参加。户外运动中大量的攀爬、登高、涉水、徒步等活动，都需要充足的体力作为保证，当体力不支时极易发生摔跤、滑坠、落水甚至坠崖等安全事故，因此在户外出行前要根据课程、活动内容、任务难度及预期运动量大小，组织师生进行必要的身体素质训练，为活动顺利开展储备足够的体能，如果是登山或长距离户外活动还需要进行系统的力量训练。另一方面，课程负责教师、社团活动负责人或者活动组织者，还要对性格孤僻、抑郁甚至存在一定程度心理障碍或疾病的同学给予高度关注，如有必要应果断拒绝他们参加，以免在野外教学或活动中发生一些无法预测的突发事件。排除筛查存在心理健康问题的同学，可以采取填写心理健康问卷的形式。

b 改进教学方法，提高户外运动知识技能教学质量

目前，国内高校开设的户外运动类课程有公共体育必修课和通识教育选修课两种主要类型，无论是哪一种课程，大都采用“理论教学+野外实践”的教学组织形式，在一定程度存在教师学生不太重视课堂知识技能教学的情况，大多数学生抱有“野外实习就是游山玩水”心态，其直接后果是学生在户外运动出行前相关知识技能准备不足，甚至缺乏基本的户外运动常识，这无疑加大了因学生而引发户外运动事故的概率。因此，有关高校要高度重视学生开展户外运动活动前的学习准备工作，可采取完善教学内容、改进教学方法和教学模式、增加教学评价环节等举措，具体如：有针对性完善或增设有关知识技能的教学内容；增加出行前学生户外运动知识技能考核环节；野外实习模拟练习（如事先在校园内或近郊等几乎无风险的区域对相关知识技能进行演练模拟）等措施，达到从学生角度预防规避高校户外运动风险的目的。

c 加强户外风险教育，增强师生安全意识

从前述的基于150个高校户外运动风险事故的案例分析、风险识别和风险评估可以得出，大量案例（特别是学生自发开展户外运动的案例）或多或少存在学生户外运动风险意识不足、盲目自信贸然出行的风险因素，有许多就是因为学生盲目自信直接导致的事故案例。加强户外安全教育，不仅利于保全学生身心健康，还有利于户外运动在高校得到传承和发扬。高校如何增强提升大学生的户外运动安全意识，无疑是高校户外运动风险应对策略研究的重要内容。学校体育管理部门、户外运动教学单位要从思想上高度重视，积极协同教务、宣传、团委等部门改进学生户外运动风险教育工作，真正达到增强学生户外运动安全意识，引导学生科学理性参与户外运动的目的。

(1) 完善户外运动课程教学内容体系，增补户外运动风险教育相关知识技能的内容，必要情况下可以协同教务部门修订教学计划增加课程学时数。通过户外运动风险教育课程，专门为学生系统讲解具体某一次户外运动活动的风险因素及可能面临风险事故。在户外运动活动实施前，可以根据活动流程、项目种类或者风险源为框架，为师生系统罗列并分析潜在风险因素，让师生有所了解，以便提高他们在活动中的风险预警意识。中国登山协会编著的《登山户外安全手册》提出了结伴同行原则、不得擅自离队、领队打头收尾、行进速度以最慢的队员为准、不做计划外活动、定时补水休息、每人携带口哨、倾听领队意见、及时向领队反馈等多项户外基本安全原则[104]，高校户外运动教师以此为参考在活动出行前为学生进行详细讲解。

(2) 学校体育部门有针对性加强户外运动风险教育培训和安全宣讲，协同宣传部门将户外运动教学安全、活动组织安全、社团活动安全等纳入学校“安全生产月”和“安全生产万里行”宣讲范畴，充分利用好学校或部门网站、微信公众号、QQ 等媒介平台，加强日常尤其是节假日前的户外运动安全宣传宣讲。体育部门、团委也可组织户外运动安全风险专家讲座，为大学生现身说法普及推广户外运动安全常识，提升他们的户外运动安全意识。

(3) 学生会或社团联合会还可自发或申请成立户外运动安全教育联盟等群团组织，吸收具有丰富户外运动经验的管理者、教师、热爱户外运动的学生等群体加入，定期开展安全教育培训活动。高校着手提升大学生户外运动安全风险意识，可以参考的工作模式如图 6-2 所示。

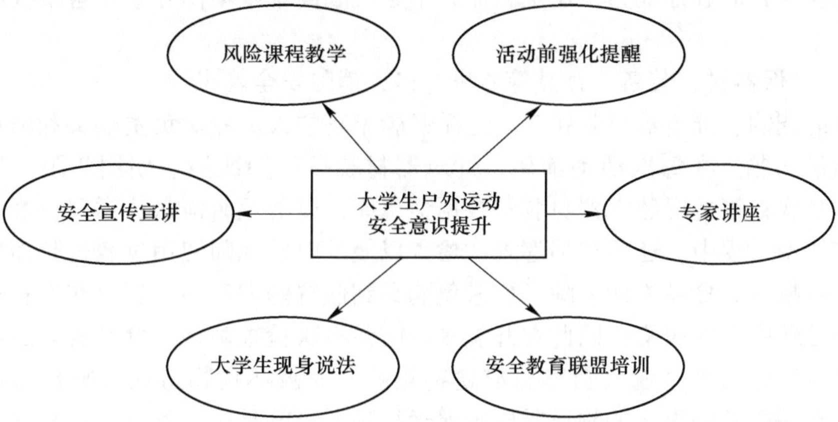

图 6-2　提升大学生户外运动安全意识的工作模式

d　精心选择课程教师、社团活动负责人以及协助人员

课程的任课教师、赛事活动的组织管理者、社团活动负责人及各类户外运动活动的协助保护人员等，是高校户外运动活动的直接实施者和执行者，他们的专业素养、经验、道德品质等都能对高校户外运动的风险管理产生极大影响。因此，高校体育管理部门在实施户外运动课程、赛事活动时，要从个人户外运动经历与教学经历，户外运动知识、技能、经验，户外运动活动组织管理能力，对待学生的责任心和爱心及突发事件的应变能力等方面综合考虑，建立教师、活动负责人能力素质台账或信息库，严把任课教师、社团负责人审核关，精心慎重遴选各类高校户外运动活动的负责人和指导者，从源头加强高校户外运动风险预防工作，规避风险因素和潜在风险。部分高校因为师资队伍数量受限，临时从校内外聘请体育专业、户外专业学生担任助教或保护人员。这些“学生”助教在知识、技能、经验及自控能力等方面，与专业户外运动教师存在极大的差距，这为高校

户外运动带来了一些潜在风险。因此，在配备协助人员时同样要谨慎小心，尽量挑选户外经历丰富的学生，如有必要可在每次出行前对协助人员进行户外运动、户外风险、应急救援等知识、技术、技能等方面的相关培训，预防因学生保护人员和协助人员而引发事故的风险。

B 物质预防

a 确保场地设施无安全隐患

针对户外拓展基地、攀岩场（馆）的安全问题，要从场地设施性能质量、损耗、线路设置、所处位置、设计等方面加强检查和监管，对较大的安全风险点设立明显警示标志和安全提示。尤其是场地设施的线路设置和所处位置，尽力兼顾活动参与者的胜任能力，避免因能力不足挑战高难度动作导致伤害事故的情况发生。

b 确保器材、装备、食品等质量合格，消除安全隐患

事前选购、准备器材装备时，选派经验丰富的人员专职负责购买和清点，确保无质量问题。在每次活动前后，针对器材装备使用次数、使用年限、受损程度、冲坠次数等情况建立器材装备数据信息库，以备及时淘汰、添置、准备和查验。在使用过程中，还要加强巡查、检查以便及时发现因使用过载过频而导致的器材装备故障。食品方面，除了要避免购买到假冒伪劣商品，还存在误食过期变质食品导致中毒的风险，因此在开袋食用前要再次检查确认。食品安全还涉及野生动物入侵宿营地，偷食食物造成食物短缺，或破坏食物造成食物被污染等问题。还有一类特别重要的物质需要确保运行顺利，就是通信器材。在野外经常存在移动电话信号未覆盖户外运动活动区域、已覆盖但信号较弱或存在盲区等情况，因此通常选择对讲机作为联系通信的主要工具，主要从确保电力充足、携带安全、信号覆盖范围等方面确保对讲设备无故障无损坏，使用顺畅。高校学生自发组织户外运动活动，大多肤浅迷信手机想仅依靠手机完成沟通、定位、呼救等关键功能，这种情况应该坚决避免。

c 确保水源安全

选择目的地时首先要考虑取水是否方便、是否是大型动物饮用水源、是否受到污染等水源安全问题。取水极易引发落水安全事故，因此结合所处位置选择水源十分重要，要考虑是否存在落水风险因素，要尽量避免选择高崖、急流、险滩等处作为水源位置。另外，要通过观察所选位置河滩处是否有大型动物脚印、粪便，避免与野生动物饮水发生冲突。水质安全问题尤为重要，通常可以通过肉眼观察和生物检测，资深户外运动人士一般认为，有 3 种以上动物饮用过的水源即可视为人可饮用的安全水源。在到达目的地后的整个活动时间范围内，还应时刻保持对水源安全问题的监控和防范，比如个人卫生区应与水源间隔较远，个人洗

漱位置应该为饮用水取水位置下游。从环境保护及饮水安全角度出发，还要严厉禁止高校户外运动参与者在水源或水源附近“抛洒食品包装袋、烟蒂、洗漱用品瓶（袋）、空罐头盒、气罐、塑料布等废弃物及运用化学日用品在水源洗漱等使用化学污染环境的行为”。

d 确保交通车安全及驾驶员可靠

这一点，笔者结合自身户外经历深有体会。2010 年 7 月，笔者与教学团队带领近 30 名学生乘坐大巴车，从成都赴阿坝州四姑娘山长坪沟开展户外运动教学，驾驶员盲目自信在盘山公路单手驾驶，时而喝水时而接打手机，多次出现会车相撞险情。所以应尽量使用学校交通车作为户外运动出行的交通工具，确有必要则必须选择证照齐全、资质合格的汽车租赁公司或旅行社的交通车，并且确保严格优选道德品质优良、山路驾驶技术过硬经验丰富的驾驶员。出行前提醒加强交通车检查，在驾驶途中，教师还需加强驾驶员的监督工作，确保交通安全。

e 加强免受动植物侵害或伤害的预防

宿营地选址尽量避开野生动物热点活动区域，活动线路设计选择还要考虑沿途是否生长有毒植物，是否是野生动物通过的线路等因素。

C 环境预防

高校开展户外运动，在选择目的地和设计户外线路时，必定要考虑教育教学及活动内容与项目的需要，比如岩壁、峡谷、沟堑、水域、山峰等是户外运动开展的基本要素，但同时也要考虑预计线路所处地域的地形地貌、气象条件等存在的潜在危险情况并在事前加以预防。

a 提前对户外运动线路进行实地考察

设计新线路前或者重新使用久未穿越的线路，要提前对户外运动线路进行实地考察，排查确定并标注线路中的危险位置点、地形地貌易发生变化的区域或位置等。例如，进行山地户外运动穿越，活动管理者应事先联系当地向导或村民，摸清预计通过线路的地形地貌、植被覆盖和标志物等情况，并标识路标，防止迷路、坠崖、山洪等风险事故的发生。根据活动目的和学生实际情况，科学评价并选择、设计基地和线路，避免难度过大线路。

b 根据安全原则，加强基（营）地安全预防

户外基地是集中休息或开展某些项目的场所，其位置选择是否安全尤为关键。中国登山协会提出了“向上和向下查看”的营地安全原则：向上查看高处是否遍布枯树丛林和松动岩石，是否处于山脊顶端或空旷盆地；向下查看是否处于季节性河床、山洪突发的峡谷或低洼处、悬崖边、雪崩地段、海滩，是否是大型夜间动物栖息地[106]。该原则也能为高校户外运动预防基地安全提供借鉴和参考。

c 活动实施过程中加强监控预防

气象变化导致户外运动难度增加，是很多户外运动事故发生的直接原因，因此还需要在活动实施过程中加强监控预防。经验丰富的教师、社团负责人可以通过观察云层、风向变化及当地气象特征等预测天气，还可以依靠气压计、多功能户外运动专用手表等观测气压变化预测天气变化情况。国内气象专家冯明提出了一种“户外体育运动气象指数（OSMI）”[107]，该指数虽然是针对所有户外体育运动活动，但对户外运动也具有一定参考价值。OSMI 指数由天气现象（F）、气温（T）、相对湿度（H）、风速（W）4 个因子规定值相乘所得，计算公式为：$\mathrm{OSMI}=F\times T\times H\times W$，各因子的取值标准如下。

（1）F 值：晴、少云、多云为 2；阴为 1；雨雪、霜、冰雹、冻雨等为 0。

（2）T 值：5℃<最低气温≤24℃时为 2；-4℃<最低气温≤5℃时或 24℃<最低气温≤27℃为 1；最低气温≤-4℃或最低气温>27℃为 0。

（3）H 值：50%≤相对湿度<65%时为 2；10%≤相对湿度<50%或 65%≤相对湿度<85%时为 1；相对湿度<10%时或相对湿度≥85%为 0。

（4）W 值：风力在 3 级或以下时为 2；4~6 级时为 1；7 级或以上时为 0。

OSMI 指数值对应的气象条件与户外体育运动适合度情况见表 6-5。

表 6-5 户外体育运动气象指数、指数级别及意义与描述

级别	OSMI 指数	意义与描述
1 级	0	气象条件很差，不适宜户外体育运动
2 级	1	气象条件较差，不太适宜户外体育运动
3 级	2~5	气象条件一般，比较适宜户外体育运动
4 级	6~12	气象条件好，适宜户外体育运动
5 级	≥13	气象条件很好，是最佳户外体育运动时间

d 建设信息数据库

有条件的高校，可以针对经常开展户外运动活动的线路和基地，建设信息数据库，数据指标可以包括难度系数、适合开展的项目、参与者应具备的条件、地形地貌特征、各季节可能的气象情况等。

D 制度预防

制度预防，主要是通过户外运动行政管理部门、社会机构、学校、学校体育行政管理部门、学校团委或其他有关部门起草发布相关制度，对高校户外运动主客体的行为选择进行规范、引导和约束，确保控制减少因人失误导致的高校户外运动风险事故。运用法律方法预防高校户外运动风险，重点在健全制度、宣传教育和狠抓落实，力求固化于制，内化于心，实化于行，外化于形。

a　高校内部的户外运动制度建设

为使高校户外运动活动管理有法可依，有法必依，首先应由相关部门牵头从户外运动组织及活动审批、大学生自发户外运动活动的通报监管、户外运动活动管理、户外运动活动风险管理等几个大的方面，起草高校户外社团管理、高校户外社团活动申报审批、户外运动课程管理、户外运动场地器材装备检查、户外运动基地及线路检查巡查、户外运动活动预警、户外运动活动信息反馈通报、户外运动安全责任追究、大学生自发户外运动活动的监管、高校户外运动活动伤害事故调解等一系列制度和条例（见表 6-6）。针对高校户外运动活动的具体实施，为保障工作关系顺畅、工作责任明确，还十分有必要建立相关工作机制，如活动出行前风险排查机制，活动中监控协调沟通机制等，以尽力做到规避和消弭风险源和风险因素。

表 6-6　高校户外运动的相关制度一览表

序号	制　度
1	户外社团管理制度
2	户外社团活动申报审批制度
3	户外运动课程管理制度
4	户外运动场地器材装备检查制度
5	户外运动基地及线路检查巡查制度
6	户外运动活动预警制度
7	户外运动活动信息反馈通报制度
8	户外运动安全责任追究制度
9	大学生自发户外运动活动的监管制度
10	户外运动活动伤害事故调解制度

b　国家及社会层面的户外运动管理制度建设

户外运动资源管理还需要国家和社会共同实施监管，有关行政管理机构和社会机构，应在户外线路审批、山地资源进入、攀登等野外活动方面加强监管，坚决制止偷登和违规穿越等行为。另外，还需要有关行政管理部门整合协同各方资源，成立区域性登山户外运动救援组织，健全山地应急救援工作机制，保障事后救援通畅，减少包括高校在内的各类户外运动风险事故的损失。

6.4 高校户外运动风险现场监控系统

6.4.1 高校户外运动风险现场监控系统的基本功能

系统是一种运动的存在，运动是系统的生命。作为一个运动着的有机体，系统的稳定状态是相对的，运动状态是绝对的[54]。高校户外运动风险系统的运动状态同样是绝对的，其内在构成要素——人、物、环境等都处于不断动态发展变化的状态，如人从校园抵达野外环境、从低空平坦的安全位置攀爬到高空危险处等，心理均会发生一定程度变化；器材装备在持续使用过程中，其性能随着不断磨损会发生变化；环境更是如此，天有不测风云就是对环境瞬息万变的最好说明。尽管事前高校户外运动风险管理者进行了充分的识别、估计和预防，但随着事态的发展可能会出现多种风险因素交叉产生并同步叠加，甚至会引发严重的风险事故。鉴于高校户外运动中风险发生的随机性，有些风险在事前无法预判，因此十分有必要加强对高校户外运动实施现场的风险监控和预警。

高校户外运动风险现场监控属于事中风险管理，是指在识别和评估的基础上，根据高校户外运动各类风险的性质、特征和发生频率，监控风险的动态变化趋势，评价各种风险偏离可控范围的强弱程度并及时采取控制措施避免事故发生，其本质是风险预防。高校户外运动风险现场监控系统包括监测风险和控制风险，监测重在监督、发现和评估，控制重在采取措施加以控制，二者并用共同体现了现场监控系统的基本功能；通过建立监控专班组织和监控工作机制，专人专事监控那些无法预料或有可能发生的户外运动风险事故，通过控制干预降低突发风险事件的发生可能性。高校户外运动现场监控的重点内容包括户外运动项目实施环境的变化、装备无征兆故障或外力损坏、学生随机性违纪行为、学生突发疾病或不适等一些活动前无法预料的情况（见表6-7~表6-9）。

表6-7 建议加强监控的高校户外运动风险类型（人员）

序号	风险（或风险因素）类型
1	教师擅自离岗引发的事故
2	教师监管学生危险行为不足引发的事故

续表 6-7

序号	风险（或风险因素）类型
3	教师无法维持良好教学秩序引发的事故
4	教师教学方法不当引发的事故
5	教师疏于检查场地设施及器材引发的事故
6	教师未对不宜参加户外运动的学生采取措施引发事故
7	教师过于强求学生完成项目引发的事故
8	教师不规范或错误的户外技术动作引发的事故
9	教师不当使用场地设施及器材引发的事故
10	未在活动范围内及时采取安防措施引发的事故
11	社团负责人对突发情况应对不足引发的事故
12	社团负责人随意增减活动环节引发的事故
13	社团负责人对违规行为监督不足引发的事故
14	学生注意力不集中引发的事故
15	学生突发疾病或不适引发的事故
16	学生心理素质差导致不当行为引发的事故
17	学生沟通不畅导致行动不统一引发的事故
18	学生违规从事超出技术水平和身体条件的动作
19	学生恶意违纪引发的事故
20	学生户外装备穿戴、操作不当引发的事故
21	学生过度自信盲目冒险引发的事故
22	学生无法适应户外环境或应对生理心理变化
23	学生无法判断自身行为的风险后果
24	学生自救或救援不当导致更大危险或伤害加重

表 6-8 建议加强监控的高校户外运动风险类型（物质）

序号	风险（或风险因素）类型
1	器材装备无征兆故障或损坏引发的事故
2	器材装备使用过载引发的事故
3	食物腐败变质被误食引发食物中毒
4	有毒野菜、野果被误食引发食物中毒
5	食物存储不当动物偷食引发人畜冲突
6	食物烹饪不当导致食用后中毒或身体不适
7	食物烹饪不当导致营养不能满足需要引发事故
8	污染水源被误饮导致中毒或身体不适
9	水源因饮用方式不当供应不足引发事故
10	大型野生动物袭击引发的事故
11	植物划伤或者刺伤人体引发的事故
12	动植物引发过敏并发症
13	蚊、虫、蛇叮咬中毒引发并发症
14	处特殊期动物被扰引发人畜冲突
15	动植物造成食品污染或短缺
16	野生动物造成营地设施、装备损坏
17	误入动物迁徙通道引发人畜冲突

表 6-9 建议加强监控的高校户外运动风险类型（环境）

序号	风险（或风险因素）类型
1	突发地质灾害引发的事故
2	地形变化过快引发的事故

续表 6-9

序号	风险（或风险因素）类型
3	人为破坏引发地质灾害事故
4	气象变化引发的事故
5	线路发生变化无法辨识引发的事故
6	基地、线路容量小造成拥堵或者踩踏

6.4.2 高校户外运动风险现场监控的具体工作思路

高校户外运动活动经常采用在团队负责人（课程负责教师、社团负责人或活动领队）的领导下分项分组实施的模式，具体而言就是，在 1 位负责人的统一领导下，各项目分别在项目负责人（通常为 1～2 位）的指导下进行教学或组织活动，整个团队按照 8～10 人/组分为若干小组依次参与项目任务。另外还有一种模式，即 1 位教师带领一个小组，在徒步穿越过程中依次完成各类户外运动项目。无论哪一种模式，团队负责人、项目负责人、小组负责人、小组成员 4 种角色都应承担现场监控的职责和义务。团队负责人是高校户外运动活动安全工作的总负责人，项目负责人和小组负责人包括其他一切活动参与者都有监控反馈险情的义务，“团队负责人—项目负责人—小组负责人—小组成员” 4 级联动的立体监控模式（见图 6-3）反映了“监控—反馈—处理”的内在工作机制，这种模式在实际运用中能够保证及时有效对高校户外运动风险的各种动态变化进行监控，能在一定程度上确保“突发因素及时发现、突发险情及时预判、突发事故及时处理”。

（1）加强团队负责人巡查监控。团队负责人是高校户外运动团队的总指挥，也是某一次高校户外运动活动安全责任人，通常由高校户外运动组织管理尤其是风险管理经验丰富的人担任。团队负责人主要负责活动的统一安排协调，不具体参与活动任务的实施执行，通常采用巡逻检查的方式介入各个项目任务的工作中，主动监控和接受监控信息反馈是他们的主要工作之一，当发现或被告知何处存在风险事故发生的可能，团队负责人则必须立即提供应对方案和具体措施，对于极为少见、情况复杂等风险隐患则需要他协调管理团队商议解决。

（2）强调项目负责人对项目实施范围内的实时监控。项目负责人通常由户外运动经验较丰富的专业教师担任，在社团活动中则由户外运动经历丰富的学生担任，他们处于“团队负责人—项目负责人—小组负责人—小组成员” 4 位一体的立体监控模式的中上层，既要接受小组负责人的信息反馈，并在迅速评估分析

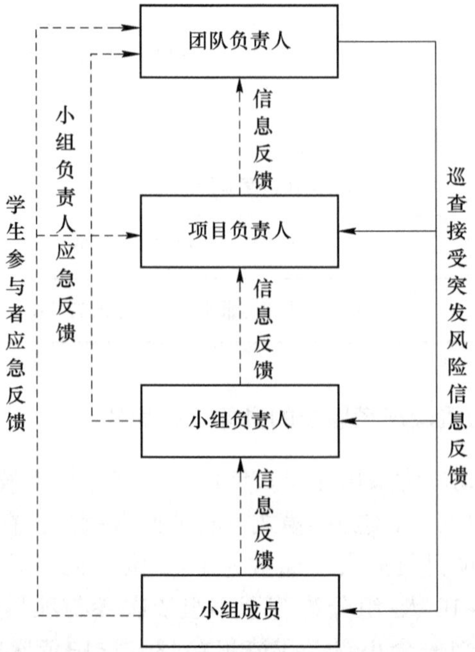

图 6-3 高校户外运动风险四级联动监控模式

后立即做出应对，还需要在同一时间将无法解决或未解决的风险隐患向团队负责人汇报，以供团队负责人及时应对处理风险。

(3) 发挥小组负责人的监控反馈职责。小组负责人通常由一个活动小组中有过户外运动经历的、且较有威望和一定领导能力的同学担任，他们以助手身份帮助项目负责人监控项目实施范围内人、物、环境的动态变化，并及时向项目负责人或团队负责人汇报。小组负责人的安全监控工作有时也可通过选配小组安全员来完成。

(4) 要求小组成员及时反馈个人或他人的危险情况。小组成员即全体学生参与者，是高校户外运动风险管理的主要客体，一旦风险事故发生他们通常也是风险后果的直接受害者。团队负责人和项目负责人应要求他们及时汇报个人身心不适、突发疾病等方面的情况，以免造成更大伤害。同时，小组成员也有监督监控他人危险行为的职责。

上述 4 种角色的全员联动工作机制，充分反映了“风险信息反馈” 在高校户外运动风险监控和管理中的关键作用，“反馈与控制密不可分，反馈是控制的前提”[7]，风险控制是实现风险管理目标的有效手段。除了在活动实施现场通过通信工具或在团队负责人巡逻时及时反馈，还可以采取活动间隙或一天活动结束后的组会汇总那些不太紧急的风险情况，以对活动后续实施进行提前预警与防范。

6.5 高校户外运动风险事后减损系统

6.5.1 高校户外运动风险事后减损系统的基本功能

在风险应对的一般策略中，事后减损是一种事故发生后的风险控制和风险减缓技术，是指在风险事故已经发生且损失已经不可避免地发生的情况下，通过种种措施减少损失的做法。所谓“事后”并不是指事后采取弥补措施，而是指虽然很多措施是事先设计好的，但这些措施的作用都是在风险损失发生之后才生效的[55]。对于高校户外运动管理者来说，事后减少损失必不可少且尤其重要，这主要是因为两点：(1) 能够预防的风险总是相对的，损失预防不可能万无一失；(2) 高校户外运动的对象是学生，主体是学校，无论是从保全学生生命，还是维护学校声誉来说，高校户外运动管理主体从根本上都无法接受重伤、死亡等严重的风险后果。

在户外运动中，主要依靠医疗和救援达到事后减损的目的。目前，针对一些较严重的户外运动事故我国通常都是政府承担了救援的责任，但事实并不乐观，完全寄希望于政府救援并非最好选择。受国外户外安全观念影响，越来越多的户外运动参与者认为山难事故救援是山峰管理区、户外运动场地设施、登山户外运动公园等类山地户外运动资源管理者的义务[108]。但事实上，这些管理人员则认为“登山的内在危险显然是一种专利”“到偏僻地方的攀登是逃离政府管理和干扰的行为”[109]，经常以“缺乏人力、财力、物力或救援工作难度大”等为理由拒绝开展救援工作。国内对救援责任予以明确的法规制度也不多见，仅有《四川省登山管理办法》《青海省登山管理暂行办法》等对户外运动事故救援责任作出了规定[110]。由此可见，户外运动事故的救援问题也是一个两难的工作。有鉴于此，为了保障高校户外运动风险事故事后减损工作的有效性，有关组织者、管理者应该立足自身，采取一些事前预防和事后紧急应对的措施，确保减轻事故损失程度，同时也避免调动大量政府救援资源。因此，本书为此专门设计构建事后减损系统，高校户外运动风险管理者可以通过事先成立应急救援医疗组织、配备应急救援医疗人员或者事先联络当地救援组织的方式，确保在高校户外运动风险事故发生后的紧急救援和应急治疗及时畅通，尽最大可能确保师生人身安全，将风险损失降至最低。

6.5.2 高校户外运动事后减损的具体工作思路

在高校户外运动活动实施过程中，一旦发生风险事故特别是事先未预料的意外伤害事故时，应对和救援时间极其宝贵，不容耽搁一分一秒，甚至来不及深思熟虑或商议沟通，风险管理者通常是基于常识和经验争分夺秒地采取应对措施以减缓风险后果程度。笔者在访谈的基础上，拟提出一种有利于高校户外运动风险事故事后减损的工作思路，以供参考。

6.5.2.1 开展应急救援知识技能教学

将野外急救知识和技能教学纳入户外运动课程内容体系，并通过户外运动安全救援实习演练，确保每名学生基本掌握野外救生基本知识技术，既能提高学生对轻微风险事故的处理能力，也能避免较重事故发生后因个人处置不当而导致伤情恶化或发生二次事故的情况。

6.5.2.2 配备随队医生或急救药箱，以备急需所用

在比较成熟的野外线路开展户外运动，发生较重大伤害事故的可能性小，通常配齐碘伏、创口贴、救心丸、绷带等急救药品和用品就能满足急需，当发生程度较轻的意外伤害事故时，可由有救护经验的老师处理包扎伤口。如果是第一次尝试的或者难度系数较高的户外运动线路，务必配备经验丰富的专业医疗救护人员，并保持通讯畅通，确保重大伤害事故发生时能在第一时间对伤者展开紧急救治。

6.5.2.3 团队负责人要加强与当地相关部门的联系

为了应对较严重的伤害事故，团队负责人还要在事前与户外运动活动目的地各部门建立联系，以便在迅速征集急救资源开展紧急救治救援。在远离城市的荒郊野外，在路线地形复杂、难度较大的户外运动中，若发生迷路、严重伤害、突发疾病中毒等风险事故时，通常需要调动大量人力物力展开紧急救援，这必须要借助外力实施完成。通常做法是，在事前由团队负责人与活动目的地地方政府、公安、武警、医院、救援队等建立并保持合作关系，确保应急救援资源的迅速调集，以缓解伤害事故的严重程度。尤为关键的一点是，在每次活动出行前，要告知当地管理部门，让对方知晓在某一特定时间有何团队在辖区内开展户外运动活动，这样做的目的在于有利于事后当地管理部门在事故发生后的第一时间配合协助调集当地急救资源、第一时间确定事发位置。

6.5.2.4 团队负责人要在事故发生后当机立断有针对性选择应对措施

当风险事故发生后，团队负责人应迅速控制局面并根据经验判断事故性质和严重程度，防止出现二次损伤或次生伤害。在时间允许的情况下，协同团队其他管理人员有针对性选择应对决策。如团队在丛林、山地、沙漠等危险地带迷途失去方向，要带领队伍保持冷静，并及时发出报警信号，安抚队员节省体力等待救援；当有学生发生开放性损伤，应及时包扎止血并根据实际情况决定是否送往医院；当有学生受伤、突发疾病或食物中毒，在确认无法继续参加活动时则应果断

终止并将其转移到大本营或当地医院，以避免伤情和疾病恶化；如是团队内部因意见分歧产生摩擦或矛盾时，团队负责人应及时与当事人进行沟通，以防止出现学生脱离团队、互相制造矛盾甚至打架斗殴等情况，防止事态进一步扩大恶化造成损失。中国登山协会编写的《登山户外安全手册》提供了一种户外急救“两步走”基本程序：第一步，做好急救前的准备工作，包括确定伤者、其他团队成员、可供调动的急救资源；从呼吸、脉搏、意识等方面查看伤者生命体征；对伤者身体、病史、过敏史、事情经过等方面进行详细检查。第二步，处理伤情，包括根据伤情迅速施救；根据环境、资源状况制订实施搬运计划[106]。英国著名登山家加思·哈廷（Garth Hattingh）在 *The Climer's Handbook* 一书中也认为，当跌落、落石或雪崩造成对人的任何伤害，都需要检查呼吸、心跳和流血情况，分别针对体温过低、求救、自救、远征活动的医药、高海拔下的身体反应、冻伤等提出了紧急处理的规范性程序[111]。上述这些户外运动、野外生存、高海拔攀登等类型活动的急救工作程序环节清晰，实践证明科学、高效，可供高校户外运动风险管理者实施紧急救援参考。

6.6 高校户外运动风险责任转移系统

6.6.1 高校户外运动风险责任转移系统的基本功能

风险本身就具有转化特征，因为开展地点环境的特殊性，高校户外运动风险因项目开展地点环境的特殊性，更容易发生风险升级、恶化，一些隐含的、极小的风险因素被忽视或是处置不当，较小的风险事故救援或救治不及时等情况，都容易酿成大祸。为了规避承担重大损失和责任的风险，采取责任转移的措施十分必要。高校户外运动风险的责任转移，指的是学校将户外运动事故造成的损失责任全部或部分转移给其他人或单位。这基于两方面原因：(1) 高校户外运动安全风险事故发生后，往往涉及责任划分和经济赔偿，而不同责任主体经济赔偿的额度又与之应承担的责任相关，依靠责任转移减轻赔偿压力是第一个原因；(2) 尽管学校法定要承担校内（指高校是实施主体）户外课程、社团活动、其他活动等风险事故的损失责任，但不排除有些学生、运动员或者其他参与者等主观故意的不当行为而造成损失，这些人群应该承担部分责任。

责任转移与风险应对策略中的“风险转移”对应，转移责任即转移风险的损失。与其他风险应对策略不同，风险转移不是通过回避、放弃某一具体活动的方法终止与潜在风险的联系，而是采取一定的方式将潜在风险及其损失转移给其他人或其他地方。本书构建“高校户外运动风险责任转移系统”，总结探索当前户外运动领域风险转移的通用做法，为高校减轻户外运动安全风险事故责任和损失提供参考。

6.6.2 高校户外运动责任转移的具体工作思路

高校转移户外运动风险责任可以采取购买保险、与个人（或组织）签订责任协议书或风险提示书、打包销售给第三方公司等形式转移预期可能发生的风险损失。出于对重大户外运动安全事故高额赔偿的担心，购买保险已成为高校户外运动普遍接受的风险转移做法，针对一些违纪、违规、隐瞒疾病等主观故意的不当行为，高校户外运动风险管理者通常采取签订免责协议或风险提示书的形式转移风险，还有一些高校采取将户外运动相关的课程、赛事活动等整体打包销售给户外运动俱乐部或公司企业，以达到转移风险的目的。

6.6.2.1 转移给保险公司：购买特定险种的保险

保险是一种在风险事故发生后有效地对保险人进行积极补偿的方式。通过保险实现风险转移多见于企业的风险融资行为，保险的最基本原则在于：按照合同约定，一旦企业发生约定事故或者出现约定情况，保险公司必须履行职责，支付特定数额的款项。因此，投保人可以在保险合同中明确要求保险公司支付被保险对象所遭受的直接损失。还有一些保险公司开发了“第三人保险”，即保险合同要求保险公司赔偿由被保险对象的行为所导致的第三方所受的伤害或者承受的损失，比如机动车第三人强制险[59]。随着保险理念逐渐被接受和保险业务的扩大，通过购买保险转移风险已经运用到各行各业，其中也包括了学校体育安全风险、高校户外运动风险等控制型风险领域。

在户外运动进入我国多年来，国内所有保险公司几乎无一例外地将登山、蹦极等高风险户外运动项目列入了人身伤害意外险的除外责任，而且没有其他险种承保此类业务。但近年来，以大众、平安、慧择为代表的一批保险公司纷纷推出了一系列涵盖或专门针对高山攀登类户外运动活动的意外伤害、意外伤害医疗费用、救援费用、住院津贴、高原反应急症和冻伤等专业户外运动险种。户外运动保险专门为登山、漂流、徒步、潜水、攀岩等高风险活动提供保障，户外运动出行者可根据实际需求选择险种或产品种类进行投保，高校有关组织或个人投保人也可采取在事前选择购买类似专业险种或其他险种达到转移户外运动风险损失的目的。由于目前可供选择的险种较多，为了保障事后理赔的最大利益保障，高校有关组织或个人投保人选择保险种类要把握两个原则：（1）以计划路线及活动项目的风险特点为依据，尤其要清晰识别免责条款；（2）投保成本与经济实力相匹配。户外运动运动保险通常为1~30天的短期险，价格各不相同甚至悬殊极大，因此投保时必须综合考虑出行时间及成本。

当前，可供高校户外运动投保人选择的专业险种有中体天涯行户外运动保险、慧择户外运动保险等。这些专业户外运动保险产品基本覆盖了我国当前开展的各类户外运动项目，有些甚至还针对登山、滑雪、漂流、攀岩、越野徒步等具体项目推出了单项险种，这都为高校采取购买保险转移户外运动风险提供了多样化选择。比如，中体天涯行户外运动保险就是一种登山户外运动专业险种，它将户外运动划分为 5 个风险等级和运动类别（见表 6-10），针对境内旅游及部分初级户外运动、初级户外运动、技术性户外运动、高海拔户外运动和高山探险运动等分别设计了 5 个险种方案。目前我国高校开展的户外运动项目在这 5 个类别中均有涉及，5 个险种方案都可为高校购买相关保险提供参考（因篇幅限制仅列出“第 3 类”保险方案，见表 6-11）。另外，中体天涯户外运动保险也开发了户外运动领域的第三人保险，专门用于“被保险人在履行户外运动领队职责，因自身的疏忽或过失造成第三方身故或主合同列明的伤残的，经法院裁定，而依法应由被保险人向第三方（不包括与被保险人有抚养和赡养关系的人）承担赔偿责任”的特殊情况。针对户外运动领域领队、管理者、教师的第三人责任险在国内保险公司仍不多见，但在欧洲等国家已十分普遍（根据与国际山岳向导协会联盟（IFMGA）认证专家、瑞士资深登山户外领队卡尔·隆贝格（Carl Lundberg）的访谈信息整理所得）。虽然这些险种主要是针对户外运动公司、企业、俱乐部等从业机构或户外运动领队、教练员等从业人员而制定的，但同样适用于高校户外运动领域。

表 6-10　中体天涯行户外运动保险·风险等级和运动类别表

风险等级	项目列表（包括一般活动、全国性赛事及有奖金的赛事）
第一类　部分初级户外项目（海拔<5000m）	自行车旅行、远足徒步、山地穿越、健身登山、露营、定测向运动、拓展、场地趣味等
第二类　初级户外项目（海拔<5000m）	登山、人工场地攀岩及下降、山地越野跑、公路自行车运动、人工场地轮滑及滑冰、潜水（深度<5m）等
第三类　技术性户外项目（海拔<5000m）	自然场地攀岩与下降、攀冰、溜索、溯溪、场地滑雪、洞穴体验、漂流、野外生存、山地越野轮滑、山地自行车越野、自驾车运动、短途无人区（沙漠、戈壁等）徒步穿越（<3 天）、潜水（深度<18m）等
第四类　高海拔户外项目（海拔<6000m）	登山探险、攀岩、攀冰、滑雪、自行车运动、自驾车运动、长途无人区（沙漠、戈壁等）徒步穿越（>4 天）、潜水（深度>18m）等
第五类　高山探险等项目（海拔>6000m）	攀登运动、高山滑雪、高山滑翔、极地探险、洞穴探险（非固定路线）、自由式潜水（深度>15m，无水下呼吸设备）等

注：资料来源于大众保险公司“中体天涯行保障计划”宣传资料。结合本书主题，删除了境内游相关内容，其他部分有修改。

表 6-11　中体天涯行保障计划（适用于第三类）

计划方案	基本保障																可选附加保障				
	意外身故残疾烧烫伤/万元	公共交通工具意外（本保障可与意外身故、伤残保险金累计赔付）/万元	意外医疗/万元	救援费用（指紧急医疗运送/遗体送返）/万元	每日住院津贴(60元/天)	坠崖身故（与意外身故保额金累计赔付）/元	中暑责任/元	高原病医疗补偿/万元	旅程延误（每4小时延误赔偿300元，累计限额600元）/元	登山设备、滑雪设备损失责任/元	意外伤害事故救护车费用/元	意外面部整容/元	食物中毒医疗补偿/元	境外责任（扩展承保港、澳、台地区）	天数	保费/元	突发急性病身故（计划一保额3万；计划二保额8万；计划三保额15万）/元	登山设备、滑雪设备损失责任（赔偿限额1000元）/元	旅程延误（每4小时延误赔偿300元；累计限额600元）/元	突发急性病医疗（限额为意外医疗保额50%）/元	个人责任（保额100000元）/元
计划一	10	5	2	紧急医疗运送6/身故送返1.6	最高限额90天	10000	1500	2	—	—	300	10000	1000	包含	1~2	15.00	4.00	1.00	1.00	4.00	1.00
															3~5	24.00	4.00	1.00	1.00	5.00	1.00
															6~10	45.00	7.00	2.00	2.00	7.00	2.00
															11~15	60.00	7.00	4.00	4.00	8.00	3.00
															16~30	80.00	9.00	4.00	4.00	9.00	3.00
计划二	25	5	5	紧急医疗运送8/身故送返2	最高限额90天	20000	2000	5	600	—	300	10000	2000	包含	1~2	22.00	6.00	1.00	赠送	8.00	1.00
															3~5	45.00	6.00	1.00	赠送	10.00	1.00
															6~10	70.00	10.00	2.00	赠送	14.00	2.00
															11~15	90.00	12.00	4.00	赠送	16.00	3.00
															16~30	120.00	14.00	4.00	赠送	18.00	3.00
计划三	50	10	8	紧急医疗运送10/身故送返2	最高限额90天	30000	3000	8	600	1000	300	10000	3000	包含	1~2	70.00	9.00	赠送	赠送	12.00	1.00
															3~5	110.00	9.00	赠送	赠送	15.00	1.00
															6~10	150.00	14.00	赠送	赠送	21.00	2.00
															11~15	200.00	18.00	赠送	赠送	24.00	3.00
															16~30	260.00	22.00	赠送	赠送	27.00	3.00

注：资料来源于大众保险公司“中体天涯行保障计划”宣传资料。

除专业险种外，“意外险”也可供高校户外运动投保人选择。意外险即人身意外伤害险，是以被保险人的身体作为保险标的，以被保险人因遭受意外伤害而造成的死亡、残疾、医疗费用支出或暂时丧失劳动能力为给付保险金条件的保险。相比户外运动专门险（简称“户外险”），意外伤害险体现出“4点不同”。

（1）保障范围和项目不同。意外险保障投保人的各种意外，但大多将登山、攀岩、滑雪等高风险体育运动项目明确列为免责项目，即便承保但对某些活动会提出限定条件（如对登山有海拔限制）。户外险则大都根据风险等级为各种登山户外运动项目（如野外生存、拓展、攀冰、高山探险等）提供了可供选择的险种。

（2）保障对象不同。意外险保障的是所有投保人，户外险主要针对正规机构组织的户外运动活动的参与者。需要说明的是，高校学生自发户外活动通常缺乏专业人员指导，带有极高风险性，因此专业户外险通常不向此类活动参与者出售。

（3）保障责任不同。意外险不仅保障意外伤害、意外医疗和紧急救援，有一些保障全面的意外险还包括住院津贴、个人财产损失和个人责任等。户外险则相对局限，仅针对登山户外活动中的意外伤害、意外医疗、紧急救援。

（4）赔偿额度不同。因为户外运动的特殊性，户外保险把更多的赔偿金额用于医疗赔偿，而意外险则更倾向于意外身故和残疾的高赔偿金做法。

因意外险不是专门针对户外运动开发的保险产品，很多户外运动项目可能导致的高风险意外事故被列为除外责任，在户外险产品还未推向市场之前，意外险是户外运动团队采用保险方式转移风险的被迫唯一选择。随着中体天涯行、慧择、美亚等专业户外险的问世，传统的意外伤害险已无力竞争，面临被淘汰出户外运动保险市场的局面。当然，对于那些难度不大、挑战性不高、风险性较低的偏休闲体验类户外运动活动项目（如野外露营）参与者，以及高校自发户外运动活动的学生，可以根据价格高低、实用性等因素选择意外伤害险。

6.6.2.2 转移给其他个人：签订免责协议或风险提示书

尽管将带有风险的活动转移出去是完全摆脱风险的较好选择，但在有些情况下并不适用。高校不能因为担心害怕发生事故就拒绝开展户外运动，将课程、活动等出售给公司的做法存在使学校丧失学科发展、师资培养等机会成本的可能，也非最好选择，但可采取在开展户外运动前与教师、学生及家长签订免责协议，由教师、学生或学生家长承担全部或部分风险。

免责协议是指通过免责契约，协议的一方免于协议的另一方追诉其相应法律责任的风险[57]。在户外运动领域，签订免责条款协议或合同主要是为使活动组织者免于因疏忽引起伤害的责任。通过签订免责协议转移组织者或管理者责任的做法并非我国首创。在美国，高风险性户外体育活动的组织者都会要求参与者签订一份包括责任免除条款的合同，当发生伤亡事故时以此作为免除活动组织者责任的法律依据，同时也能以此告知参与者他在活动中会面临某些潜在风险。

在高校户外运动活动中，免责协议主要针对因某些主观恶意的不当行为产生的事故责任，比如学生因违规、违纪等人为故意犯错行为、擅自行动、不听指挥、隐瞒疾病等导致的风险事故责任；教师因玩忽职守、粗心大意等不负责任行为等导致的事故责任，还包括高校户外运动活动承办者或组织者的工作失职等引发的事故责任。高校户外运动组织者、管理者若要免除上述及类似相关责任，就应该有针对性地根据有关规定起草并与相关人员签订免责条款。从法律角度而言，通常认为免责条款生效即法律行为的生效。我国《民法通则》第五十五条规定“民事法律行为”应当具备下列条件：（1）行为人具有相应的民事行为能力；（2）意思表示真实；（3）不违反法律或者社会公共利益[112]。该规定实际上是对签订免责条款双方的民事行为进行了约束。在此限制条件下，起草高校户外运动免责协议或合同，明确列出有关责任类型，方能确保免责条款的法律效力，进而保障学校或组织者、管理者的合法权益，避免事故纠纷。

在学生参加学校户外运动类社团活动、学校大型登山户外运动活动时，免责协议签订对象不仅包括学生本人，还要告知学生家长并与之签订免责协议或合同。本书参考几所高校户外运动课程、活动常用的免责协议，归纳了“高校户外运动活动的免责协议范本”如图 6-4 所示。

学生参加学校户外运动课程或学校组织的户外运动赛事与活动，学校有法律责任保障学生的人身安全。因此，在户外运动事故引起的纠纷中，学校与学生签订免责协议有时不会被采纳为减轻责任的证据，此时还有一种替代的免责方法可以用于事前防范或减轻校方不必要的法律责任，那就是“风险提示”。风险提示就是通过书面提示的方式告知学生参与者要注意防范户外运动风险，避免恶意违纪违规行为，并要求学生在活动前签字确认。图 6-5 所示是一份高校户外运动活动的风险提示书范本，可供高校户外运动相关组织者参考。

高校户外运动免责协议书

为增强安全观念，提高安全意识，确保此次户外运动活动安全、有序、圆满完成，所有参加本次活动的学员同意签订并承诺此免责协议书有效：

1. 本人是在身体健康且无疾患的情况下，自愿参加本次活动。

2. 在活动期间保证听从活动负责人的统一指挥，因违反活动组织与管理导致的后果自己负责。

3. 出发、到站、离开各个环节，每位成员保证准时到位集合，由各个小组负责人清点本组成员。

4. 决不擅自离队单独行动，遇到问题保证及时与小组长联系。

5. 活动中时刻注意文明礼貌，保持环境卫生，绝不损坏公共设施。

6. 活动期间注意妥善保管随身携带的钱包、手机、相机等贵重物品，如有丢失，后果自负。

7. 在活动过程中，不做任何违反法律法规的事情。

8. 本人保证在活动开始前已将本次活动的详细情况告知父母或法定监护人，并征得了他们的同意。

我已经详细阅读并认可本免责协议，对全部内容及规定均无异议，并保证在实践过程中严格遵守，凡因违反上述规定产生的一切后果自己承担。

身份证号：________________
签名：________________
日期：________________

图 6-4 高校户外运动免责协议书范本

高校户外运动风险提示书

亲爱的同学：

欢迎你参加本次户外运动课程（活动），为了保证你的人身安全，请你在参加活动之前确认并牢记以下特别提示：

1. 确保自己身体健康、状态良好、没有生病，也没有罹患不适合剧烈户外运动的疾病。

2. 本人已告知学院学工组老师并完成请假手续，已经获得家长同意。

3. 出发前一天晚上，休息充分，没有大量饮酒，也没有其他可能影响良好体能、判断能力的不当行为。

4. 已经按照课程（活动）要求和规定，准备并携带了合适的装备、适量的饮用水和食物。

5. 在整个教学活动过程中，自愿接受教师和助教的安排和指挥，不无故脱离队伍，不独自行动，不从事其他可能给自己和他人带来危险的活动。

6. 一旦发生身体不适和其他危险，在第一时间通知教师和助教，以获得他们的指导和帮助，并配合他们采取必要的避险与治疗措施。

身份证号：________________
签名：________________
日期：________________

图 6-5 高校户外运动风险提示书范本

6.6.2.3 转移给户外公司：活动打包销售

值得一提的是，有些高校因为师资力量有限，采用“户外运动课程打包销售”的形式，将学校的户外运动教育教学工作交由户外运动俱乐部或公司企业等第三方社会机构承担。此时学校也要与这些第三方社会机构签订免责书，明确在这些课程实施过程中发生的一切风险事故损失由第三方机构承担，由此转移本应由学校全部或部分承担的户外运动课程的风险。

参考文献

[1] 国家体育总局等八部委．关于印发《户外运动产业发展规划（2022—2025 年）》的通知［EB/OL］.（2022-10-25）［2023-06-09］. www. sport. gov. cn/n315/n20001395/c24894661/content. html.

[2] 体博网．在中国已有 1/10 人口的户外运动爱好者［EB/OL］.（2014-07-29）［2023-06-09］. www. chinaispo. com. cn/info/trends/11860. html.

[3] 中华人民共和国国务院．全民健身条例［S］. 国发［2009］560 号，2009.

[4] 中华人民共和国国务院．全民健身计划（2011—2015）［S］. 国发［2011］5 号，2011.

[5] 国家教育委员会．学校体育工作条例［S］. 国教［1990］8 号，1990-03-12.

[6] 教育部体卫艺司．全国普通高等学校体育课程教学指导纲要［S］. 教体艺［2002］13 号，2002-08-06.

[7] 刘华荣，秦长胜，刘转青，等．户外运动组织与管理［M］. 2 版．武汉：中国地质大学出版社，2020.

[8] 豆丁网．2017 年中国大陆登山户外运动事故分析［EB/OL］.（2021-03-09）［2023-06-09］. https：//www. docin. com/p-2614086038. html.

[9] 搜狐网．2018 年中国大陆登山户外运动事故分析报告［EB/OL］.（2019-05-08）［2023-06-09］. http：//www. 8264. com/viewnews-107685-page-1. html.

[10] 搜狐网．2019 年中国大陆登山户外运动事故分析报告［EB/OL］.（2020-08-07）［2023-06-09］. https：//www. sohu. com/a/412097960_648370.

[11] 知乎网．2020 年中国大陆登山户外运动事故分析报告［EB/OL］.（2021-01-15）［2023-06-09］. https：//zhuanlan. zhihu. com/p/344443030.

[12] 陕西省登山协会官方网站．2021 年登山户外运动事故分析报告［EB/OL］.（2022-04-12）［2023-06-09］. http：//cmasports. sport. org. cn/zt/aqjy/sgbg/2013-07-06/404573 _ 4. html. 2013-07-06.

[13] 全国十二所重点师范大学联合编写组．教育学基础［M］. 北京：教育科学出版社，2011：39.

[14] 中华人民共和国国务院．中华人民共和国教育法［S］. 主席令［2015］39 号，2015.

[15] 国家教育委员会．学校体育工作条例［S］. 国教［1990］8 号，1990-03-12.

[16] 教育部体卫艺司．学校体育运动风险防控暂行办法［S］. 教体艺［2015］3 号，2015.

[17] 王立平，孙妍，王磊．当前我国大众户外运动发展现状研究［J］. 山东体育学院学报，2012，28（4）：20.

[18] 李相如，凌平，卢峰．休闲体育概论［M］. 北京：高等教育出版社，2011.

[19] 张志坚．户外运动的健身意义及其规范化［C］//国家体育总局登山运动管理中心，2003.

[20] 李舒平．登山户外运动在户外运动领域中的研究与对策［C］// 国家体育总局登山运动管理中心，2003.

[21] 张志坚．户外论坛发言稿［R］. 2005.

[22] 李红艳．户外运动的理论与实践研究［D］. 北京：北京体育大学，2006.

[23] 马欣祥，田庄．对户外运动概念的重新甄别与界定［J］中国体育科技，2015，51（1）：140-144.
[24] Niklas Luhmann. Risk：A sociological theory［M］. New York. 1993.
[25] 韩琨．燃煤发电企业经营风险防控策略［J］．环球市场信息导报，2015（34）：42-43.
[26] 阎春宁．风险管理学［M］. 上海：上海大学出版社，2002.
[27] 刘力凌，张弟．管理研究方法与数据分析方法的探讨［J］. 经营管理者，2011（3）：32-34.
[28] 马丁·鲁斯摩尔，约翰·拉夫特瑞，查理·赖利等．项目中的风险管理［M］. 刘俊颖，译．北京：中国建筑工业出版社，2011.
[29] 肖杨．A 融资平台公司风险管理问题研究［D］. 北京：中央民族大学，2016.
[30] 段开龄．现代保险研究［J］. 经济评论，1993（1）：82-87.
[31] 许谨良．风险管理［M］. 3 版．北京：中国金融出版社，2006：1.
[32] 常昊．风电工程全寿命期风险管理模型及信息系统研究［D］. 北京：华北电力大学，2014.
[33] 郭晓亭，蒲勇健，林略．风险概念及其数量刻画［J］. 数量经济技术经济研究，2004（2）：111-115.
[34] 叶青，易丹辉．中国证券市场风险分析基本框架的研究［J］. 金融研究，2000（6）：65-70.
[35] 常昊．风电工程全寿命期风险管理模型及信息系统研究［D］. 北京：华北电力大学，2014.
[36] Yates J F，Stone E R. Risk appraisal［A］. ln J. F. Yates（Eds.）. Risk taking behavior［C］. New York：John Wiley & Sons Ltd.，1992：387-408.
[37] 刘新立．风险管理［M］. 北京：北京大学出版社，2006：9.
[38] 佟瑞鹏．风险管理与保险［M］. 北京：中国劳动社会保障出版社，2014：2-3.
[39] 刘钧．风险管理概论［M］. 2 版．北京：清华大学出版社，2008：12-13.
[40] 范道津，陈伟珂．风险管理理论与工具［M］. 天津：天津大学出版社，2010.
[41] 许谨良．风险管理［M］. 4 版．北京：中国金融出版社，2011：3-4.
[42] 郑睿．海上保险法律与实务［M］. 上海：上海中医药大学出版社，2021.
[43] 顾孟迪，雷鹏．风险管理［M］. 2 版．北京：清华大学出版社，2009.
[44] 王健康．教学风险管理研究［D］. 长沙：湖南师范大学，2012.
[45] 国家体育总局职业技能鉴定指导中心．户外运动［M］. 北京：高等教育出版社，2016：287.
[46] 何文炯．风险管理［M］. 北京：中国财政经济出版社，2001.
[47] 陈秉正．公司整体化风险管理［M］. 北京：清华大学出版社，2003：2.
[48] 王晓群．风险管理［M］. 上海：上海财经大学出版社，2003.
[49] 王周伟，崔百胜，杨宝华，等．风险管理［M］. 上海：上海财经大学出版社，2008.
[50] 戴秋红．我国农业保险巨灾风险分散机制研究［D］. 长沙：中南林业科技大学，2013.
[51] 肖拥军．旅游地开发项目风险管理研究［D］. 武汉：武汉理工大学，2009.
[52] 教育部体卫艺司．关于加强学校体育活动安全防范工作的紧急通知［S］. 教体艺

［2005］12号，2005.
［53］郭波，龚时雨，谭云涛．项目风险管理［M］．北京：电子出版社，2008.
［54］周三多，陈传明，鲁明泓．管理学——原理与方法［M］．5版．上海：复旦大学出版社，2008.
［55］佟瑞鹏．风险管理与保险［M］．北京：中国劳动社会保障出版社，2014：11.
［56］陈瑛霞．运用系统优化原理提高人力资源的探讨［J］．才智，2011（5）：351.
［57］马丽华，周灿．风险管理原理与实务操作［M］．长沙：中南大学出版社，2016：13.
［58］阎春宁．风险管理学［M］．上海：上海大学出版社，2002：14.
［59］保罗·霍普金．风险管理：理解、评估和实施有效的风险管理［M］．蔡荣右，译．2版．北京：中国铁道出版社，2014：32.
［60］马文·拉桑德．风险评估：理论、方法与应用［M］．刘一骝，译．北京：清华大学出版社，2013：8.
［61］美国项目管理协会（PMI）．项目管理知识体系（2000版）．北京：北京现代卓越管理技术交流中心，2001.
［62］陈赟．工程风险管理［M］．北京：人民交通出版社，2008：53.
［63］石岩．我国优势项目高水平运动员参赛风险的识别、评估与应对［D］．北京：北京体育大学，2004.
［64］何文炯．风险管理［M］．北京：中国财政经济出版社，2001.
［65］邓铁军．工程风险管理［M］．北京：人民交通出版社，2004：57.
［66］罗云．风险分析与安全评价［M］．3版．北京：化学工业出版社，2016：126-142.
［67］吕淑然，王建国．安全生产事故调查与案例分析［M］．北京：化学工业出版社，2016：7-10.
［68］牛小洪，董范，李伦．野外生存［M］．武汉：中国地质大学出版社，2016：75.
［69］刘新立．风险管理［M］．北京：北京大学出版社，2006：70.
［70］卜全民，王涌涛，汪德爟．事故树分析法的应用研究［J］．西南石油大学学报，2007，29（24）：141-144.
［71］董国永．健康、安全与环境管理体系风险评价［M］．北京：石油工业出版社，2008：138.
［72］Aram Attarian. Risk Management in Outdoor and Adventure Programs：Scenarios of Accidents，Incidents，and Misadventures［M］. Champaign：Human Kinetics Publishers，2012：1-14.
［73］Harper Nevin. Expert Opinions on Postsecondary Outdoor Adventure Risk Management Curriculum Design：A Research Note［J］. Pathways：The Ontario Journal of Outdoor Education，2007，19：14-17.
［74］Cinnamon Jerry. Risk Management in High Adventure Outdoor Pursuits［J］. Speeches/Meeting Papers；Guides - Non-Classroom；Information Analyses，1989.
［75］Teague T L. An Examination of Negligence，Assumption of Risk，and Risk Management in Outdoor Recreation［J］. Information Analyses；Speeches/Meeting Papers，1996.
［76］李舒平，邹凯．户外运动的风险管理［M］．广州：广东科技出版社，20019：33.
［77］吴军生．户外教育教程［M］．北京：高等教育出版社，2015：33.

[78] 李秉德．教学论［M］．北京：人民教育出版社，2001：70.
[79] 国家体育总局职业技能鉴定指导中心．户外运动［M］．北京：高等教育出版社，2016：298.
[80] 陈全．职业健康安全风险管理［M］．北京：中国质检出版社、中国标准出版社，2011：50.
[81] 吕克宁，吴林，金成军，等．黑龙江省中小学体育运动安全评价体系构建的统计学分析［J］．哈尔滨体育学院学报，2012，30（3）：28-32.
[82] 杜栋，庞庆华，吴炎．现代综合评价方法与案例精选［M］．2 版．北京：清华大学出版社，2008：11-21.
[83] 邱菀华．现代项目风险管理方法与实践［M］．北京：科学出版社，2003：119-121.
[84] "绿十字"安全基础建设新知丛书编委会．安全风险管理与保险知识［M］．北京：中国劳动社会科学保障出版社，2014：16.
[85] James F. Broder，Eugene Tucker. Risk Analysis and the Security Survey（Fourth Edition）［M］．北京：电子工业出版社，2014：90.
[86] 王凯全．风险管理与保险［M］．北京：机械工业出版社，2008：117.
[87] 陶宇平．登山户外运动风险管理研究［J］．四川体育科学，2012，6（3）：5-8.
[88] 佟瑞鹏．风险管理与保险［M］．北京：中国劳动社会保障出版社，2014：114.
[89] 瑞贝卡·波瑞斯特利．户外安全［M］．惠灵顿：新西兰山地安全理事会，1993.
[90] 王迪迪．学校体育安全风险管理探究［D］．北京：北京体育大学，2011.
[91] 王凯全．安全管理学［M］．北京：化学工业出版社，2013：166.
[92] 周菲．煤矿人因失误与安全管理［J］．内江科技，2011，32（9）：2，7.
[93] 克雷格·康纳利．登山手册［M］．严冬冬，译．北京：人民邮电出版社，2010：283.
[94] 齐震．论我国户外运动安全保障体系的构建［J］．管理观察，2009（4）：190-192.
[95] 周红伟．我国户外运动安全保障系统的构建研究［J］．南京体育学院学报（社会科学版），2010，24（2）：92-96.
[96] 黄亨奋．对我国普通高校户外运动安全防范管理体系的研究［J］．吉林体育学院学报，2007（4）：44-45.
[97] 黄小凤．我国户外高风险旅游活动的安全防控研究［D］．泉州：华侨大学，2014.
[98] 李红．基于差异化战略的地方高校"卓越计划"的实施［J］．理论观察，2013（8）：126-128.
[99] 钱学森．论宏观建筑与微观建筑［M］．杭州：杭州出版社，2001.
[100] 唐秀华．发展观的伦理蕴涵研究［D］．兰州：兰州大学，2012.
[101] Aram Attarian. Risk Management in Outdoor and Adventure Programs：Scenarios of Accidents，Incidents，and Misadventures［M］．Champaign：Human Kinetics Publishers，2012：11.
[102] 周梦海．高校体育安全风险因素及管理探究［J］．经营管理者，2016，9：386-387.
[103] 中国游泳协会官方网站．关于取消 2016 第 43 届武汉国际渡江节活动的通知［EB/OL］．（2016-07-07）［2023-06-09］．www. swimming. org. cn/xhgg/2016-07-07/505899. html.
[104] 中国登山协会．登山户外安全手册（2013 版）［M］．北京：人民体育出版社，2013：51-53.

[105] 刘华荣，王华倬．户外运动游憩地生态环境破坏行为的负外部性成因分析与治理方策［J］．北京体育大学学报，2016（4）：29-33.
[106] 中国登山协会．登山户外安全手册（2014 版）［M］．北京：人民体育出版社，2014：31-33.
[107] 冯明，刘可群，董范．户外运动气象学［M］．武汉：中国地质大学出版社，2015：225.
[108] 程蕉．户外运动风险管理的法学分析［J］．体育文化导刊，2013（1）：16-20.
[109] Huffman，Michael G. Trouble in Paradise Accident Trends in the Ourdoors［J］．Proceedings from the International Conference on Outdoor Recreation and Education，1998：3.
[110] Waterman L，Waterman G. Wilderness Ethics［M］．Woodstock，VT：The Countryman Press，1993：153-158.
[111] Garth Hattingh. The Climer's Handbook（插图第 2 版）［M］．北大山鹰社，译．北京：世界图书出版社，2010：176-181.
[112] 程蕉．户外运动风险管理的法学分析［J］．体育文化导刊，2013（1）：16-20.